2020
中国城市轨道交通工程建设发展报告

● 赵一新　主编

中国建筑工业出版社

图书在版编目（CIP）数据

2020中国城市轨道交通工程建设发展报告／赵一新
主编.—北京：中国建筑工业出版社，2020.12
ISBN 978-7-112-25623-5

Ⅰ.①2… Ⅱ.①赵… Ⅲ.①城市铁路—轨道交通—交
通运输管理—研究报告—中国—2020 Ⅳ.①U239.5

中国版本图书馆CIP数据核字（2020）第231851号

责任编辑：焦　扬
责任校对：张惠雯

2020 中国城市轨道交通工程建设发展报告

赵一新　主编

*
中国建筑工业出版社出版、发行（北京海淀三里河路9号）
各地新华书店、建筑书店经销
北京点击世代文化传媒有限公司制版
临西县阅读时光印刷有限公司印刷
*
开本：787毫米×1092毫米　1/16　印张：19　字数：362千字
2020年12月第一版　2020年12月第一次印刷
定价：149.00元
ISBN 978-7-112-25623-5
　（36674）

参编人员名单

主编（课题组长）： 赵一新

编委会委员（按章节顺序）：

一、综述篇：《中国城市轨道交通 2019 年度统计和分析报告》

    负责单位：中国城市轨道交通协会

二、标准篇：陈燕申、贺　旭

    负责单位：中国城市规划设计研究院

三、勘测篇：黄伏莲、张建全、刘永勤、黄溯航、余永明、逯鹏宇、

               曹宝宁、任　干、李芳凝、刘力丹、颜　威、徐鹏宇

    负责单位：北京城建勘测设计研究院有限责任公司

四、规划篇：卞长志、谢昭瑞

    负责单位：中国城市规划设计研究院

五、设计篇：雷振宇、翟利华、王仲林、刘延晨、卢小莉、苏　拓、

               刘　皓、刘祥喜、任　祥、任碧能、陈　超、冯静霆

    负责单位：广州地铁设计研究院股份有限公司

六、施工篇：张　川、刘朝明、王开诚

负责单位：上海申通地铁集团有限公司

七、竣工验收篇：王洪东、黄威然、王虹、陈丹莲

负责单位：广州轨道交通建设监理有限公司

八、新技术篇：雷振宇、翟利华、梁粤华、苏　拓、卢小莉、周海成、

邓卓平、何冠鸿、刘丽萍、郑力中、秦　旭、胡自林、贺　俊

负责单位：广州地铁设计研究院股份有限公司

九、上盖物业开发篇：石晓伟、綦　超、魏钰俊

负责单位：深圳市地铁集团有限公司

十、制式篇：

市域快轨：周　勇　周明亮　徐吉庆　张　超　李可意　陈明亮　温念慈

负责单位：中铁二院工程集团有限责任公司

磁浮专题：魏厥灵、孙吉良

负责单位：北京磁浮交通发展有限公司

有轨电车：张中杰、程　樱、黎冬平、金建飞、徐亦晨、秦晓光、吕圣华

负责单位：上海市城市建设设计研究总院（集团）有限公司

单轨专题：王　峙、马　虎、冯文丹、吴　韬、孟宝全、高　峰

胡智勇、贺　观、文　彬

负责单位：重庆市轨道交通（集团）有限公司

重庆市轨道交通设计研究院有限责任公司

技术编辑：陈燕申　贺　旭

前言

目前，我国正处在加快转变经济发展方式的新时期，城市轨道交通是体现城市发展现状及趋势的重要窗口，是展示城市发展成就和潜力的重要平台。《2020 中国城市轨道交通工程建设发展报告》由中国城市轨道交通协会工程建设专委会组织编写，中国城市规划设计研究院资助为"学术研究成果"出版。

为了适应城市发展需要，针对中国城市轨道交通工程建设领域的实际情况，开展深度调研，通过了解各地轨道交通工程项目推进情况，对轨道交通工程项目的主要建设阶段进行全面的研究。以工程建设不同阶段存在的主要问题作为突破口，深度分析原因并给出意见和建议。

《2020 中国城市轨道交通工程建设发展报告》由综述篇、5 个工程阶段专题篇（包括勘测篇、规划篇、设计篇、施工篇和竣工验收篇）、3 个特别专题篇（包括标准篇、新技术篇、上盖物业开发篇）以及制式篇组成。本报告将持续关注和记录我国城市轨道交通工程建设领域的发展情况，为我国城市轨道交通工程建设的发展贡献力量。

目录

1 综述篇[①]

1.1 概述

截至 2020 年 6 月 30 日，中国[②]累计有 41 个城市投运城轨交通线路 6917.62km。2020 年上半年新增天水一个城轨交通运营城市；另有石家庄、杭州、沈阳、宁波、长沙 5 市也均有新线、分期工程或后通段开通运营。2020 年上半年共计新增运营线路长度 181.42km，新增运营线路 5 条，新开延伸段或后通段 3 段。截至 2020 年 6 月 30 日，各城市城轨交通运营线路情况见图 1-1。

新增 181.42km 的城轨交通运营线路涉及 3 种制式，其中，地铁 133.37km，市域快轨 35.12km，有轨电车 12.93km。截至 2020 年 6 月 30 日中国城轨交通运营线路制式结构情况见图 1-2。

①本篇数据来源自中国城市轨道交通协会《2020 年上半年中国内地城轨交通线路概况》（2020 年 7 月 1 日）、《城市轨道交通 2019 年度统计和分析报告》（2020 年 5 月 7 日）。

②由于统计渠道原因，本书对全国轨道交通线路的统计范围不包括港澳台地区，全书中提到的中国、国内、全国、我国等统计范围，均未能统计港澳台地区。

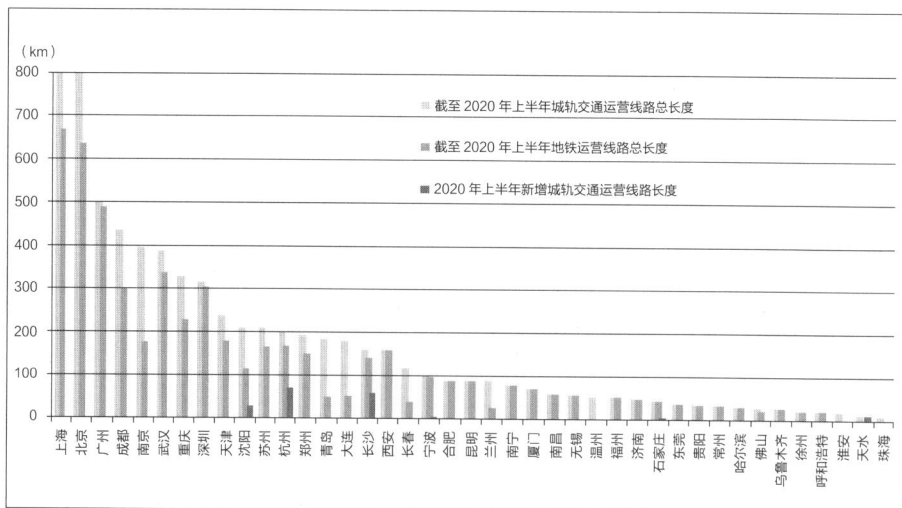

图 1-1 截至 2020 年 6 月 30 日各城市城轨交通运营线路长度情况

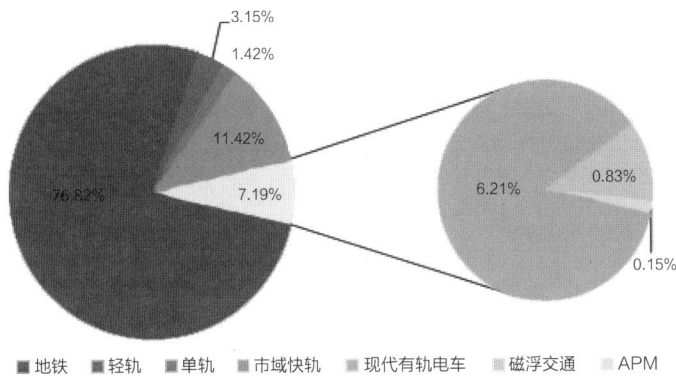

图 1-2 统计期末中国城轨交通运营线路制式结构情况

综上，2020 年上半年获批项目涉及新增线路长度共 272.45km，新增投资共 2306.15 亿元。2020 年上半年城市轨道交通建设规划（含调整规划）情况具体见表 1-1。

2020 年上半年中国新获批城市轨道交通建设规划（含调整规划）汇总表
（按获批时间排序）

表 1-1

序号	城市	批文	线路名称	起讫点	线路长度（km）		总投资（亿元）	建设期（年）	备注
					总长度	其中（地下线）			
1	徐州	发改基础[2020]105号《关于江苏省徐州市城市轨道交通第二期建设规划（2019—2024 年）的批复》	3 号线二期	后蟠桃村站—下淀站（不含）	6.50	6.50	50.15	4	—
				南段增设麦楼站（高架站）					
			4 号线一期	桥上村站—驮蓝山站	25.40	25.40	173.54	5	
			5 号线一期	徐矿城站—奥体中心南站	24.60	24.60	168.30	5	
			6 号线一期	黄山路站—徐州东站	22.80	22.80	143.92	5	
				合计	79.30	79.30	535.90	—	—
2	合肥	发改基础[2020]431号《关于安徽省合肥市城市轨道交通第三期建设规划（2020—2025 年）的批复》	2 号线东延	大众路站—泉香路站	14.50	14.50	101.07	4	
			3 号线南延	方兴大道站—馆驿路站	11.25	11.25	89.68	4	
			4 号线南延	丰乐河站—华南城金刚台站	12.91	6.60	70.67	4	
			6 号线一期	鸡鸣山路站—东风大道站	35.10	27.30	205.85	5	其中 7.8km 线路拆分于 4 号线新建线路 27.3km

序号	城市	批文	线路名称	起讫点	线路长度（km）		总投资（亿元）	建设期（年）	备注
					总长度	其中（地下线）			
2	合肥	发改基础[2020]431号《关于安徽省合肥市城市轨道交通第三期建设规划（2020—2025年）的批复》	7号线一期	繁华大道松林路站—紫云路巢湖南路站	21.00	21.00	168.81	5	—
			8号线一期	北城高铁站—阜阳路站	23.00	23.00	162.01	5	—
			合计		109.96	103.65	798.08	—	—
	新一轮建设规划获批项总计				189.26	182.95	1333.98	—	
1	厦门	发改基础[2020]136号《关于调整厦门市城市轨道交通第二期建设规划（2016—2022年）的批复》	3号线二期调整	厦门火车站—厦大南门	7.35	7.35	57.69	4	终点从厦门火车站南延至厦门大学南门增设车站4座，增加里程7.35km，增加投资57.69亿元
			合计		7.35	7.35	57.69	—	
2	深圳	发改基础[2020]484号《关于调整深圳市城市轨道交通第四期建设规划方案的批复》	3号线四期	双龙—坪地六联	9.35	7.42	107.85	5	—
			6号线支线二期	翠湖（原荔枝站）—光明城	4.90	4.25	37.30	4	—
			7号线二期	西丽湖—学府医院	2.45	2.45	28.06	4	—
			8号线三期	小梅沙—溪涌	4.26	4.26	83.18	5	—
			11号线二期	福田—红岭南	5.58	5.58	66.34	4	—
			12号线二期	海上田园东—松岗	8.16	8.16	90.94	5	—
			13号线二期	北延：上屋—公明北	18.80	18.80	229.18	5	—
				南延：深圳湾口岸—东角头	4.47	4.47	49.62	5	—
			16号线二期	大运—西坑	9.53	9.53	109.95	5	—
			20号线一期	会议中心—机场北	8.43	8.43	112.06	5	—
			合计		75.93	73.35	914.48	—	
	建设规划调整项总计				83.28	80.70	972.17	—	

1.2　在建规模

1.2.1　在建规模持续增长

截至 2019 年底，中国有 56 个城市（个别由地方政府批复项目未纳入统计）在建线路总规模 6902.5km（含部分 2019 年当年仍有建设进展和投资额发生的新投运项目），同比增长 8.3%。在建线路 279 条（段）。共有 24 个城市的在建线路超过 100km，其中，成都、广州两市建设规模超过 400km；杭州、北京、青岛、天津、郑州 5 市建设规模超过 300km；西安、深圳、苏州、福州 4 市建设规模超 200km；建设规模在 150～200km 之间的有南京、厦门、重庆、上海 4 个城市；建设规模在 100～150km 之间的有武汉、沈阳、长沙、佛山、合肥、贵阳、温州、宁波 8 个城市。

在 6902.5km 的在建线路中，地下线 5632.8km，占比 81.6%，地面线 416.4km，占比 6%，高架线 853.2km，占比 12.4%。

1.2.2　6 种制式在建，地铁仍为主流

在 6902.5km 的在建线路中，地铁 5942.7km，占比 86.1%；轻轨 5.4km，占比 0.1%；单轨 46.8km，占比 0.7%；市域快轨 489.5km，占比 7.1%；现代有轨电车 407.9km，占比 5.9%；磁浮交通 10.2km，占比 0.1%。在建线路整体制式占比情况见图 1-3。

各城市城轨交通在建线路规模情况见图 1-4 和表 1-2。

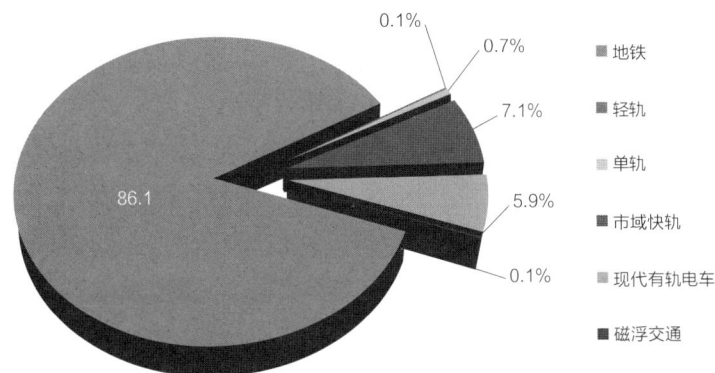

图 1-3　2019 年城轨交通在建线路制式结构

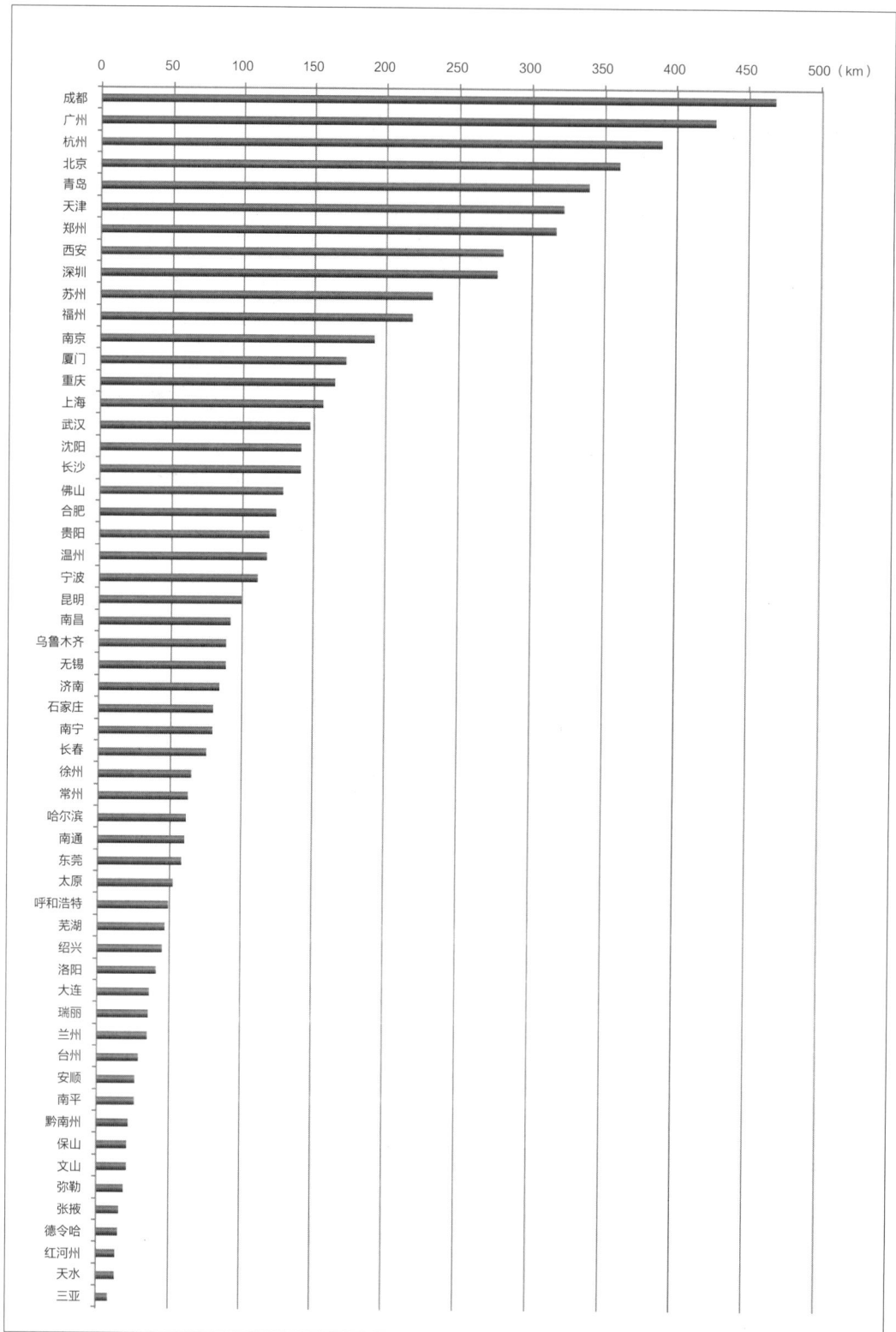

图 1-4　2019 年各城市城轨交通在建线路规模

2019 年各城市城轨交通在建线路规模统计汇总表

表 1-2

序号	城市	在建线路长度（km）	在建线路系统制式（km）							敷设方式（km）			车站（座）	
			地铁	轻轨	单轨	市域快轨	现代有轨电车	磁浮交通	APM	地下	地面	高架	车站	换乘站
1	北京	360.5	337.0	—	—	—	13.3	10.2	—	311.9	14.0	34.6	204	92
2	上海	156.4	128.2	—	—	—	28.2	—	—	121.8	28.2	6.4	135	49
3	天津	321.7	321.7	—	—	—	—	—	—	285.0	4.3	32.4	238	65
4	重庆	164.5	136.5	—	—	28.0	—	—	—	116.0	3.8	44.7	93	35
5	广州	426.7	412.3	—	—	—	14.4	—	—	359.2	19.8	47.7	205	—
6	深圳	276.5	276.5	—	—	—	—	—	—	250.1	1.2	25.2	175	73
7	武汉	147.2	114.2	—	—	33.0	—	—	—	115.6	2.0	29.6	85	83
8	南京	191.7	191.7	—	—	—	—	—	—	163.6	2.1	26.1	125	34
9	沈阳	140.8	140.8	—	—	—	—	—	—	124.3	—	16.5	62	27
10	长春	74.8	69.4	5.4	—	—	—	—	—	70.3	—	4.5	59	13
11	大连	36.2	36.2	—	—	—	—	—	—	36.2	—	—	25	8
12	成都	468.0	408.6	—	—	—	59.4	—	—	363.2	58.5	46.2	271	96
13	西安	280.4	280.4	—	—	—	—	—	—	250.2	1.7	28.6	201	44
14	哈尔滨	60.9	60.9	—	—	—	—	—	—	60.9	—	—	49	16
15	苏州	231.9	231.9	—	—	—	—	—	—	231.3	0.6	—	183	37
16	郑州	316.4	274.0	—	—	42.4	—	—	—	308.5	0.3	7.6	213	39
17	昆明	99.6	99.6	—	—	—	—	—	—	98.4	0.1	1.1	73	38
18	杭州	389.6	331.0	—	—	58.6	—	—	—	362.7	—	26.9	197	66
19	佛山	128.1	108.5	—	—	—	19.6	—	—	93.3	11.8	23.0	81	20
20	长沙	140.6	140.6	—	—	—	—	—	—	140.6	—	—	102	32

续表

序号	城市	在建线路长度（km）	在建线路系统制式（km）							敷设方式（km）			车站（座）	
			地铁	轻轨	单轨	市域快轨	现代有轨电车	磁浮交通	APM	地下	地面	高架	车站	换乘站
21	宁波	110.7	89.1	—	—	21.6	—	—	—	75.7	—	35.0	76	23
22	无锡	88.6	88.6	—	—	—	—	—	—	68.7	0.2	19.7	51	8
23	南昌	91.9	91.9	—	—	—	—	—	—	57.8	0.2	33.9	72	19
24	兰州	35.0	35.0	—	—	—	—	—	—	35.0	—	—	28	0
25	青岛	339.1	150.4	—	—	188.7	—	—	—	234.3	2.7	102.1	174	57
26	福州	218.6	218.6	—	—	—	—	—	—	196.2	0.7	21.8	123	40
27	东莞	58.0	58.0	—	—	—	—	—	—	35.4	2.3	20.3	21	5
28	南宁	79.2	79.2	—	—	—	—	—	—	79.2	—	—	64	18
29	合肥	123.3	123.3	—	—	—	—	—	—	119.1	—	4.2	100	30
30	石家庄	79.6	79.6	—	—	—	—	—	—	79.6	—	—	65	5
31	济南	84.1	84.1	—	—	—	—	—	—	66.1	0.2	17.8	24	9
32	太原	52.2	52.2	—	—	—	—	—	—	52.2	—	—	47	14
33	贵阳	118.7	118.7	—	—	—	—	—	—	108.1	—	10.6	86	20
34	乌鲁木齐	88.7	88.7	—	—	—	—	—	—	88.7	—	—	72	20
35	厦门	172.2	172.2	—	—	—	—	—	—	137.9	3.9	30.4	107	36
36	徐州	64.3	64.3	—	—	—	—	—	—	63.4	0.4	0.6	54	15
37	常州	62.2	54.0	—	—	—	8.2	—	—	49.8	9.0	3.4	54	3
38	温州	117.1	—	—	—	117.1	—	—	—	19.6	5.9	91.6	37	4
39	呼和浩特	49.0	49.0	—	—	—	—	—	—	45.8	0.3	2.9	44	10
40	洛阳	40.8	40.8	—	—	—	—	—	—	40.8	—	—	33	6

续表

序号	城市	在建线路长度（km）	在建线路系统制式（km）							敷设方式（km）			车站（座）	
			地铁	轻轨	单轨	市域快轨	现代有轨电车	磁浮交通	APM	地下	地面	高架	车站	换乘站
41	南通	60.0	60.0	—	—	—	—	—	—	60.0	—	—	60.0	60.0
42	绍兴	44.9	44.9	—	—	—	—	—	—	44.9	—	—	44.9	44.9
43	芜湖	46.8	—	—	46.8	—	—	—	—	1.4	—	45.4	46.8	—
44	南平	26.2	—	—	—	—	26.2	—	—	—	26.2	—	26.2	—
45	红河州	13.3	—	—	—	—	13.3	—	—	—	13.3	—	13.3	—
46	弥勒	18.8	—	—	—	—	18.8	—	—	—	16.1	2.7	18.8	—
47	文山	20.9	—	—	—	—	20.9	—	—	—	20.9	—	20.9	—
48	瑞丽	35.5	—	—	—	—	35.5	—	—	—	35.5	—	35.5	—
49	台州	28.8	—	—	—	—	28.8	—	—	—	28.8	—	28.8	—
50	德令哈	15.0	—	—	—	—	15.0	—	—	—	15.0	—	15.0	—
51	三亚	8.4	—	—	—	—	8.4	—	—	—	8.0	0.4	8.4	—
52	天水	12.9	—	—	—	—	12.9	—	—	9.4	—	3.6	12.9	—
53	安顺	26.4	—	—	—	—	26.4	—	—	—	24.8	1.6	26.4	—
54	黔南州	22.0	—	—	—	—	22.0	—	—	—	22.0	—	22.0	—
55	保山	21.0	—	—	—	—	21.0	—	—	0.6	16.1	4.3	21.0	—
56	张掖	15.6	—	—	—	—	15.6	—	—	—	15.6	—	15.6	—
总计		6902.5	5942.7	5.4	46.8	489.5	407.9	10.2	—	5632.8	416.4	853.2	4512	1333

注：①表中 1～43 项中的地铁、轻轨、单轨、市域快轨项目为国家发展改革委审批项目，1～43 项中的现代有轨电车、磁浮交通线路和 43 项以后项目均为地方政府审批项目。经国家发展改革委审批的在建项目规模总计 6484.4km，占比 93.9%，由地方政府审批的在建项目规模总计 418.1km，占比 6.1%；

②含 2019 年当年新投运但仍有建设进展和建设投资发生的项目以及个别 2019 年前投运但仍有建设投资发生的项目；

③景区内旅游观光线、工业园区内仅供员工使用的通勤线路、科研试验线等不承担城市公共交通职能的线路不计入；

④所有建设规划项目均在 2019 年前已完成的城市如淮安、珠海等不再列入，2019 年当年工程暂停无进展的项目不计入。

据不完全统计，在建线路车站共计 4512 座（按线路累计计算），其中换乘站 1333 座（按线路累计计算），换乘站占比为 29.5%。

1.2.3 全年完成建设投资额接近 6000 亿元，再创新高

据不完全统计（不含地方政府批复项目的资金情况），截至 2019 年底，中国在建线路可研批复投资累计 46430.3 亿元，初设批复投资累计 39937.4 亿元。2019 年当年共完成建设投资 5958.9 亿元，同比增长 8.9%，当年完成建设投资额占可研批复投资额的 12.8%。

共有 9 个城市全年完成建设投资超过 200 亿元，其中，成都市完成建设投资超 600 亿元，杭州市完成建设投资超 500 亿元。

成都、杭州两市合计共完成投资额近 1150 亿元，约占全国总建设投资额的 19.3%；深圳、北京、武汉、广州、上海、青岛、南京 7 市全年完成建设投资均超过 200 亿元。另有天津、苏州、西安、郑州、厦门 5 市全年完成建设投资均超过 150 亿元，7 市合计共完成投资额 1700.8 亿元，占全国总建设投资额的 28.5%；另有福州、长沙、贵阳、昆明、重庆、济南、宁波、呼和浩特、合肥 9 市全年完成建设投资均超过 100 亿元。

进入"十三五"时期的四年来，全国共完成建设投资 19992.7 亿元，年均完成建设投资额 4998.2 亿元。2016 ~ 2019 年历年建设规模和年度完成建设投资情况见图 1-5。各地全年完成建设投资情况见图 1-6。

图 1-5　2016 ~ 2019 年历年在建线路规模及完成建设投资情况

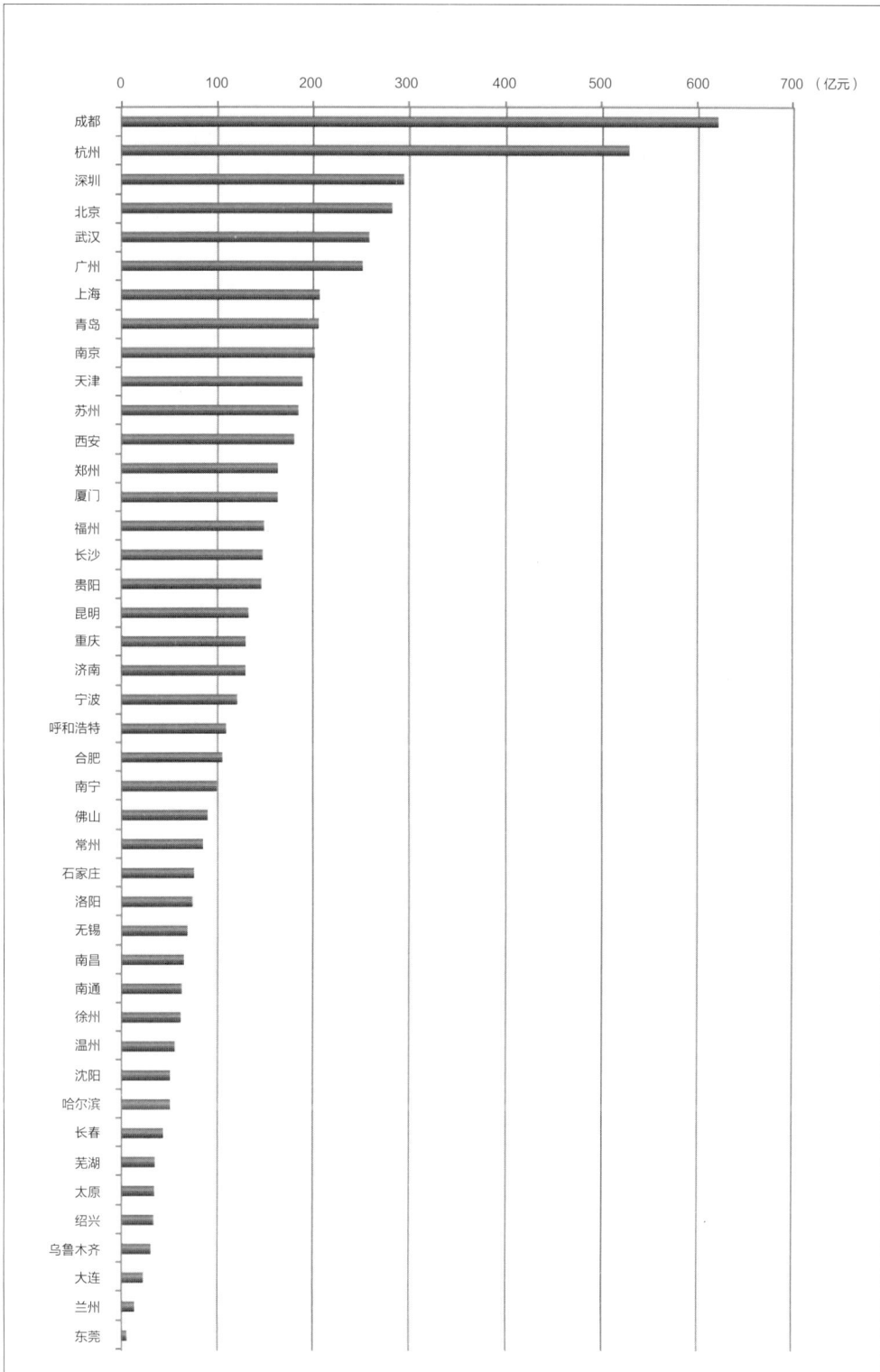

图 1-6 2019 年各城市城轨交通全年完成建设投资
注：不含地方政府批复项目的建设资金完成情况。

1.3 规划情况

1.3.1 建设规划规模持续处于高位，多地进入网络化阶段

截至 2019 年底，据不完全统计，共有 65 个城市的城轨交通线网规划获批（含地方政府批复的 21 个城市），扣除已投运线路后仍有城轨交通线网建设规划在实施的城市共计 63 个，在实施的建设规划线路总长达 7339.4km（不含已开通运营线路），各城市的城轨交通规划线路情况具体见表 1-3 和图 1-7。

2019 年各城市城轨交通规划线路规模统计汇总表　　　　　　表 1-3

序号	城市	规划建设线路总长度（km）	各系统制式线路长度（km）							车站数（座）	
			地铁	轻轨	单轨	市域快轨	现代有轨电车	磁浮交通	APM	车站	换乘站
1	北京	469.7	310.5	—	—	126.1	33.1	—	—	264	122
2	上海	396.2	265.4	—	—	130.8	—	—	—	222	83
3	天津	265.5	265.5	—	—	—	—	—	—	180	133
4	重庆	195.9	167.9	—	—	28.0	—	—	—	91	32
5	广州	271.2	256.8	—	—	—	14.4	—	—	134	—
6	深圳	255.9	255.9	—	—	—	—	—	—	158	66
7	武汉	254.7	211.9	—	—	42.8	—	—	—	97	—
8	南京	247.5	247.5	—	—	—	—	—	—	125	56
9	沈阳	136.7	136.7	—	—	—	—	—	—	80	29
10	长春	162.5	105.6	28.8	—	28.2	—	—	—	121	35
11	大连	144.3	101.5	—	—	42.8	—	—	—	80	24
12	成都	448.2	380.5	—	—	—	67.8	—	—	312	102
13	西安	211.4	211.4	—	—	—	—	—	—	139	53
14	哈尔滨	64.1	64.1	—	—	—	—	—	—	48	16

序号	城市	规划建设线路总长度（km）	各系统制式线路长度（km）							车站数（座）	
			地铁	轻轨	单轨	市域快轨	现代有轨电车	磁浮交通	APM	车站	换乘站
15	苏州	228.8	186.7	—	—	—	42.1	—	—	187	46
16	郑州	139.4	97.0	—	—	42.4	—	—	—	98	38
17	昆明	110.0	110.0	—	—	—	—	—	—	72	32
18	杭州	398.1	337.4	—	—	60.7	—	—	—	218	80
19	佛山	116.8	102.5	—	—	—	14.3	—	—	67	15
20	长沙	179.6	179.6	—	—	—	—	—	—	129	40
21	宁波	106.2	82.3	—	—	23.9	—	—	—	61	17
22	无锡	85.5	85.5	—	—	—	—	—	—	48	6
23	合肥	86.1	86.1	—	—	—	—	—	—	67	23
24	南昌	73.8	73.8	—	—	—	—	—	—	57	13
25	青岛	181.7	121.0	—	—	60.7	—	—	—	98	40
26	福州	187.0	187.0	—	—	—	—	—	—	101	36
27	南宁	51.3	51.3	—	—	—	—	—	—	41	11
28	石家庄	43.8	43.8	—	—	—	—	—	—	37	11
29	济南	241.0	196.0	—	—	—	45.0	—	—	151	51
30	太原	49.2	49.2	—	—	—	—	—	—	47	14
31	兰州	9.4	9.4	—	—	—	—	—	—	9	5
32	贵阳	140.9	80.3	—	—	60.6	—	—	—	90	24
33	乌鲁木齐	63.2	63.2	—	—	—	—	—	—	51	14
34	呼和浩特	27.3	27.3	—	—	—	—	—	—	24	6
35	厦门	155.3	155.3	—	—	—	—	—	—	51	21

续表

序号	城市	规划建设线路总长度（km）	各系统制式线路长度（km）							车站数（座）	
			地铁	轻轨	单轨	市域快轨	现代有轨电车	磁浮交通	APM	车站	换乘站
36	徐州	43.9	43.9	—	—	—	—	—	—	35	10
37	常州	27.1	19.8	—	—	—	7.3	—	—	25	2
38	东莞	127.7	127.7	—	—	—	—	—	—	47	7
39	南通	59.6	59.6	—	—	—	—	—	—	45	12
40	温州	104.6	—	—	—	104.6	—	—	—	32	5
41	芜湖	46.9	—	—	46.9	—	—	—	—	36	2
42	包头	42.1	42.1	—	—	—	—	—	—	33	1
43	洛阳	41.3	41.3	—	—	—	—	—	—	33	6
44	绍兴	44.9	44.9	—	—	—	—	—	—	33	5
45	南平	26.2	—	—	—	—	26.2	—	—	9	—
46	三亚	8.7	—	—	—	—	8.7	—	—	15	—
47	泉州	53.7	—	—	—	—	53.7	—	—	56	—
48	台州	70.5	—	—	—	—	70.5	—	—	73	—
49	黄石	26.9	—	—	—	—	26.9	—	—	26	—
50	渭南	55.0	—	—	55.0	—	—	—	—	5	—
51	安顺	26.9	—	—	—	—	26.9	—	—	32	—
52	红河州	62.3	—	—	—	—	62.3	—	—	83	18
53	文山	17.2	—	—	—	—	17.2	—	—	18	—
54	德令哈	14.8	—	—	—	—	14.8	—	—	20	—
55	天水	20.1	—	—	—	—	20.1	—	—	17	—
56	毕节	28.1	—	—	—	—	28.1	—	—	18	—

序号	城市	规划建设线路总长度（km）	各系统制式线路长度（km）							车站数（座）	
			地铁	轻轨	单轨	市域快轨	现代有轨电车	磁浮交通	APM	车站	换乘站
57	泸州	44.2	—	—	—	—	44.2	—	—	21	—
58	黔南州	22.0	—	—	—	—	22.0	—	—	18	—
59	弥勒	18.9	—	—	—	—	18.9	—	—	19	—
60	瑞丽	35.5	—	—	—	—	35.5	—	—	39	—
61	保山	21.0	—	—	—	—	21.0	—	—	23	4
62	嘉兴	35.7	—	—	—	—	35.7	—	—	53	—
63	张掖	15.6	—	—	—	—	15.6	—	—	6	—
	总计	7339.4	5685.0	28.8	101.9	751.6	772.1	—	—	4625	1366

注：①表中1～44项中地铁、轻轨、单轨、市域快轨线路为国家发展改革委批复项目，1～44项中的现代有轨电车线路和44项以后项目均为地方政府批复项目。国家发展改革委审批项目总计6512.3km，占比88.7%，地方政府审批项目总计827.1km，占比11.3%；

②已开通运营的线路不再计入此统计表内；

③截至统计期末，获批情况未公示的项目不计入在内；

④景区内旅游线路、工业园区内仅供员工使用的通勤线路、科研项目或试验线等不承担城市公共交通职能的线路不计入在内。

扣除已运营线路后，33个城市有3条及以上的线路建设规划在实施；27个城市建设规划在实施的规模超100km，其中，北京、成都、杭州、上海等12个城市在实施建设规划规模均超200km。据不完全统计，规划车站总计4625座（按线路累计计算），其中换乘站1366座，换乘站占比约为29.5%。

1.3.2 5种制式规划在实施，市域快轨、现代有轨电车占比稳中有升

7339.4km规划线路包含地铁、轻轨、单轨、市域快轨、现代有轨电车5种制式。其中，地铁5685km，占比77.46%；轻轨28.8km，占比0.4%；单轨101.9km，占比1.4%；市域快轨751.6km，占比10.2%；现代有轨电车772.1km，占比10.5%；无磁浮交通、APM制式线路规划。2019年度城轨交通规划线路制式结构见图1-8。

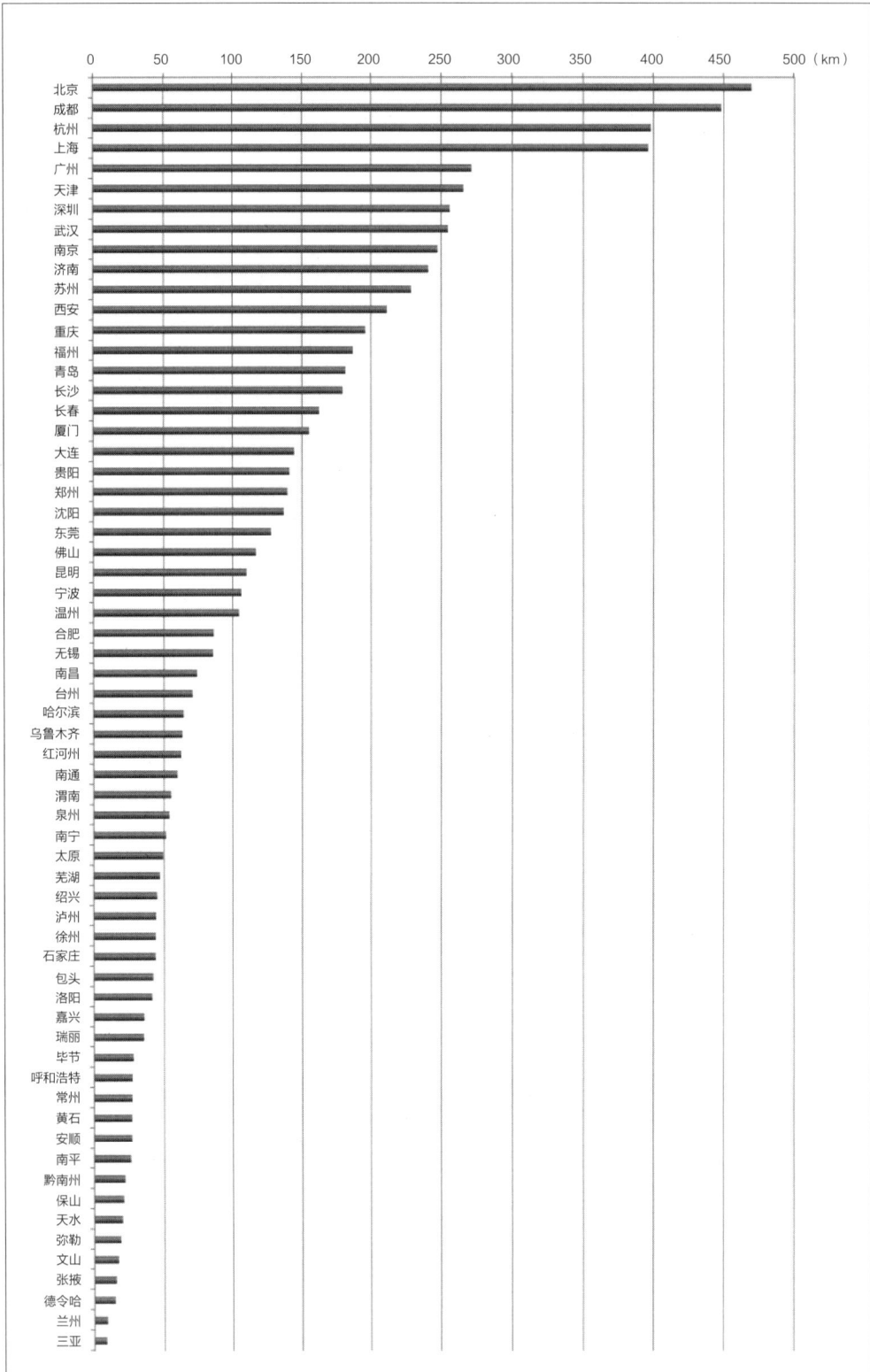

图 1-7   2019 年各城市城轨交通在实施规划线路规模

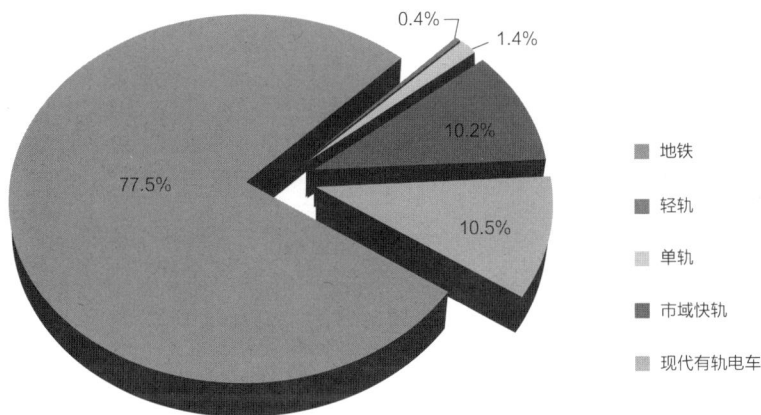

图 1-8　2019 年城轨交通在实施规划线路制式结构

1.3.3　城轨交通总投资额稳步增长

截至 2019 年底，国家发展改革委批复的 44 个城市建设规划在实施的线路可研批复总投资达 38036 亿元。其中，杭州、北京、成都、广州、深圳 5 市投资计划均超过 2000 亿元，5 市建设规划在实施线路可研批复投资总额达 12575.96 亿元，占全国已批复规划线路投资的 33%；天津、南京、西安、上海、武汉、苏州、福州、青岛 8 市建设规划在实施线路可研批复投资总额均在 1000 亿元以上；另有重庆、贵阳、郑州、长沙、昆明、沈阳、厦门、佛山、合肥、宁波、无锡、南昌、乌鲁木齐 13 市建设规划在实施线路可研批复投资总额超过 500 亿元。

1.3.4　4 市新一轮建设规划或规划调整获批

2019 年，国家发展改革委共批复郑州、西安、成都 3 市的新一轮城市轨道交通建设规划，新获批建设规划线路长度共计 486.3km，初步估算项目总投资额共计 3425.8 亿元，获批线路系统制式全部为地铁；另有北京市城市轨道交通第二期建设规划方案调整获批，本次调整涉及项目线路长度共计 201.2km，新增项目总投资额 1222.1 亿元。随着北京市城市轨道交通第二期建设规划方案的获批，原规划方案中的 APM 制式的 CBD 线调整为地铁制式的 28 号线，目前内地已暂无 APM 制式线路规划。2019 年当年获批城轨交通建设规划（含调整规划）情况具体见表 1-4 和表 1-5。

进入"十三五"时期的四年来，共有 27 个城市新一轮建设规划或规划调整获国家发展改革委批复，获批项目总投资额合计约 25000 亿元，见图 1-9。

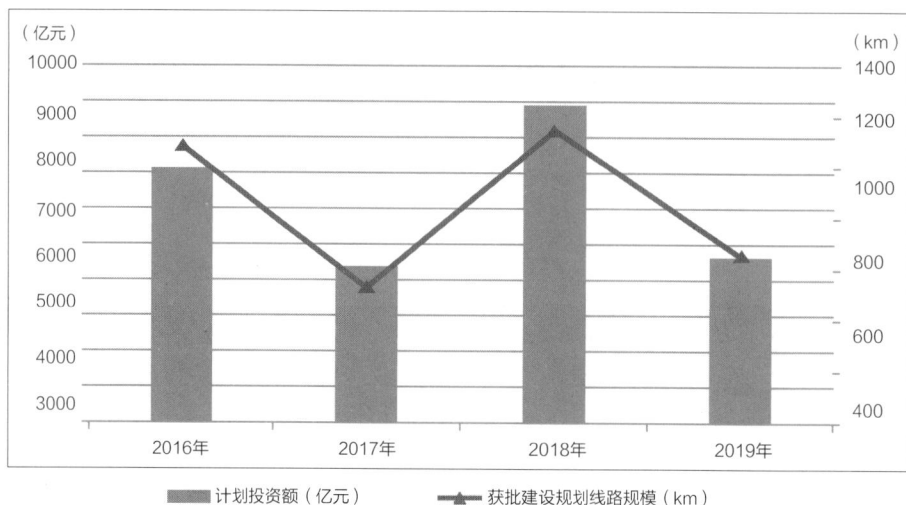

图 1-9　2016～2019 年历年城轨交通建设规划获批情况

城轨交通项目总投资额保持相对高位，各城市建设规划获批在实施的规模进一步扩大，部分城市启动新一轮建设规划，继一线城市后，绝大部分省会城市和部分发展较快的新兴城市的城轨交通相继成网，城轨交通网络化程度逐步提高。

2019 年新获批城轨交通建设规划汇总表　　　　　　　　表 1-4

序号	城市	批文	线路名称	起讫点	线路长度（km）		总投资（亿元）	建设期（年）	备注
					总长度	其中（地下段）			
1	郑州	发改基础 [2019]599 号《关于郑州市城市轨道交通第三期建设规划（2019—2024 年）的批复》	3 号线二期	航海东路站（不含）—经南十五路站	6.10	6.10	37.46	3	—
			6 号线一期	贾峪镇站—姚砦站	36.50	33.70	293.04	6	
			7 号线一期	东赵站—侯寨站	26.90	26.90	211.58	5	
			8 号线一期	银屏路站—绿博园站	43.30	43.30	271.93	5	
			10 号线一期	郑州西站—郑州火车站	21.30	21.30	138.23	4	
			12 号线一期	郎庄站—龙子湖东站	17.20	17.20	119.85	4	
			14 号线一期	元通大道站—星空路站	8.30	8.30	66.84	3	

序号	城市	批文	线路名称	起讫点	线路长度（km）		总投资（亿元）	建设期（年）	备注
					总长度	其中（地下段）			
1	郑州	发改基础 [2019]599 号《关于郑州市城市轨道交通第三期建设规划（2019—2024 年）的批复》	合计		159.60	156.80	1138.94	—	—
2	西安	发改基础 [2019]1049 号《关于西安市城市轨道交通第三期建设规划（2018—2024 年）的批复》	1 号线三期	秦都站—森林公园站	10.50	10.50	70.09	5	—
			2 号线二期	北客站—草滩北站	3.60	3.60	42.89	4	—
				韦曲南站—常宁站	3.40	3.40			
			8 号线	环线	50.00	50.00	382.86	7	
			10 号线一期	杨家庄站—水景公园站	34.60	15.60	176.60	6	
			14 号线	北客站—贺韶村站	13.80	13.80	83.15	3	
			15 号线一期	细柳站—韩家湾站	19.00	19.00	124.36	5	
			16 号线一期	沣东小镇站—能源三路站	15.10	15.10	88.57	5	
			合计		150.00	131.00	968.52	—	—
3	成都	发改基础 [2019]1071 号《关于成都市城市轨道交通第四期建设规划（2019—2024 年）的批复》	8 号线二期	十里店站（不含）—龙潭寺东站	6.51	6.51	74.52	5	—
				莲花站（不含）—西航港客运中心站	1.32	1.32			
			10 号线三期	太平园站（不含）—人民公园站	5.50	5.50	37.16	5	
			13 号线一期	七里沟站—龙华寺站	28.85	26.30	236.44	5	
			17 号线二期	机投桥站（不含）—龙潭寺东站	27.60	27.60	200.14	5	
			18 号线三期	火车南站（不含）—火车北站	11.01	11.01	146.56	5	

续表

序号	城市	批文	线路名称	起讫点	线路长度（km）		总投资（亿元）	建设期（年）	备注
					总长度	其中（地下段）			
3	成都	发改基础[2019]1071号《关于成都市城市轨道交通第四期建设规划（2019—2024年）的批复》	18号线三期	天府机场T1T2航站楼站（不含）—机场北站、孵化园站、福田站	3.28	3.28	146.56	5	—
			19号线二期	九江北站（不含）—天府新站	45.60	45.60	284.25	5	
			27号线一期	栗子湾站—龙咀村站	22.20	13.20	148.13	5	
			30号线一期	航枢大道站—洪家桥站	24.78	24.78	191.12	5	
			合计		176.65	165.10	1318.32	—	
		新一轮建设规划获批总计			486.25	452.90	3425.78	—	

注：表中数据来自国家发展改革委公开批文信息。

2019年新获批城轨交通建设规划调整汇总表　　　　　　表1-5

序号	城市	批文	线路名称	起讫点	线路长度（km）		总投资（亿元）	建设期（年）	备注
					总长度	其中（地下段）			
1	北京	发改基础[2019]1904号《关于调整北京市城市轨道交通第二期建设规划方案的批复》	新机场线	新机场—丽泽商务区	47.50	29.80	318.80	3	本次调整草桥—丽泽段长度3.5km、投资40.4亿
			28号线（CBD线）	东大桥—九龙山	8.70	8.70	127.50	4	—
			22号线（平谷线）	东大桥—平谷	78.60	48.50	639.30	4	河北段长度22km，投资183.66亿
			11号线西段（冬奥支线）	金顶街—首钢	4.00	4.00	48.90	3	—

续表

序号	城市	批文	线路名称	起讫点	线路长度（km）		总投资（亿元）	建设期（年）	备注
					总长度	其中（地下段）			
1	北京	发改基础[2019]1904号《关于调整北京市城市轨道交通第二期建设规划方案的批复》	13号线扩能提升工程	13A：车公庄—天通苑东	30.20（19.10）	18.20（18.20）	366.00（292）	4	括号内数据为新建工程数量
				13B：马连洼—东直门	32.20（8.80）	10.30（8.40）		4	
			建设规划调整项总计		201.20（166.70）	119.50（117.60）	1500.50	—	总投资约1222.12亿元（新机场线考虑草桥—丽泽段），其中，河北部分约183.66亿元，北京部分共1038.46亿元

注：表中数据来自国家发展改革委公开批文信息。

2 标准篇

2.1 国家、行业标准

截至 2019 年 12 月 31 日，现行城市轨道交通工程建设国家标准 26 项、行业标准 25 项，其中 2019 年新实施的工程建设标准 1 项、行业标准 2 项（表 2-1、表 2-2）。同期废止 2 项国家标准《地下铁道工程施工及验收规范》GB 50299-1999 和《地铁运营安全评价标准》GB/T 50438-2007。

现行城市轨道交通工程建设国家标准信息表　　　　表 2-1

序号	标准名称	标准编号（发布年）
1	盾构法隧道施工及验收规范	GB 50446-2017
2	跨座式单轨交通设计规范	GB 50458-2008
3	城市轨道交通技术规范	GB 50490-2009
4	跨座式单轨交通施工及验收规范	GB 50614-2010
5	城市轨道交通地下工程建设风险管理规范	GB 50652-2011
6	地铁工程施工安全评价标准	GB 50715-2011
7	城市轨道交通建设项目管理规范	GB 50722-2011
8	城市轨道交通工程安全控制技术规范	GB/T 50839-2013
9	城市轨道交通工程监测技术规范	GB 50911-2013
10	地铁设计规范	GB 50157-2013
11	城市轨道交通结构抗震设计规范	GB 50909-2014
12	城市轨道交通公共安全防范系统工程技术规范	GB 51151-2016
13	城市轨道交通客流预测规范	GB/T 51150-2016
14	城市轨道交通通信工程质量验收规范	GB 50382-2016
15	城市轨道交通无线局域网宽带工程技术规范	GB/T 51211-2016

序号	标准名称	标准编号（发布年）
16	城市轨道交通工程测量规范	GB/T 50308-2017
17	城市轨道交通桥梁设计规范	GB/T 51234-2017
18	轻轨交通设计标准	GB/T 51263-2017
19	城市轨道交通综合监控系统工程技术标准	GB/T 50636-2018
20	城市轨道交通信号工程施工质量验收标准	GB/T 50578-2018
21	城市轨道交通自动售检票系统工程质量验收标准	GB/T 50381-2018
22	地铁设计防火标准	GB 51298-2018
23	地下铁道工程施工标准	GB/T 51310-2018
24	地下铁道工程施工质量验收标准	GB/T 50299-2018
25	城市轨道交通给水排水系统技术标准	GB/T 51293-2018
26	城市轨道交通通风空气调节与供暖设计标准	GB/T 51357-2019

现行城市轨道交通工程建设行业标准信息表　　　　　表 2-2

序号	标准名称	标准编号（发布年）
1	地铁限界标准	CJJ 96-2003
2	城市轨道交通自动售检票系统检测技术规程	CJJ/T 162-2011
3	盾构隧道管片质量检测技术标准	CJJ/T 164-2011
4	城市轨道交通直线电机牵引系统设计规范	CJJ 167-2012
5	地铁与轻轨系统运营管理规范	CJJ/T 170-2011
6	城市轨道交通工程档案整理标准	CJJ/T 180-2012
7	城市轨道交通站台屏蔽门系统技术规范	CJJ 183-2012
8	浮置板轨道技术规范	CJJ/T 191-2012
9	盾构可切削混凝土配筋技术规程	CJJ/T 192-2012
10	城市轨道交通接触轨供电系统技术规范	CJJ/T 198-2013
11	直线电机轨道交通施工及验收规范	CJJ 201-2013
12	城市轨道交通结构安全保护技术规范	CJJ/T 202-2013
13	盾构法开仓及气压作业技术规范	CJJ 217-2014
14	中低速磁浮交通供电技术规范	CJJ/T256-2016
15	城市轨道交通梯形轨枕轨道工程施工及质量验收规范	CJJ 266-2017
16	中低速磁浮交通运行控制技术规范	CJJ/T 255-2017
17	城市轨道交通桥梁设计规范	GB/T 51234-2017
18	中低速磁浮交通设计规范	CJJ/T 262-2017
19	城市轨道交通工程远程监控系统技术标准	CJJ/T 278-2017
20	自动导向轨道交通设计标准	CJJ/T 277-2018
21	地铁限界标准	CJJ/T 96-2018

续表

序号	标准名称	标准编号（发布年）
22	城市轨道交通隧道结构养护技术标准	CJJ/T 289-2018
23	城市轨道交通架空接触网技术标准	CJJ/T 288-2018
24	城市轨道交通预应力混凝土节段预制桥梁技术标准	CJJ/T 293-2019
25	地铁快线设计标准	CJJ/T 298-2019

截至 2019 年 12 月 31 日，在编（包括修订）产品标准 11 项，其中国家标准 7 项，行业标准 4 项（表 2-3）。

城市轨道交通产品国家、行业标准在编动态信息表　　表 2-3

序号	标准名称	制定 / 修订	国标 / 行标
1	城市轨道交通无砟轨道技术条件	制定	国标
2	城市轨道交通永磁直驱交通车辆通用技术条件	制定	国标
3	城市轨道交通　直线电机车辆	修订	国标
4	城市轨道交通中低速磁浮车辆悬浮控制系统技术条件	制定	国标
5	城市轨道交通高地板六轴铰接轻轨车辆通用技术条件	制定	国标
6	城市轨道交通车辆永磁直驱转向架通用技术条件	制定	国标
7	城市地铁与综合管廊用热轧槽道	制定	国标
8	城市轨道交通计轴设备技术条件	制定	行标
9	有轨电车信号系统通用技术条件	制定	行标
10	城市轨道交通站台屏蔽门	修订	行标
11	低地板有轨电车车辆通用技术条件	修订	行标

2.2《城市轨道交通工程项目规范》

2009 年发布实施的《城市轨道交通技术规范》GB 50490-2009（后简称《规范》），是以功能和性能要求为基础的，具有法规地位和作用的全文强制标准，被认为是城市轨道交通系统建设运行必须严格执行的"根本法"。《规范》覆盖了城市轨道交通的地铁系统、轻轨系统、单轨系统、有轨电车、磁浮系统、自动导向轨道系统和市域快速轨道系统全部 7 种制式，是参与城市轨道交通建设和运营的各方主体必须遵守的准则，是管理者对城市轨道交通建设和运营维护依法履行监督和管理职能的基本技术依据，也是城市轨道交通建设标准化必须遵循的唯一的上位标准和根本依据。

《规范》以城市轨道交通安全为主线，统筹考虑了卫生、环境保护、资源节约和维护社会公众利益等方面的技术要求。规范共分 8 章，包括总则、术语、基本规定、运营、车辆、限界、土建工程和机电设备。其中，土建工程包括线路工程、轨道工程、建筑和结构工程或设施；机电设备部分包括供电，通信，信号，通风、空调和采暖，给水、排水和消防，火灾自动报警，环境与设备监控，自动售检票，自动扶梯和电梯，站台屏蔽门等机电设备系统。

根据中国标准化改革政策和多年的实践，2016 年，住房和城乡建设部正式开展《规范》的修订工作。目标是形成城市轨道交通工程建设控制性底线要求，并具有法规强制效力。

修订中的《规范》主要规定了建设项目勘察、规划、可研（预可研）、设计、施工（制造、安装）、验收、运行（基于基础设施、设备、环境和空间）、管理、维护全过程的技术要求（将更名为《城市轨道交通工程项目规范》）；并按照制定强制性国家标准的要求，形成以建设项目安全可靠、乘客卫生与健康、环境保护、资源节约、公共安全、公共利益、社会管理为核心内容的强制性规定。

同时，《规范》服务于国家战略和改革，包括国家新型城镇化规划战略要求，大力发展公共交通，统筹公共汽车、轻轨、地铁等多种类型公共交通协调发展，节能和环境保护等。

2.3　标准国际化

为落实工程建设标准改革的总体要求，住房和城乡建设部于 2017 年、2019 年制定和发布了"城市轨道交通工程建设标准英文版翻译计划"，作为标准国际化的重要内容。至 2019 年 12 月 31 日，列入翻译计划的有 9 项标准，且均在翻译实施中（表 2-4）。

城市轨道交通工程建设标准英文版翻译计划项目　　　　　　　　表 2-4

序号	标准名称	翻译	工程 / 产品
1	中低速磁浮交通供电技术规范 CJJ/T 256-2016	中译英	工程
2	中低速磁浮交通运行控制技术规范 CJJ/T 255-2017	中译英	工程
3	中低速磁浮交通设计规范 CJJ/T 262-2017	中译英	工程
4	中低速磁浮交通车辆电气系统技术条件 CJ/T 411-2012	中译英	产品
5	中低速磁浮交通道岔系统设备技术条件 CJ/T 412-2012	中译英	产品
6	中低速磁浮交通轨排通用技术条件 CJ/T 413-2012	中译英	产品
7	中低速磁浮交通车辆通用技术条件 CJ/T 375-2011	中译英	产品
8	中低速磁浮交通悬浮控制系统技术条件 CJ/T 458-2014	中译英	产品
9	轻轨交通设计标准 GB/T 51263-2017	中译英	产品

3 勘测篇

3.1 概述

近年来，我国城市轨道交通工程建设取得了迅猛发展。截至 2020 年 6 月 30 日，中国累计有 41 个城市建成投运城轨线路 6917.62km。"十三五"期间已经累计新增运营线路里程 2148.7km，年均新增线路里程约 718.2km。国内进入城市轨道交通建设勘测的重要时代，勘测市场前景广阔，但任务艰巨！

我国城市轨道交通工程，无论是建设速度，还是建设规模，都超过世界其他国家，已经成为世界上最大的轨道交通建设市场。面对全国城市轨道交通建设如此大规模发展，勘测作为地铁建设不可或缺的重要环节，正面临着前所未有的机遇与挑战。中国已步入世界城市轨道交通建设大国和强国行列，工程建设、装备制造、运营管理技术水平不断提升，地铁建设从机械化、自动化、信息化逐渐进入智慧化时代，"智慧地铁，勘测先行"是利好城市轨道勘测行业的重大机遇。

挑战则是城市轨道交通处于大规模建设阶段，在建设过程中受复杂的地质条件和环境条件影响，安全风险和质量风险日渐突出；大规模工程建设使得各项资源投入不足，进一步加剧了工程建设各阶段的风险。在这种情况下，服务贯穿于城市轨道交通建设全生命周期的勘察、测绘和监测技术，是工程建设的基础，高质量的勘测、准确无误的勘测，在平安地铁建设中的作用凸显得更加重要。

3.2 国内外城市轨道交通勘测技术对比

1）勘察方面

（1）勘察设备上，大型多功能静力触探、两栖钻机、孔隙水压力测试等钻探和原位测试勘察新设备大量应用。钻探工作将更专业化、技术化、自动化，更注重健康安全环保。

（2）勘察理念上，国内的勘察规范或技术规定对岩土工程勘察规定得都比较细。国外的规范、标准或技术规定往往强调对基本原理的把握，应用规则是对基本原则的实施性说明。国外在岩土勘察工程中主要以人为核心要素，而在国内的岩土勘察中只是着重强调以规范和标准为核心要素，所以我国的岩土勘察工程在合理性、灵活性和适应性上就和国外差距较大。

（3）勘察体制上，国外从事岩土勘察工作的岩土工程师主要在工程咨询、顾问公司中服务，为建设方、为项目设计方和施工单位、为政府机构和司法部门等提供各种形式的服务，其中就包括工程的咨询、工程的勘察、工程的设计、工程的监理和岩土工程检测等多个方面。

2）监测方面

当前国外城市轨道交通工程监测管理的划分还没有达到我国目前监测行业的细致程度，监测作业只是工程安全保障的一部分，国外未实行第三方监测制度，其只在我国各城市轨道交通建设过程中实行。国外的监测技术等作业手段多处于半自动化状态，离不开人工参与的半自动化半人工化阶段，系统化、集成化、智能化水平还未达到，但各个国家在这个方向上也都在开展深度研发。一些发达国家对于单体的监测项目监测技术方法，采用的仪器都处于领先水平，仪器稳定性高，这同其生产工艺有关，国内部分厂家仪器还停留在小作坊、模仿的功利时代。

（1）应力应变监测技术方面，光导纤维是以不同折射率的石英玻璃包层及石英玻璃细芯组合而成的一种新型纤维。它使光线的传播以全反射的形式进行，能将光和图像曲折传递到所需要的任意空间，具有通信容量大、速度快、抗电磁干扰等优点。以激光作载波，光导纤维作传输路径来感应、传输各种信息。凡是电子仪器能测量的物理量（如位移、压力、流量、液面、温度等），它几乎都能测量，其灵敏度对位移达 $3 \sim 10cm$，对温度达 $0.01℃$。在美国、德国、加拿大、奥地利、日本等国已普遍应用于裂缝、应力、应变、振动等的观测。而我国由于市场价格原因，只有部分重大风险工程、科研工程才有所应用。

（2）水平位移、沉降类的测量监测项目，国外应用的情况大多同国内相似，普遍采用电子全站仪类产品，而国内由于价格因素还有个别采用陈旧的光学类仪器作业模式。并且国外生产的电子类仪器精度、稳定性要比国内厂家生产的要好，天宝、徕卡、拓普康、尼康等品牌在国外应用较多，国内一些大的企业单位目前也投入较多，一些规模小的作业单位由于财力限制购入较少，影响监测作业质量。并且这些高精度仪器设备为国外厂家生产，其配套软件应用比较契合国外工程生产，如日本、美国、德国等国家开发力度比较大。目前国内的生产仪器后续解算配套软件缺乏。

（3）监测自动化系统平台方面，国外厂家的监测系统整合度不高，大部分集中在单体监测项目方面，如位移类、应力应变类监测项目，实现自动化程度较高，这同投入成本相关，同时跟国外的建设生产模式有关。其系统平台在监测数据采集方面多处于半自动化状态，离不开人工参与；自动化监测系统仅在局部范围内实现自动化监测和信息预报，涵盖面不全。数据采集与风险评估决策处于半脱离状态，不能融合为一个有机的整体系统。目前国内有多家大型企业投入成本进行深度研发，向系统化、集成化、智能化方面发展。

3.3 问题及建议

3.3.1 城市轨道交通勘察行业发展面临的问题及建议

1）城市轨道交通勘察行业发展面临的主要问题

（1）勘察的专业地位有待进一步提升，作为工程建设的先导，技术作用重要性不够突出，专业的影响力有待提升。

（2）技术标准管理有待进一步加强，技术标准体系繁杂和不协调现象仍很突出；一些新的技术应用缺乏适用的标准指导；标准编制的前瞻性、实用性研究有待进一步加强。

（3）城市轨道交通勘察外业工作技术发展缓慢、设备更新缓慢；应用新技术、新方法仍不够充分。

（4）不少企业在内部管理、分配制度、薪酬激励、企业文化等方面存在短板。现代企业制度仍需大力推进，通过体制、机制创新推进企业发展的动力仍显不足。

（5）企业创新能力和核心竞争力仍需进一步增强，勘察企业为轨道交通发展、为业主提供高水平、高质量技术服务的理念还仍未完全确立；优化勘察、精细勘察等方面的创新能力有待加强；勘察产品的附加增值效益未得到有效发掘。

（6）市场监管方法有待进一步创新；诚信体系建设基础仍显薄弱；市场环境仍需进一步净化，地方保护现象仍很严重。

（7）部分城市勘察费用大幅低于取费标准，市场不规范、技术投入低、生存环境差；部分城市项目收款困难。

（8）目前勘察工作从外业采集、内业处理，到提资、归档，各环节信息化工作开展得较为独立。各环节间信息的流动无法做到无损传递。

2）城市轨道交通勘察行业发展问题对策分析及建议

（1）树立企业创新主体意识，坚持创新驱动发展的核心理念，将创新融入行业改革发展，稳步推进行业管理创新、技术创新、业态创新，增强企业适应新形势的能力和核心竞争力。

（2）加强质量安全管理，进一步加强质量与安全监管力度，注重全过程质量安全控制，推动采用信息化手段加强勘察全过程管理，不断强化企业和勘察人员的质量责任主体意识，确保建设工程勘察质量安全。

（3）加强人才队伍建设，坚持"人才强企、人才兴业"原则，进一步完善适应企业改革发展特点的人力资源管理与激励机制，创建多层次人才培养平台、事业平台、竞争平台和服务平台，激发各类人才创业、创新、创效的积极性和主观能动性。

（4）提高服务水平，遵循行业客观规律，参照国际惯例，加快勘察设计及咨询业务结构调整，促进勘察设计咨询全过程协调发展。

（5）完善技术标准，适时调整技术标准，提高建设工程的质量、安全及使用年限；规范行业技术标准管理体系，建立技术标准适用性评价机制，以确保标准的适时立、改、废，促进标准的统一和协调。

（6）推进新兴技术应用，大力推进信息化、数字化、网络化、大数据等新兴技术普及和应用，落实电子签名、签章及存档问题。

（7）加快信息化建设，整合资源，建立实用、高效的基础数据库，提高项目的信息化技术应用水平；大力推广和普及建筑信息模型（BIM）技术，支持相关软件等信息技术产品研发和推广应用。

（8）完善招投标监管方式，强化国有资金投资项目招投标监管，加大资格审查环节的监管力度，引导企业有序竞争；推行电子招投标，完善专家评估制度，加大社会监督力度。评标中重点评估投标人能力、业绩、信誉以及方案的优劣，不得以压低收费、增加工作量、缩短周期等作为中标条件；加大对建设单位压缩合理勘察设计周期等行为的监管力度。

（9）改革勘察计价模式，深化勘察收费制度改革，建立符合国情和工程勘察设计特点的计价模式，推行优质优价；完善优化勘察激励办法，鼓励优质优价。

（10）完善个人执业资格管理制度，规范执业行为，强化执业责任，维护执业者合法权益；建立和完善注册执业人员自律机制，加强执业行为监管；健全执业责任追究机制，加大对人员业绩、从业行为、诚信道德、社保关系等要素的动态监管力度，杜绝注册执业人证分离。

（11）完善行业诚信体系建设，推进企业、人员、项目三大基础数据库建设，建立信用信息共享机制，加大信息公开共享力度；完善行业诚信体系建设，建立诚信行为信息管理办法，开展诚信评估，加强对企业和注册人员诚信行为的监管，引导诚信评估成果的市场应用；完善企业、注册人员不良行为认定标准，建立健全统一、有效的行业守信激励和失信惩戒机制。

3.3.2 城市轨道交通测量行业发展面临的问题及建议

1）城市轨道交通测量行业发展面临的主要问题

轨道交通工程测量在建设过程中发挥着极其重要的作用，但是测量行业在发展的过程中也面临一些制约因素。从行业发展的宏观角度出发，目前城市轨道交通测量行业发展面临四大困境。

（1）行业定位不准，缺乏法律法规依据。目前各地城市委托的专业测量队伍缺乏统一的标准，并且有的城市没有专业的第三方测量主体。这就导致各地测量单位发挥的主体功能不同，定位五花八门，个别地方重视不够。

（2）资金投入不足，影响测量人员的稳定。近年来由于人力物力的成本上升，测量成本大幅增加，但许多城市每公里测量费用的投入不升反降，这就导致测量技术优秀人才留不住，难留住，导致测量队伍不稳定，给隧道贯通带来隐患。

（3）测量技术创新使用仍然缺乏动力。测量行业大部分的技术革新依托仪器设备的革新，由于成本的增加，仪器设备售价以及信息系统技术集成费用也随之上升，传统测量人员难以接受新事物，导致技术应用受阻。

（4）技术人员培养有待加强。进一步完善测量专业的人才体系建设，推动注册测绘师在行业中发挥重要作用。

另外，目前测量工作从外业采集、内业处理，到提资、归档，各环节信息化工作也开展得较为独立。各环节间信息的流动无法做到无损传递。

2）城市轨道交通测量行业发展问题对策分析及建议

"十二五"期间，地铁建设飞速发展，到了"十三五"期间，轨道交通建设依然势头强劲，如此庞大的建设体量必然导致人才的摊薄，技术人员的培养已经跟不上建设速度。面对新形势下的新问题，一是尽快在行业内对轨道交通工程测量建立法规依据；二是要确保工程投入，根除低价中标的市场土壤；三是加大新技术研发力度，积极引导新技术应用；四是加强测量技术人员的职业化培训以及后续力量的培养。今后，随着城市轨道交通事业的发展，服务于轨道交通工程建设的工程测量工作，必将从理论与实践上进一步完善发展，工程测量新技术、新方法也将在地铁工程测量中得到更广泛的应用。测量专业进一步的合理化建议如下。

（1）推进信息化、网络化管理手段的应用

轨道交通工程建设具有参建单位多、建设周期长、同期开工建设工点多、工程施工工法多样，各工序环节衔接复杂，影响工程安全质量的地质、环境、管理及其他因素复杂的特点，工程建设的质量安全风险高，项目管理难度大。

国内一些地铁建设城市在测量及监测工作的信息化管理方面做出了一定探索，并有工程实际应用，实践证明通过信息化管理手段可建立标准的技术管理模式，能够理顺管理流程，加强管控环节控制，深入分析工程质量、安全情况，及时高效沟通信息，有效存储保留管理证据。

地铁测绘行业应重视信息化、网络化管理平台的应用，自主开发的信息管理系统充分利用 GIS 技术和网络通信技术，以轨道交通线路设计图为基本框架，形成数字化信息，构建集成化、标准化的轨道交通测量、监测数据信息系统，在测量、监测项目工程质量安全管理服务方面有着深入的应用。

除技术管理外，通过工程测量及监测信息的网络化管理的实施，可加强对施工单位的监测人员、设备、资质、成果管理；也可对技术资料的传递、审批、归档备案等进行管理，大大缩短资料在审核传递等环节上延误的时间，使管理更直接有效。

（2）定期组织测量、监测技术交流及培训工作

测量、监测工作是专业性很强的工作，对作业人员的专业素质要求高，轨道交通工程涉及的测量技术较为复杂，尤其是特殊工序测量精度要求高，对仪器设备使用，各工序管理流程的理解，规范标准的掌握要求高。监测工作需要技术人员掌握勘察、设计、施工、风险管理等基础知识，掌握相应的标准规范，熟悉业主的管理制度，对行业法规有一定深度的理解，具备长期的实际工程经验的技术人员，才能胜任工作。

建议业主组织加强对相关参建单位进行技术交流及培训工作，定期请专家对相关测量和监测技术进行培训，由业主管理人员对本工程测量与监测管理办法进行培训，请行业专家就测量、监测国标规范，安全质量风险案例，测量及监测作业方法，新技术应用，监测成果分析等进行培训交流，使在建单位的测监技术水平得到整体提高，确保本条轨道交通线路建设顺利实施。

（3）加强与设计沟通及设计交底环节控制

地铁项目工程范围线路长，沿线工程环境复杂，总体设计单位和各工点设计单位的设计工作量大，在施工过程中难免遇到一些事先没有预料的问题，从而导致经常性的设计变更。测量工作使用的图纸中的数据作为依据，设计资料

正确性是保证测量及施工正确性的先决条件。

设计图纸经常更新，有多个版本，对测量检测单位收集最终的权威设计资料增加了操作难度，从而可能影响到各项检测工作成果的正确性。

为确保测量检测工作更好地为城市轨道交通建设质量管理服务，我们建议由业主主持，请总体设计单位对测量检测单位进行最终设计资料的设计技术交底，并在一些关键的节点如图纸强审前增加沟通环节。

（4）建立盾构施工参数实时监控系统

在盾构施工中，由于受施工经验、地质条件及数据信息差错等诸多因素影响，盾构施工极易出现偏差。由于盾构隧道一次成形，如果发生方向偏差，无法像矿山法一样通过刷帮修正，轻者引起调线调坡，导致隧道使用标准降低，重则拆除重建，这样不仅引起巨大的工程损失和工期延误，而且由于结构完整性遭到破坏，为运营期间结构变形埋下了隐患。

因此，对于盾构法隧道施工，需要时刻保持警惕，不仅要保证隧道按要求顺利贯通，而且要将盾构推进过程中姿态偏差严格控制在设计允许值范围内。在盾构施工过程中，必须采取有效措施，对盾构姿态进行严密控制，以保证整个盾构隧道结构满足设计要求。

盾构施工过程中掘进参数的控制，如土压力、推力、扭矩、注浆量不合理可能导致地面塌陷、管线破坏、建筑物过量沉降等风险情况，往往是在监测数据变化之前，了解这些有利于监测工作的跟进及数据分析。

因此，建议在条件允许的情况下，建立盾构施工参数监控系统，以便在掌握每个标段盾构机施工进度、施工参数、盾构机姿态，发现问题及时纠正或采取措施。

（5）落实环片姿态测量检测制度

根据国内城市轨道交通建设经验教训，对于采用盾构法施工标段，建议加强环片姿态测量。土建承包商在每掘进 30 环后，须将此 30 环的环片姿态人工测量成果（纸质和电子文档）报送给业主代表（含负责测量的业主）、土建监理和测量检测单位，横向或竖向偏差超过 50mm 须立即上报驻地监理、业主、设计、测量检测单位，由设计总体确定采取相关措施。

（6）预先考虑地铁施工阶段的扰动对后期运营的影响

在地铁施工阶段，各建设方主要考虑的是在建工程本身结构及周边环境的安全。但是随着若干年后，地铁工程大规模建设趋近尾声，紧随其后迎来的是地铁沿线地块开发建设的高潮。由于地铁结构本体及周边建筑物、管线等在施工期间受扰动会产生一定的变形，变形长期累积下来，会波及地铁运营期的结构稳定和安全。

图 3-1　某隧道洞口结构病害情况

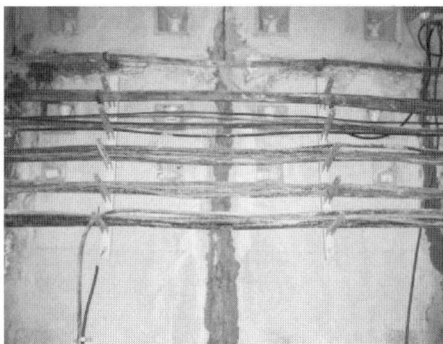

图 3-2　某区间隧道结构病害情况

这些对结构安全的影响往往源自地铁建设施工期对工程质量控制的不足，给后期地铁运营遗留了很多难以弥补的安全隐患，造成以后运营维护成本的极大浪费（图 3-1、图 3-2）。

因此，建议轨道交通建设能够未雨绸缪，充分考虑建设阶段由于施工导致的结构变形及对周边环境的影响。在数据安全警戒值的制定和现场风险控制方面，预先考虑相关影响，从严控制。适时调整和优化设计、施工方案、预报警指标体系，将对地铁后期运营安全造成的影响降到最低。

（7）建议预先考虑地铁建设期与运营期的监测数据连续性

地铁建设期需要充分考虑对运营期结构的安全影响。地铁建设期的相关监测数据信息会对运营期的工作起到极重要的指导作用，能指导地铁运营单位判读数据以及工程影响控制工作。因此，如何在建设期就考虑与运营期监测数据的连续性是十分重要的。

测点布置要考虑后期监护工作，比如沉降测点一般埋设于隧道拱底位置，但是在铺设地铁轨道工程阶段时，又会把这些测点覆盖，这样监护工作开展时又会重新进行监测初始化，数据没有传承，对监护工作没有指导作用。如果在一开始就把测点布置在边墙底，轨道铺设阶段也对其没有影响，这样测点就可以在监护工作时继续使用和延续。还有隧道断面收敛点、拱顶沉降、边墙沉降、水平位移点等的布设都应该有所考虑。

3.3.3　城市轨道交通测试行业发展面临的主要问题

（1）监测方案的问题

目前城市轨道交通工程监测方案分为 3 种形式：一种是总体监测方案，也就是整个监测标段编制一个总体方案，一般包括多个车站和区间；另一种方案就是一个工点即一个车站或一个区间编制一个监测方案；再者就是根据工程进度要求以一个区间竖井和横通道或车站主体、附属结构施工而编制的分部方案。无论是总体方案、工点方案还是分部方案，都存在的问题主要是：监测方案针对性不强，原则性要求多、不具体，可操作性差；方案内容不全面，一般缺少现场巡视内容、巡视频率及周期，监测技术要求、信息反馈流程及对象，以及监测预警标准等内容。

（2）监测点的埋设和保护问题

在监测工作实施过程中，监测点的埋设和保护存在的问题尤为突出，它将直接影响到监测工作的质量和安全管控的实际效果，应引起高度重视。问题主要表现在：监测方案中要求的监测项目或监测点在现场没有完全落实；监测点的埋设时间与施工进度脱节，不能及时进行监测数据（或初始值）的采集；监测点埋设不规范、无保护措施或标识不全；监测点被破坏或压占，未采取补救措施，也未履行相关的手续等。

（3）监测项目控制指标的问题

监测项目的控制指标是监测预警预报工作的重要依据，是施工图设计文件的重要内容之一，其确定原则是应根据工法特点、周围岩土体特征、周边环境保护要求并结合当地工程经验进行确定，因此，应由设计方确定。监测项目控制指标的主要问题是：控制值一般由监测单位根据相关经验或参考资料确定，而非由设计单位在设计文件中明确；控制指标只是简单直接套用相关规范中的参考值，未能在结合轨道交通工程特点、地质条件及环境特点的基础上综合确定；对于不同的监测对象及项目，没有认真区别对待，简单地使用了单一的控制指标；同一个施工工点，第三方监测和施工监测的控制指标不一致；施工监测实施过程中，修改监测项目的控制指标没有经过相关程序及审批等。

（4）监测预警标准的问题

监测预警标准是监测预警工作的基础和依据，没有标准会造成工作混乱，责任不清。监测预警标准存在的问题主要有：监测预警的等级划分及分级标准不明确；施工监测、第三方监测及安全咨询三者之间的预警标准不统一等。

（5）现场巡视方面的问题

传统的仪器监测，其监测范围、频次是有限的，地下工程施工安全问题的发生有时是突发性的，通过现场巡视能够及时了解和掌控工程安全状况，是传统的仪器监测的有效补充。目前，现场巡视主要存在的问题有：巡视内容未能根据工程施工的工法特点、工程地质水文地质条件及周边环境特点进行巡视，针对性不强；现场巡视不能结合工程施工进度合理调整巡视频次，巡视滞后于施工进度，不及时；巡视观察记录不详细、不规范，不能直接反映工程现场具体情况等。

（6）监测成果报告质量问题

从现场实际情况来看，监测成果报告存在的主要问题有：监测成果报告中缺少现场巡视资料及巡视成果；监测周报、月报中无典型时程曲线；监测成果报告格式不规范、内容过于简单，对监测数据与巡视信息的分析不够，监测结论与建议欠缺；现场巡视原始记录缺少巡视人员签字等问题。

（7）监测方案评审问题

根据住建部《城市轨道交通工程安全质量管理暂行办法》（建质［2010］5号）的要求，监测单位编制的监测方案应经专家论证并经监测单位主要负责人签字后实施。从实际情况来看，在监测方案论证方面存在的问题有：总体监测方案经过了专家评审，但后续各车站和区间的工点方案未进行单独的评审；早期的工点方案虽然经过专家论证，但后续站位、施工工法或围护形式发生了变化，修改后的监测方案没有另行评审；各种形式的监测方案均未进行专家评审；监测方案未落实专家意见等。

（8）监测信息化推行受阻的问题

目前轨道交通监测工作从外业采集、内业处理，到提资、归档，各环节信息化工作开展得较为传统和独立。各环节间信息的流动无法做到无损传递。从业人员不愿改变传统工作模式，信息化工作在各个环节内的落实情况欠佳。导致专业数据库和复合信息系统工作推行不畅。

（9）存在问题的原因分析

结合目前各地城市轨道交通工程监测方面的实际情况，综合问题的原因，主要有以下几个方面。

①相关的技术标准和规范性文件相对较少，缺乏有效规范和指导。目前我国城市轨道交通工程建设发展迅速，建设城市和参建单位众多，各方对"监控量测"的实施和技术要求等方面的了解和掌握程度不够，而现行针对"监控量测"方面的国家、行业、地方标准和政府规范性文件相对较少，缺乏有效的技术指导和规范。

②建设单位相关管理办法偏少，监督管理不够。从目前各地实际情况来看，凡是监测工作做得较为出色的在建城市，建设单位对监测的技术要求和管理都制定了一系列管理办法或规定，工作过程中的监督管理也比较到位。但大多建设单位对监测工作缺少相关制度要求，在监测方案的编制及审查、监测点的埋设及验收、现场监测实施及巡查、信息反馈的形式及内容、监测预警及响应等方面缺少相关的技术要求和管理规定，工作过程中又缺乏及时有效的管理与沟

通，使监测工作质量或多或少都存在些问题。

③相关的培训学习较少，技术力量相对薄弱。随着城市轨道交通工程建设发展，从事监测工作的技术人员、作业人员及管理人员越来越多，总体来讲，目前的技术力量和管理水平与建设发展规模不相匹配，不能满足工程需要。一方面有监测经验的勘测单位随着承担监测任务量的不断增大，技术力量不断被摊薄，另一方面监测经验相对缺乏的单位也不断进入轨道交通工程监测市场。再者是随着轨道交通新建城市的增多，建设单位及建设主管部门对监测工作的管理经验还相对薄弱，这些都需要加强相关的学习与培训，提高监测技术水平和管理水平。另外，对现场作业人员也应开展城市轨道交通工程监测方面的知识与技能培训，并颁发相应的上岗证书。

④监测费用相对偏低，监测投入不够。由于城市轨道交通工程监测工作量大、周期长、费用偏低，建设单位的履约要求严，监测成本高，监测单位为降低成本，在监测技术人员及仪器设备、元器件方面的投入往往不足，在监测项目的选择、监测点的埋设方式以及现场监测及巡视的频次方面不规范或不到位。另外对新技术、新方法及新设备的应用方面也表现得不够积极，这些都不同程度地影响到监测工作的整体质量。

3.3.4 城市轨道交通测试行业发展问题对策分析及建议

（1）目前各地对国务院、各部委关于城市轨道交通工程质量安全相关文件的学习、理解及落实不够，特别是对住房和城乡建设部下发的《城市轨道交通工程安全质量管理暂行办法》（建质［2010］5号）的要求不够了解，在监测工作的实施过程中还存在不同程度的问题。建议各地进一步加强各级政府相关文件的学习贯彻和落实。各地建设主管部门、建设单位以及轨道交通工程的参建各方都要认真学习、深刻领悟相关文件的指示精神，并深入贯彻落实到实际工作中。

（2）制定出台相关的技术标准和管理制度。建议各级政府主管部门进一步制定出台关于城市轨道交通工程质量安全相关的管理制度、规范性文件，组织编写颁布城市轨道交通工程监测方面的地方标准或行业规范，从而进一步指导、规范我国城市轨道交通工程建设工作。各地轨道交通建设单位应建立或进一步完善城市轨道交通工程监测管理体系文件，明确各方职责、工作内容及相关技术要求，加强管理、沟通和协调。与此同时，也需出台信息化推行政策，促进监测行业各环节信息化工作的落实。

（3）加强对监测技术人员、现场作业人员及相关管理人员的专业技能、管理能力、信息化生产工具使用能力培训。从国家到地方，到各参建单位应因地制宜地选择或编制培训教材，分区、分批、分层次地对参建单位的监测人员、建设单位及主管部门的管理人员进行培训，提高监测技术水平和管理水平，保证监测工作质量，满足工程建设及发展的需要。通过培训，也能对现场作业人员颁发上岗证书。

4 规划篇

4.1 概述

2019 年，在建设交通强国、培育发展现代都市圈、全面启动各级国土空间规划编制等背景下，城市轨道交通规划行业各项工作平稳推进。

2月，国家发展和改革委员会发布《关于培育发展现代化都市圈的指导意见》，明确打造轨道上的都市圈，"统筹考虑都市圈轨道交通网络布局，构建以轨道交通为骨干的通勤圈。在有条件地区编制都市圈轨道交通规划，推动干线铁路、城际铁路、市域（郊）铁路、城市轨道交通'四网融合'。探索都市圈中心城市轨道交通适当向周边城市（镇）延伸。大力发展都市圈市域（郊）铁路，将市域（郊）铁路运营纳入城市公共交通系统。探索都市圈轨道交通运营管理'一张网'，推动中心城市、周边城市（镇）、新城新区等轨道交通有效衔接，加快实现便捷换乘，更好适应通勤需求"。

5月，中共中央、国务院印发《关于建立国土空间规划体系并监督实施的若干意见》，要求按照高质量发展要求，做好国土空间规划顶层设计，发挥国土空间规划在国家规划体系中的基础性作用，为国家发展规划落地实施提供空间保障。8月，自然资源部下发《关于全面开展国土空间规划工作的通知》，要求各地全面启动国土空间规划编制审批和实施管理工作。

9月，中共中央、国务院印发《交通强国建设纲要》，对新时代做好交通工作进行了系统的顶层设计。其中涉及城市轨道交通方面的具体要求包括："建设城市群一体化交通网，推进干线铁路、城际铁路、市域（郊）铁路、城市轨道交通融合发展"，"推进城市公共交通设施建设，强化城市轨道交通与其他交通方式衔接"，"提高城市群内轨道交通通勤化水平"。

11月，住房和城乡建设部发布《地铁快线设计标准》CJJ/T 298-2019，《地铁快线设计标准》适用于采用站站停追踪运行或快慢车组合运行，列车最高运行速度为 100 ~ 120km/h 的钢轮钢轨地铁快线新建工程的设计，适应了当前很多城市因城市空间扩大需要提高地铁旅行速度的客观要求。

轨道交通建设规划审批方面，2019 年度仅批复了郑州、西安、成都和北京的新一轮建设规划，批复线路总规模（新增）577.1km，与 2018 年一样全部为已运营城市的新一轮轨道建设规划，反映了特大、超大城市轨道交通建设需求依然强劲。

轨道交通线网规划编制方面，中共中央、国务院批复的《北京城市副中心控制性详细规划（街区层面）（2016 年—2035 年）》对轨道交通规划建设提出了很多具体要求。众多城市结合国土空间总体规划的编制，纷纷启动了新一轮轨道交通线网专项规划或者专题研究工作，意图通过轨道交通引导城市更高质量发展。

4.2 规划统计数据

自 2003 年国办发 81 号文颁布至 2019 年末，据不完全统计，中国城市轨道交通建设项目获国家发展改革委员会批复的城市为 44 个，已批复的轨道线网规模达到约 11063km，从历年批复的线网规模来看，整体趋势为稳步增长态势，2011 年以前为平缓发展阶段，2011 年后为波动发展阶段。2012 年、2015 年、2016 年三年的批复规模均超过了 1000km，其中 2012 年、2015 年均达到 1600km 左右，近三年受 52 号文政策影响批复规模有所放缓。

截至 2019 年末，从各城市已获批复的城市轨道交通建设规划总规模来看，北京、上海、广州、成都、武汉、深圳、天津 7 市均超过了 500km，其中北京超过 1000km，上海、广州超过 700km。杭州、重庆、西安、苏州、郑州、南京、长沙、青岛、大连、厦门、长春等 11 城市已批复规模介于 200 ~ 500km。12 个城市获批建设规模在 100 ~ 200km，其余 14 个城市获批规模小于 100km（表 4-1、图 4-1）。

中国城市已获国家批复城市轨道交通建设规模汇总表　　表 4-1

序号	城市	总批复规模（km）
1	北京	1003.7
2	上海	925.7
3	广州	716.5
4	成都	674.0

序号	城市	总批复规模（km）
5	武汉	587.2
6	深圳	578.6
7	天津	511.7
8	杭州	453.2
9	重庆	451.4
10	西安	386.9
11	苏州	353.6
12	郑州	325.7
13	南京	315.7
14	长沙	263.5
15	青岛	236.4
16	大连	235.2
17	厦门	227.5
18	长春	221.2
19	昆明	187.6
20	宁波	172.2
21	贵阳	170.1
22	合肥	170.0
23	温州	156.5
24	福州	144.6
25	南昌	132.9
26	东莞	126.9
27	南宁	126.1
28	沈阳	118.0
29	无锡	113.0
30	佛山	102.2
31	乌鲁木齐	89.7
32	哈尔滨	89.6
33	兰州	81.8
34	济南	81.8
35	石家庄	80.4
36	徐州	67.0
37	南通	59.6
38	常州	53.9
39	呼和浩特	51.4

续表

序号	城市	总批复规模（km）
40	太原	49.2
41	芜湖	46.9
42	包头	42.1
43	洛阳	41.3
44	绍兴	41.1

注：数据来源为 2005 年至 2019 年底国家发展改革委正式批复文件。

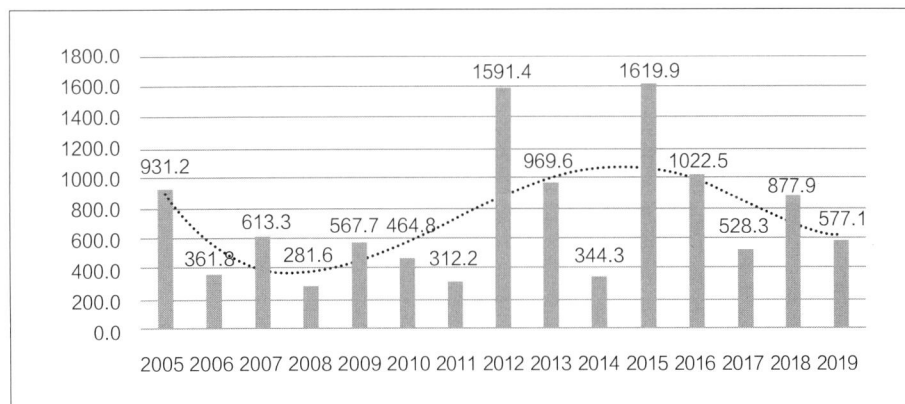

图 4-1　历年国家发展改革委员会批复建设规划规模（单位：km）

2018 年，国务院办公厅印发《国务院办公厅关于进一步加强城市轨道交通规划建设管理的意见（国办发 [2018]52 号）》（后简称《意见》）。《意见》修订了原有城市轨道交通建设基本条件，并新增地方政府债务、城市轨道交通企业负债率、责任主体等要求，提高人口、地区生产总值、一般公共财政预算收入等条件。2018 年国家发展改革委在 52 号文发布后，批复 7 个城市共 877.9km 的线网规模。

2019 年国家发展改革委会同住房城乡建设部，共批复 4 个城市共 577.1km 的线网规模。批复的建设规划分别为 2019 年 3 月 29 日批复的《郑州市城市轨道交通第三期建设规划（2019—2024 年）》，共 159.6km；2019 年 6 月 12 日批复的《西安市城市轨道交通第三期建设规划（2019—2024 年）》，共 150.0km；2019 年 6 月 17 日批复的《成都市城市轨道交通第四期建设规划（2019—2024 年）》，共 176.7km；2019 年 12 月 5 日批复的《北京市轨道交通第二期建设规划调整方案》，共涉及 201km 线网规模，其中新增批复里程 90.8km。

4.3 年度批复建设规划

4.3.1 北京

（1）轨道交通线网规划

当前北京执行的是 2015 年《北京市城市轨道交通线网规划》（图 4-2），规划远景线网由 35 条线路组成，线网总长度约 1524km。其中有 21 条地铁线路，7 条市域快线，6 条中低运量线路，2 条专线。

《北京城市总体规划（2016 年—2035 年）》提出到 2020 年轨道交通里程提高到 1000km 左右，到 2035 年不低于 2500km。规划构建分圈层发展模式：第一圈层（半径 25 ~ 30km）以地铁（含普线、快线等）为主导；第二圈层（半径 50 ~ 70km）以区域快线（含市郊铁路）为主导；第三圈层（半径 100 ~ 300km）以城际铁路、铁路客运专线构成综合运输走廊。

规划要求按照中心加密、内外联动、区域对接、枢纽优化的思路，优化调整轨道交通建设近远期规划，重点弥补线网结构瓶颈和层级短板，统筹利用铁路资源，大幅增加城际铁路和区域快线（含市郊铁路）里程，有序发展现代有轨电车。

2019 年 8 月，北京市规划和自然资源委员会已委托开展"北京市轨道交通线网规划（2017—2035 年）"的编制研究工作。目标是构建面向区域、与北京都市区各区域相互协调的多层次、一体化的轨道交通网络，落实京津冀区域协同发展，支撑和引导北京城市空间布局和功能优化重组，促进国际一流和谐宜居之都的形成，促进以首都为核心的世界级城市群的形成。京津冀协同发展层面建设"轨道上的京津冀"；北京市城市发展层面形成以轨道交通为骨干，核心地区为主体的发展格局，促进轨道交通与城市的可持续发展。

（2）轨道交通建设规划

截至目前，国家批复过北京市轨道交通建设规划（包括规划调整）共 4 期，当前执行的是 2019 年 12 月批复的《北京市轨道交通第二期建设规划调整方案》，以更好地落实京津冀协同发展战略，提升北京市城市轨道交通网络服务水平，支持北京城市副中心建设、北京大兴国际机场发展，服务 2022 年北京冬奥会，建设新机场线调整、22 号线（平谷线）调整、28 号线（CBD）调整、11 号线西段（冬奥支线）、13 号线拆分等 5 个项目，调整规模 150km。根据规划到 2021 年，将形成 29 条运营线路、总规模超过 1000km 的轨道交通网络（图 4-3）。

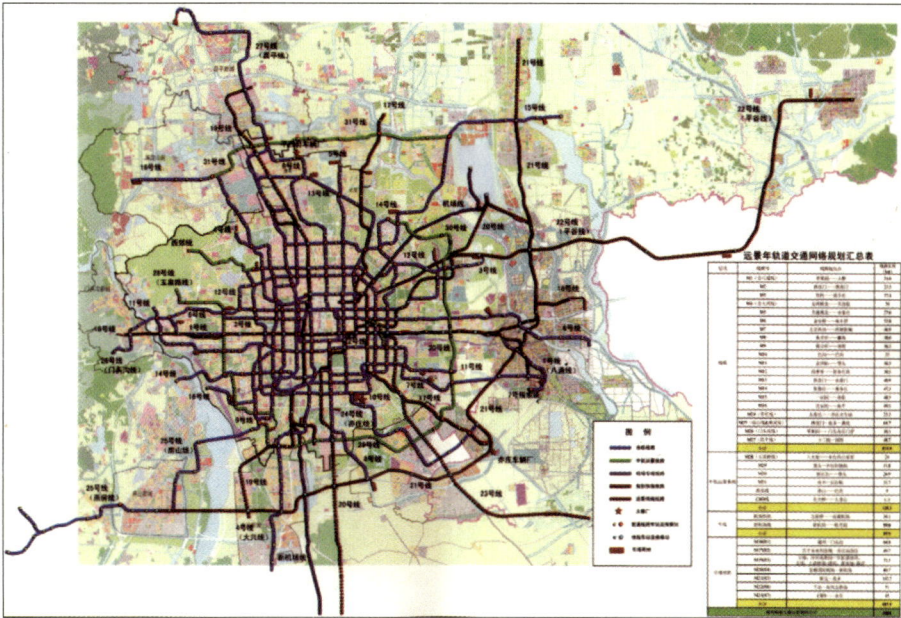

图 4-2 北京城市轨道交通远景线网规划示意图（2015 年版）

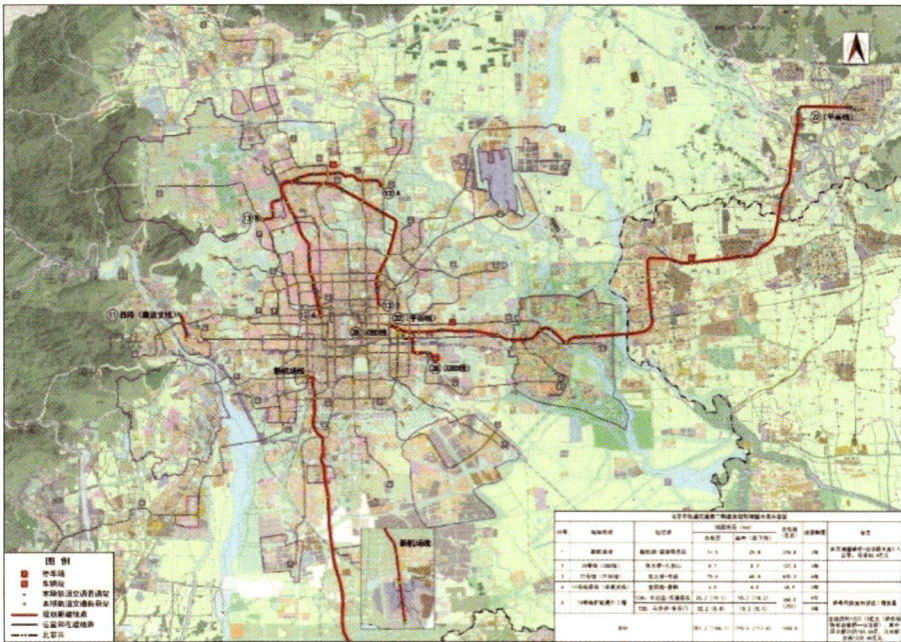

图 4-3 北京市轨道交通第二期建设规划调整方案示意图

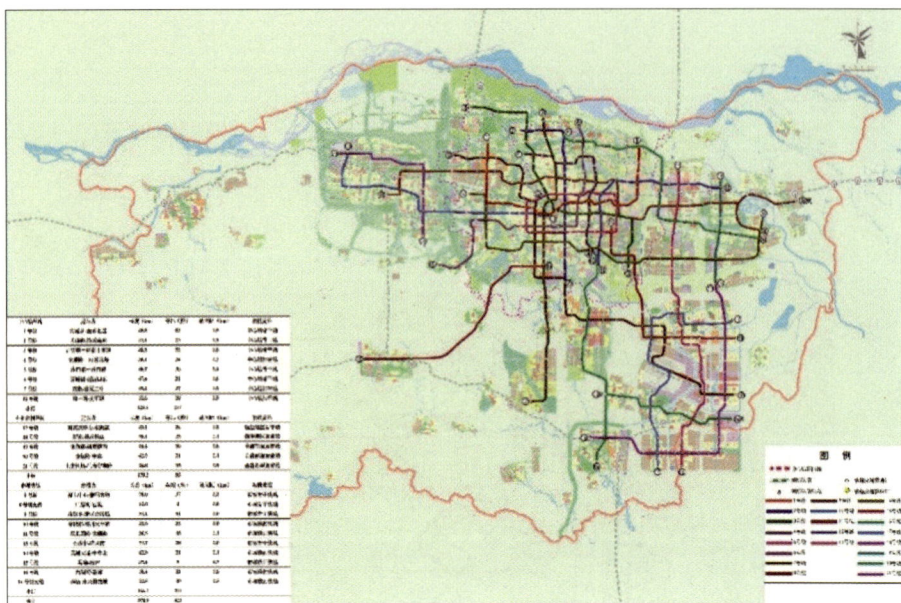

图 4-4　郑州市轨道交通线网规划远景方案（2016 版）示意图

4.3.2　郑州

（1）轨道交通线网规划

当前郑州市执行的是 2016 年批复的《郑州市城市轨道交通线网规划修编》（图 4-4）中的轨道交通线网规划，根据规划 2050 年郑州轨道线网由 21 条线路组成，线路总长度约 971km，其中中心城普线 8 条，326km；外围组团普线 5 条，179km，中心城线网呈现"米字＋一环二横四纵"形态；市域快线 8 条（含 2 条支线），466km，市域快线网呈现"三角锚固＋五轴放射"形态。规划提出至 2050 年，中心城区公共交通占全方式出行比例、轨道交通占公共交通出行比例不低于 50%。

2018 年，郑州启动新一轮总体规划编制工作（现已调整为郑州市国土空间总体规划），郑州市自然资源和规划局（原郑州市城乡规划局）同步委托开展了《郑州市城市轨道交通线网规划（2018—2035 年）》的编制工作，强调新一轮轨道线网规划与国土空间总体规划、城市综合交通体系规划同步编制，加强城市轨道与空间结构、中心体系、功能布局的及时互动与反馈，以轨道为骨架支撑郑州市新一轮空间结构的优化与调整。

（2）轨道建设规划

截至目前国家批复过郑州市轨道交通建设规划共 3 期，当前执行的是 2019 年 3 月批复的《郑州市城市轨道交通第三期建设规划（2019—2024

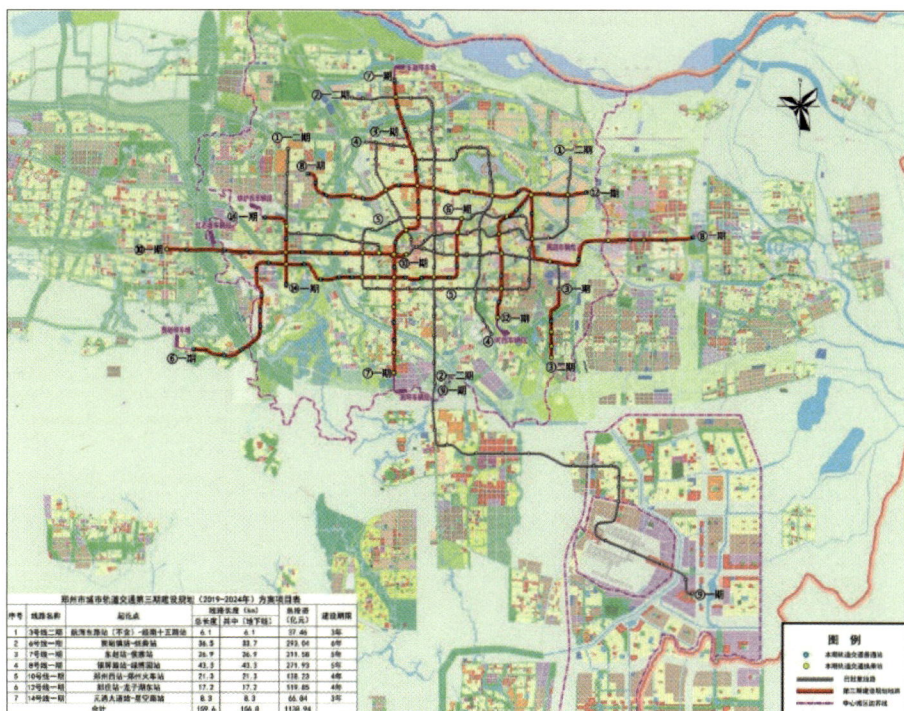

图 4-5 郑州市城市轨道交通第三期建设规划（2019—2024 年）示意图

年）》（图 4-5），2019～2024 年，建设 3 号线二期、6 号线一期、7 号线一期、8 号线一期、10 号线一期、12 号线一期、14 号线一期等 7 个项目，规模 159.6km。根据规划至 2024 年，郑州市将形成 12 条运营线路，总规模 326.5km 的轨道交通网络。

4.3.3 西安

（1）轨道线网规划

当前西安市执行的是 2016 年批复的《西安市城市轨道交通线网规划（修编）》（图 4-6）中的轨道交通线网，根据规划，2030 年西安轨道线网由 15 条线组成，其主体网络形态呈现"棋盘 + 环 + 放射"结构，线路总长度约 667km，其中骨干线 227km，加密线 178km，市域线路 262km。

围绕"以西安（咸阳）为核心的大都市"的构建、《关中城市群核心区战略规划（2014）》与《关中城市群核心区总体规划（2016）》的落实，紧密结合未来都市区空间发展，发挥城市轨道交通的功能和作用，进一步对线网规划方案进行优化研究，形成《关中城市群都市区城市轨道交通线网规划》（图 4-7）。远期 2030 年规划线网由 23 条轨道交通线路组成，线路总长度 986km，其中西

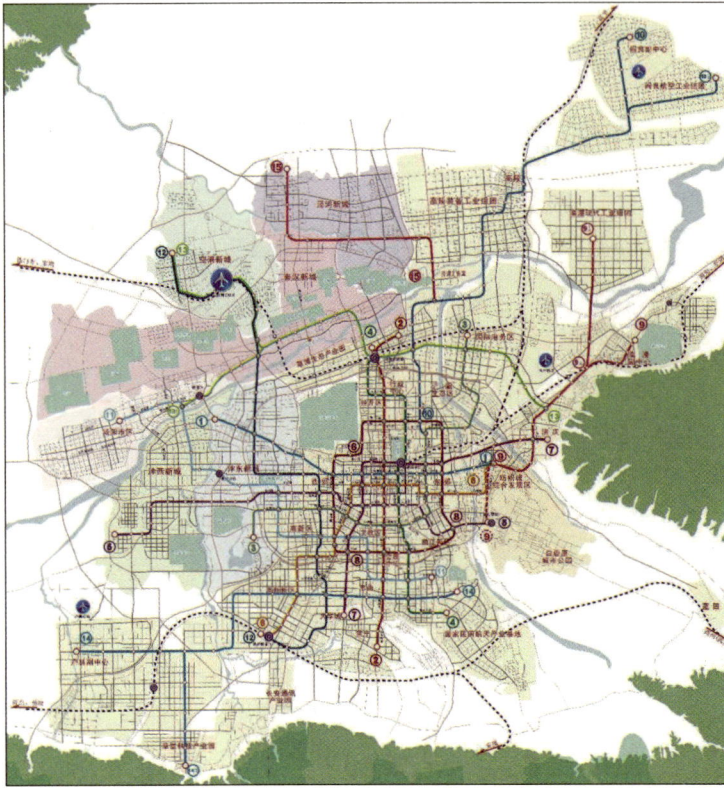

图 4-6　西安市城市轨道交通线网规划
方案（2016 版）示意图

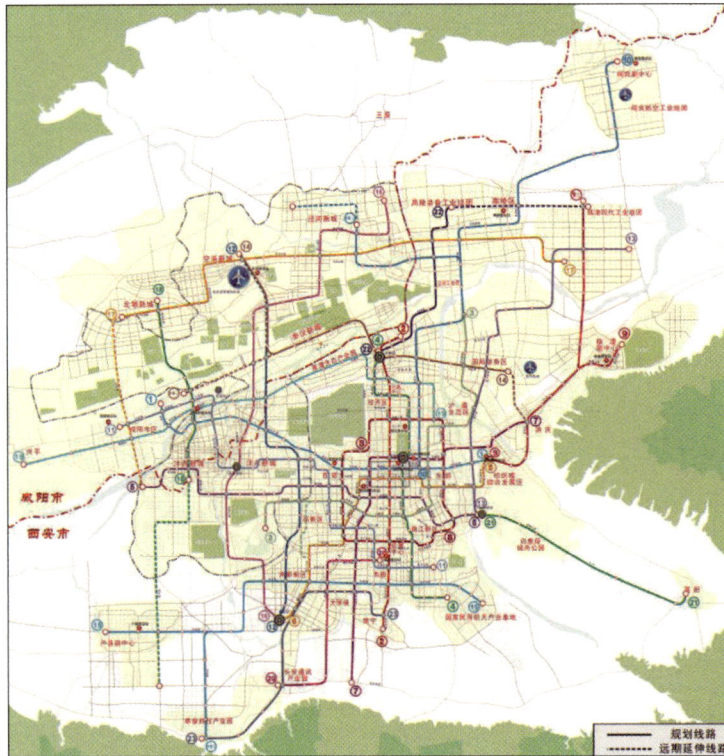

图 4-7　关中城市群都市区城市轨道交
通线网规划方案示意图

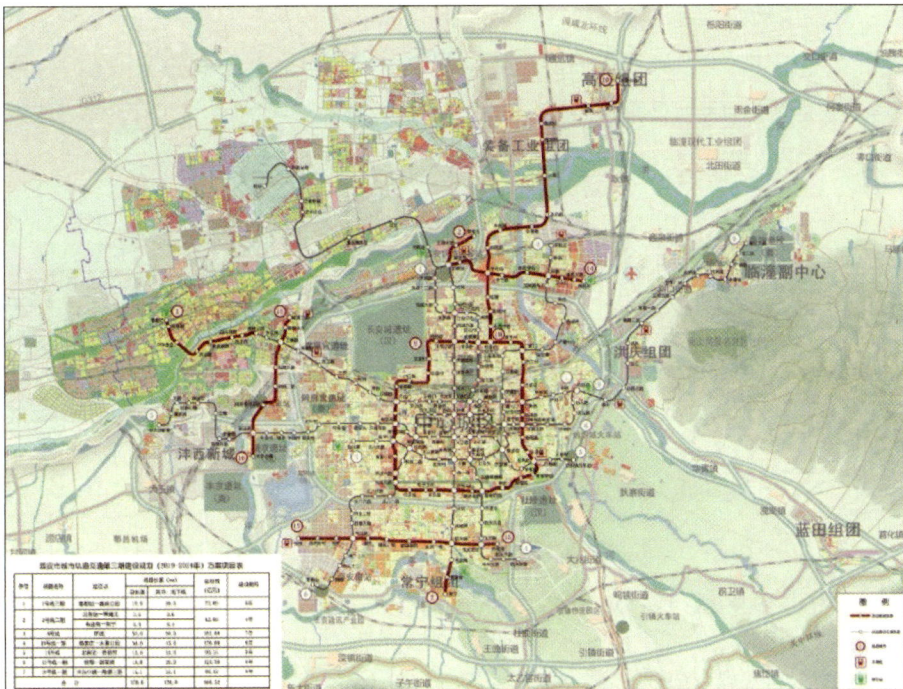

图 4-8　西安市城市轨道交通第三期建设规划（2018—2024 年）示意图

安市域范围内线路长度 691km，西咸新区范围内线路长度为 238km，咸阳市区范围内线路长度 57km。

（2）轨道建设规划

截至目前，国家批复过西安市轨道交通建设规划共 3 期，当前执行的是 2019 年 6 月批复的《西安市城市轨道交通第三期建设规划（2018—2024 年）》（图 4-8），2019～2024 年，建设 1 号线三期、2 号线二期、8 号线、10 号线一期、14 号线、15 号线一期、16 号线一期 7 个项目，规模 150km。根据规划到 2024 年，将形成 12 条运营线路、总规模 423km 的轨道交通网络。

4.3.4　成都

（1）轨道交通线网规划

当前成都执行的是 2016 年编制的《成都市城市轨道交通线网规划（修编）》，该规划提出服务成都市四大圈层的三级轨道网络。

2030 年远期线网由 34 条线路组成，包含 15 条普线、13 条快线、3 条既有市域铁路线、1 条市域内控制线线路（简阳线）、2 条跨市域线路 [18-1 号（资阳）线和 40 号（德阳）线组成]，总长约 1766km，市域范围内线路总约 1662km。

远景线网由 46 条线路组成,包含 23 条普线、16 条快线、3 条既有市域铁路线、1 条市域内控制线线路(简阳线)、3 条跨市域线路 [18-1 号(资阳)线、39 号(眉山)线延伸线、40 号(德阳)线组成],总长约 2450km,市域范围内线路总长约 2279km。

(2)轨道建设规划

截至目前,国家批复的成都市轨道交通建设规划共 4 期,当前执行的是 2019 年 6 月批复的《成都市城市轨道交通第四期建设规划(2019—2024 年)》(图 4-11),2019 ～ 2024 年,建设 8 号线二期、10 号线三期、13 号线一期、17 号线二期、18 号线三期、19 号线二期、27 号线一期、30 号线一期 8 个项目,规模 176.65km。根据规划,至 2024 年,成都市将形成 16 条运营线路、总规模 692km 的轨道交通网络。

4.4 发展与趋势

4.4.1 加快推动都市圈多种轨道交通融合发展

(1)培育发展现代化都市圈,对城市轨道交通发展提出新要求

2019 年中央财经委员会第五次会议提出,我国经济发展的空间结构正在发生深刻变化,中心城市和城市群正在成为承载发展要素的主要空间形式,新形势下促进区域协调发展,要按照客观经济规律调整完善区域政策体系,发挥各地区比较优势,增强中心城市和城市群等经济发展优势区域的经济和人口承载能力。

2019 年国家发改委印发《关于培育发展现代化都市圈的指导意见》,提出都市圈是城市群内部以超大特大城市或辐射带动功能强的大城市为中心、以 1 小时通勤圈为基本范围的城镇化空间形态。要以推动统一市场建设、基础设施一体高效、公共服务共建共享、产业专业化分工协作、生态环境共保共治、城乡融合发展为重点,培育发展一批现代化都市圈,形成区域竞争新优势,为城市群高质量发展、经济转型升级提供重要支撑。特别提出打造轨道上的都市圈,统筹考虑都市圈轨道交通网络布局,构建以轨道交通为骨干的通勤圈。

国家新型城镇化发展形势的变化,特别是培养发展都市圈,对城市轨道交通发展带来新的战略性要求,传统以城市中心城区为重点的规划技术方法迫切需要更新,以适应城镇空间发展新态势。

(2)加快构建适应都市圈多样化出行需求的多层次轨道交通体系

轨道交通功能层次主要取决于轨道网络服务的空间范围大小、交通需求构

成特征和服务水平等因素，是根据不同空间层次交通需求构成特征、由不同技术标准轨道交通级配组合而成的功能结构体系。

多层次轨道交通体系是城市空间组织向都市圈区域拓展的必然诉求。对于大城市、特大城市都市圈，在不同空间尺度上交通需求差异明显，为了保证轨道交通出行效率和效益，必须构建多层次轨道线网，维持出行时间服务目标和基本客流效益的平衡。

同时，由于都市圈发展基础不同，对多层次轨道交通的技术标准、服务水平要求也有差异，不能一概而论，应体现因地制宜的发展要求。规划阶段应根据轨道线路功能定位，重点确定线路起终点和枢纽点、旅行速度、站间距和运输能力指标，并作为核心指标传导至工程设计和建设阶段。

（3）提高都市圈不同轨道交通系统的一体化衔接效率

衔接效率是影响都市圈轨道交通整体效能的重要因素。规划阶段，应重点保障不同轨道系统衔接点和城市空间格局的匹配性，尽量避免都市圈外围线路与城区线路在边缘单点换乘，提高都市圈外围城镇、组团进入城市核心区的便捷水平。同时，应保障不同系统之间衔接能力的匹配性，特别是重视新线路建设对既有运营线路客流冲击的影响分析。充分研究都市圈轨道交通互联互通等多样化运营组织模式的可能性，特别是对于市域（郊）铁路、轨道交通快线、外围郊区线等类型线路，做好相关设施规划和控制预留工作。

4.4.2 抓好轨道交通引领国土空间规划机遇期

（1）各级国土空间规划全面开展，推动城市轨道交通与国土空间开发保护格局协调发展迎来战略机遇期

2019年5月，中共中央、国务院印发《关于建立国土空间规划体系并监督实施的若干意见》，意见指出国土空间规划是国家空间发展的指南、可持续发展的空间蓝图，是各类开发保护建设活动的基本依据，要坚持新发展理念，坚持以人民为中心，坚持一切从实际出发，按照高质量发展要求，做好国土空间规划顶层设计，发挥国土空间规划在国家规划体系中的基础性作用，为国家发展规划落地实施提供空间保障。

2019年8月，自然资源部下发《关于全面开展国土空间规划工作的通知》，要求各地全面启动国土空间规划编制审批和实施管理工作。市级国土空间总体规划审查要点明确包括重大交通枢纽、重要线性工程网络等设施的布局。

城市轨道交通对城市空间发展的影响非常大，为了提高规划效益，必须积极推动轨道交通与国土空间规划的联动，完善轨道交通规划技术体系。

（2）推动轨道交通规划管理与空间规划体系改革的协同

国办 52 号文明确要求"城市政府根据城市总体规划、土地利用总体规划、城市综合交通体系规划，合理制定城市轨道交通线网规划"。

在既有规划管理体系中，轨道交通线网规划需要纳入城市总体规划，作为城市总体规划审批管理和轨道交通建设规划审批管理的重要依据。当前国土空间规划体系正在重新构建之中，涉及规划编制内容、审批方式等多个方面。

城市轨道交通对城市空间发展的影响非常大，为了提高规划效益，必须积极推动轨道交通与国土空间规划的联动，结合空间规划体系改革，完善轨道交通规划建设管理体系。

（3）提高轨道交通网络布局与城市功能体系的契合水平

首先，城市人口和就业岗位分布是城市功能体系最直接的指示器，体现城市内部功能空间梯度开发要求，轨道交通网络与城市功能的契合首先体现在设施供给水平与人口岗位分布的契合，《城市轨道交通线网规划标准》对此提出了明确的指标要求，各城市应结合具体情况在规划中落实。

其次，要加强轨道交通换乘枢纽与城市功能中心的联动。轨道交通换乘站布局应与城市主要公共服务中心、主要客运枢纽结合布置，对特大城市和超大城市，应形成城市主中心地区的换乘枢纽群，着力提高城市中心至副中心、外围组团中心的直达水平，减少不必要的换乘客流。

再次，应以轨道交通走廊支撑与塑造城市空间发展轴线。走廊内，以高密度就业及居住为目标安排城市功能，设置建设强度和人口密度下限；轨道交通走廊外地区，应设置开发强度上限，实现城市开发强度及人口的非均等化控制。对特大城市、超大城市核心发展轴，需要研究建设轨道交通复合通道。

（4）加强轨道沿线地区规划设计，推动轨道交通 TOD 发展

在住房城乡建设部《城市轨道沿线地区规划设计导则》的指导下，各城市陆续出台了很多结合本城市特点的轨道沿线和站点规划设计管理办法，轨道沿线地区规划设计逐渐成为各地方政府促进轨道交通建设与城市协调发展的关键抓手，未来在轨道交通 TOD 发展方面仍有很多方面需要探索。

首先，需要结合我国土地管理体制、居民活动模式，进一步完善适合我国城市特点的 TOD 发展理论和实践方法。

其次，需要进一步加强轨道站点地区的城市设计工作，加强站点区域交通与城市空间一体化设计，重点完善轨道站点周边的公共空间和服务设施，使轨道站点成为人性化的场所，而不仅仅是一个交通空间。

再次，需要探索创新站点区域土地开发和溢价分享机制。由于城市轨道交通投资巨大、公益性特征明显，国际上单单依赖政府公共财政投入与补贴和轨道交通票款收益能够维持城市轨道交通建设与营运财务平衡的几乎没有。借鉴

国内外城市的成功经验，需要尽快研究、出台支持城市轨道交通建设运营平稳、可持续发展的土地储备与开发政策。

4.4.3 强化城市轨道交通与其他交通方式的衔接

（1）提高轨道交通与对外交通枢纽衔接效率

机场、铁路枢纽等对外交通枢纽是城市融入区域发展的门户节点，在城市间出行时间大幅度下降的背景下，枢纽与城市内部交通的转换效率成为出行链中的关键环节，轨道交通作为大型对外交通枢纽衔接的重要方式，对于提高枢纽服务效率至关重要，应着力提高衔接和转换效率。

首先，提高城市与对外交通枢纽轨道衔接时间可达性，特别是对于距离城区较远的机场和铁路枢纽，应通过引入轨道快线实现快速到达，发挥轨道交通的时间效率优势；其次，从居民出行最大便利角度出发，加强枢纽规划、设计、建设和运营管理一体化，向"零换乘"的目标努力；再次，大型对外交通枢纽对城市发展影响巨大，应立足城市长远发展，对轨道交通的接入条件充分研究，做好近期建设和远景预留控制条件。

（2）以轨道为基础构建多模式、多层次、一体化的完整公共交通体系

纵观全球优秀的公交都市，公共交通系统服务层次非常清晰，不仅包括大中运量的轨道交通，更有庞大的公共汽车干线、普线、支线，乃至灵活多样的小巴、校巴、专用巴士等方式。各种公共交通方式均有其合理的功能定位、运能量级、服务特性和客流服务适应性。

在轨道交通发展的不同阶段，必须动态调整轨道交通与其他公共交通方式的关系，合理优化地面公共交通的网络结构和运力配置，构建多模式、多层次、一体化的完整公共交通体系，为广大市民提供多元化、高品质的公共交通服务，从而提高公交系统的整体竞争力。

（3）加强轨道交通站点接驳设施规划设计

在采用城市轨道交通的出行中，轨道站点两端接驳出行时间占总出行时间的比例相当可观，以北京为例，接驳时间占全程时间的接近30%。因此，提高轨道交通站点接驳设施规划设计水平，构建以轨道交通站点为核心的高效、便捷、舒适的换乘系统，对于提高轨道交通出行效率具有重要意义。

在接驳设施规划设计中，应落实以人为本的规划理念，鼓励慢行、公交等绿色交通出行方式，优先保障步行、非机动车的高品质空间。结合站点特征，分类落实步行接驳设施、非机动车接驳设施、公交接驳设施、出租车接驳设施、小汽车停车换乘接驳设施等各类设施的用地空间，并着力提高精细化设计水平。

5 设计篇

5.1 概述

截至 2019 年 12 月 31 日，中国累计有 40 个城市建成投运城轨交通线路 207 条，总长度 6736.7km。2019 年新增温州、济南、兰州、常州、徐州和呼和浩特等 6 个运营城市；新增运营线路长度 968.77km，增长率为 16.8%。新增运营线路 31 条，新开延伸段 19 段。进入"十三五"时期以来四年累计新增运营线路长度为 3117.47km，年均新增线路长度为 779.4km。规划、在建线路规模稳步增长，年度完成建设投资额创历史新高。

在 6736.7km 的城轨交通运营线路长度中，地铁 5194.5km，占线路总长的 77.11%；轻轨 255.4km，占线路总长的 3.79%；单轨 98.5km，占线路总长的 1.46%；市域快轨 714.6km，占线路总长的 10.61%；现代有轨电车 405.6km，占线路总长的 6.02%；磁浮交通 57.9km，占线路总长的 0.86%；APM 线 10.2km，占线路总长的 0.15%。在所有的轨道交通制式中，地铁及有轨电车制式增长速度较快，其他制式增长较慢。

5.2 主要城市情况

5.2.1 上海

1）系统制式应用情况（表 5-1）

车辆类型应根据当地的预测客流量、环境条件、线路条件、运输能力要求等因素综合比较选定。不同车型的主要技术参数如表 5-2 所示。

上海市城市轨道交通系统制式和最高速度一览表　　表 5-1

线路名称	车型及编组	最高设计速度（km/h）
1 号线	8A	80
2 号线	4/8A	80
3 号线	6A	80
4 号线	6A	80
5 号线	4C	80
6 号线	4C	80
7 号线	6A	80
8 号线	6/7C	80
9 号线	6A	80
10 号线	6A	80
11 号线	6A	100
12 号线	6A	80
13 号线	6A	80
磁浮示范线	5 节	430
16 号线	3/6A	120
17 号线	6A	100
金山支线	CRH-6A/6F	160

不同车型的主要技术参数　　表 5-2

车型	A	B	C
长（m）	24.39/22.8	19.98	11 ~ 18
宽（m）	3	2.8	2.2 ~ 2.8
高（m）	3.842	3.795	2.2 ~ 2.8
定员（人）	299/302	217/241	130 ~ 230
轴重（t）	≤ 16	≤ 14	≤ 12.5
最小半径（m）	350/150	350/150	11 ~ 50
最大坡度（‰）	35/40	35/40	35/45
最高速度（km/h）	120	120	60 ~ 100

2）上海地铁 16 号线

上海地铁 16 号线为上海市轨道交通市域线之一，全长 59.334km，是一条在郊区以高架为主的地铁线路。其中地下线长约 6.734km，高架线长 52.6km；共设车站 13 座，其中地下车站 3 座，高架车站 10 座；列车采用 3 节 /6 节编组

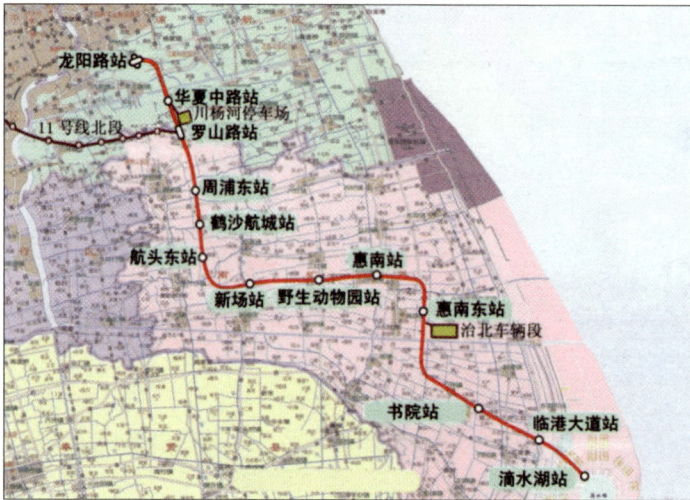

图 5-1　上海地铁 16 号线示意图

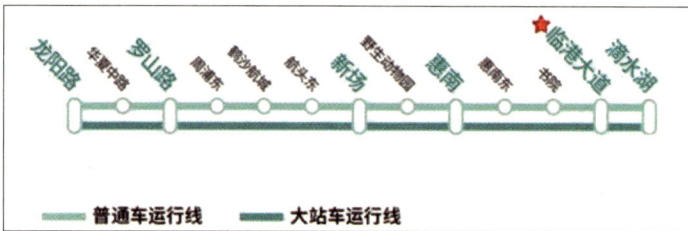

图 5-2　上海地铁 16 号线快慢线组合运营示意图

A 型列车（图 5-1）。其设计特点如下。

（1）列车供电方式不同。采用了接触网和第三轨双授流供电的列车，正线采用第三轨时，列车会把底部的电源信号接收线打开，当到达出入段线及入库采用接触网时，列车会打开受电弓进行供电，但离开出入段线时，列车会关掉受电弓。

（2）快慢线组合运营。16 号线开行"大站车"（即部分列车越站运行），停靠龙阳路站、罗山路站、新场站、惠南站、临港大道站、滴水湖站 6 座车站上下客。"大站车"均为 3 节编组列车，单程运行时间比普通车缩短 12min 左右。且越行站的配线形式多样（图 5-2）。

（3）大跨度斜拉桥。上海地铁 16 号线大治河矮塔斜拉桥 2011 年 11 月 16 日顺利合龙。全桥采用悬臂挂篮施工，共分 63 块节段，具有结构体系复杂、施工环境复杂、安全风险高、工期紧的特点，施工中先后创造了轨道交通领域同类型桥梁跨度最大和上海市轨道交通领域首次应用矮塔斜拉桥桥型的"两项第一"。

（4）"单洞双线"隧道。上海地铁16号线在中国国内首次采用"单洞双线"隧道，采用直径11.58m的大型泥水平衡盾构机施工，中间由中隔墙将圆隧道分隔为列车来去两个方向。"单洞双线"隧道能进一步缩短轨道交通建设周期，降低地铁隧道建设成本。

5.2.2 北京

1）系统制式分析

截至2019年12月底，北京市城市轨道交通共有24条运营线路，其中地铁制式20条、有轨电车1条、市域快轨2条、磁悬浮1条。

北京市轨道交通运营线路制式及设计速度一览表　　　表5-3

序号	线路名称	车型及编组	设计速度（km/h）	系统制式
1	1号线	6B	75	地铁
2	2号线	6B	80	地铁
3	4号线	6B	80	地铁
4	5号线	6B	80	地铁
5	6号线	8B	100	地铁
6	7号线	8B	80	地铁
7	8号线	6B	80	地铁
8	9号线	6B	80	地铁
9	10号线	6B	80	地铁
10	13号线	6B	80	地铁
11	14号线	6A	80	地铁
12	15号线	6B	100	地铁
13	16号线	8A	80	地铁
14	八通线	6B	80	地铁
15	亦庄线	6B	80	地铁
16	大兴线	6B	60	地铁
17	房山线	6B	100	地铁
18	昌平线	6B	100	地铁
19	燕房线	4B	80	地铁
20	S1线	6节磁悬浮	100	磁悬浮
21	S2线	柴油动车组	120	市域快轨

续表

序号	线路名称	车型及编组	设计速度（km/h）	系统制式
22	西郊线	5 模块有轨电车	70	有轨电车
23	机场线	4L	110	地铁
24	大兴机场线	8D	160	市域快轨

根据表 5-3 对运营线路制式分析如下。

（1）北京市城市轨道交通系统制式主要以地铁制式为主，以大运量的 A、B、L 型车线路解决城市通勤客流。

（2）随着城市的发展，城市郊区出现新的交通枢纽、新城等，连接主城区和郊区新城或新枢纽之间的城市快线逐渐出现。

（3）车型多样化趋势，北京市城市轨道交通采用了 7 种车型，分别为地铁 A、B、L 型车，有轨电车，磁悬浮，柴油动车组，市域 D 车等，但资源共享困难，车辆维修难度加大。

（4）从设计速度角度，市区线路设计速度多为 80km/h，郊区线路设计速度多为 100km/h 以上。

2）北京大兴机场线

北京大兴新机场线（以下简称"新机场线"）是服务于北京第二国际机场的轨道交通专线，是北京市轨道交通线网中连接中心城区与新机场的轨道交通线路。线路南起新机场北航站楼，北至既有地铁 10 号线草桥站，线路全长约 41.4km，其中地下段长约 23.7km，高架段长约 17.7km（图 5-3）。采用设计速度 160km/h 的市域 D 车。项目投资概算为 452.9 亿元。新机场线于 2015 年 12 月 26 日开工，2019 年 6 月 15 日试运营，2019 年 9 月 26 日正式通车试运营。

新机场线的主要技术特点和创新点如下。

（1）国内首条市域 D 车运营线路

新机场线是我国首条最高速度达 160km/h 的地铁线，主要功能是提供新机场与中心城之间快速、直达、大运量的公共交通服务，实现"半小时"到达中心城目标，通过与 19 号线的接力实现北航站楼至中心城（金融街）的半小时通达（图 5-4）。

为实现中心城与新机场之间半小时通达的目标，本线采用设计速度为 160km/h 的市域 D 车，北航站楼至草桥旅行时间控制在 22min 以内。北航站楼站至草桥站运行距离为 39km，为实现 22min 通达，全线旅行速度应达到 106km/h 左右。

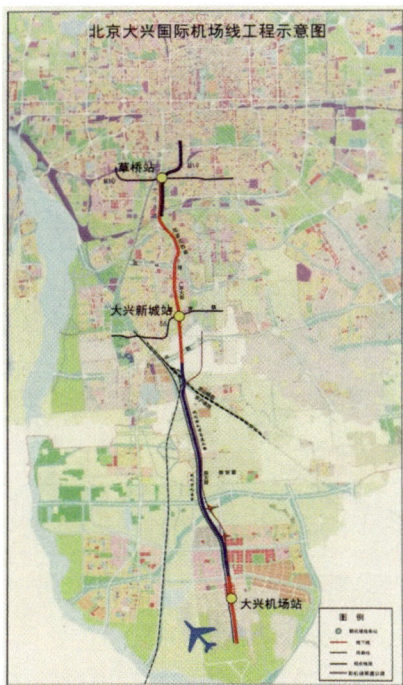

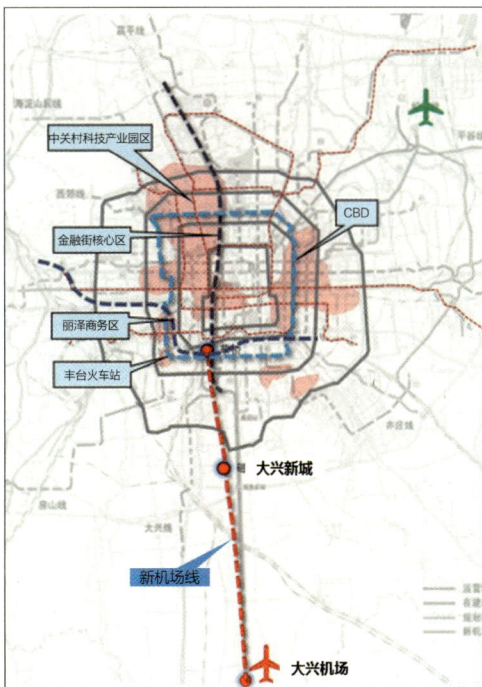

图 5-3　北京大兴新机场线走向示意图　　图 5-4　北京大兴新机场线

（2）供电制式

本线采用市域 D 车，采用 AC25kV 供电方式（图 5-5），相对于 DC1500V 供电方案，AC25kV 供电方式具有以下优点：

① AC25kV 供电方式已经广泛应用于采用 CRH 系列车辆的城际线路，具有一定的成熟度，本线采用市域 D 车，具有一定借鉴意义；

②采用 AC25kV 方式，只需 2 座变电所即可，投资 6.3 亿元（含主变电所）；而采用 DC1500V 供电系统，需设置约 14 座牵引变电所，投资约 12 亿元（含牵引变电所），同时由于本线仅有 3 座车站，因此大量的变电所将在区间设置，对运营管理和维修养护造成巨大的不便（图 5-5）。

（3）长大区间防灾救援方案

①地下区间设置风井分隔列车

北京大兴新机场线线路全长 41.4km，设车站 3 座，两个区间长度分别为 13.0km、25.3km，系统能力为 15 对 /h。其中草桥至大兴新城为地下区间，列车运行时间为 6′56″，按系统能力 4min 行车间隔计算，区间最多同时存在两列车。在列车 15 对 /h 的运行条件下，在 13km 地下区间设置 3 个区间风井。区间风井将此段隧道区间分隔为 4 段，以每个区间内同一时间仅存在一列车为原则，

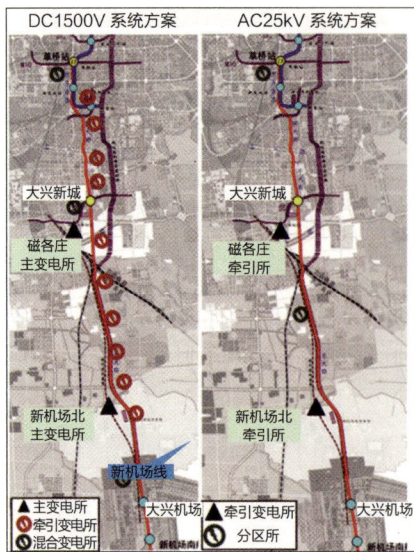

图 5-5　不同供电制式的方案示意图

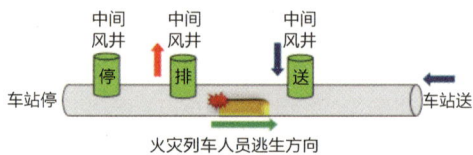

图 5-6　地下区间设置风井分隔列车示意图

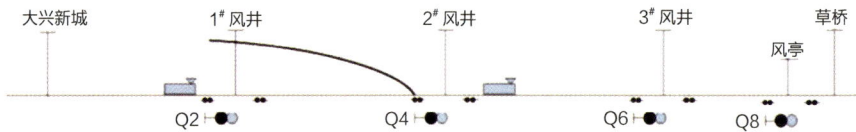

图 5-7　区间分界点信号机布置

在每个区间风井内设置两台事故风机，用于火灾时事故排烟（图 5-6）。

列车在区间隧道发生火灾时，首先要尽一切可能将列车行驶到前方最近车站，使人员从站台疏散；若着火列车停在区间隧道内，则开启火灾区间两端的区间事故风机，根据列车火灾部位（车头、车尾）决定气流方向，气流方向与排烟方向相同，但与人员疏散方向相反，使人烟分离，人员可以迎着新风方向撤离，保证人员疏散隧道内的能见度。

②通过信号控制分隔列车

当信号系统控车（CBTC 模式及点式控制模式）时，保证正常运营情况下风井之间、风井与车站之间仅存在 1 列车。在每处区间风井前方设置区间分界点信号机，其保护区段为独立计轴区段，如图 5-7 所示，即前车完全出清 Q4 内的独立计轴区段后，其后方的 Q2 才能开放，后方列车才能进入 1 号风井和 2 号风井之间的区间。

系统还可以利用 ATS（列车自动控制）限制进入大兴新城站至草桥站区间的列车数量，保证大兴新城站至草桥站区间不能超过 4 列车。

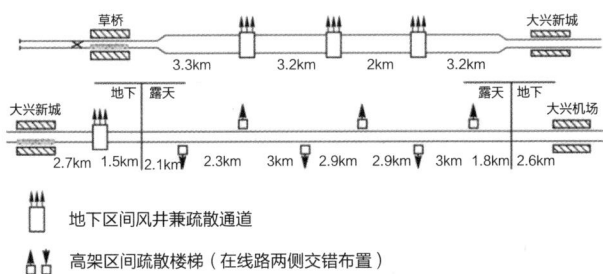

图 5-8 疏散通道分布

③结合工程条件，提高清障效率

设置故障车停留线，提高清障效率。为提高故障车清障效率，在草桥、大兴机场站结合工程条件增设故障车停留线，使新机场北车辆段满足双向收发车条件，提高故障车下线效率。

设置直达地面逃生通道，提高清障效率。结合区间风井设置直达地面的逃生通道。疏散通道设置逃生楼梯，满足乘客直达地面、消防队员进出的需求。疏散信道分布位置如图 5-8 所示。

区间设置应急疏散平台，提高清障效率。在地下区间行车方向左侧设置疏散平台。结合机场线盾构内径 7.6m 的工程条件，加宽疏散平台尺寸，使标准宽度达到 1.4m，有利乘客携带行李疏散。高架区间在线路中部设置 1.2m 宽的疏散平台，从疏散平台可以下到轨行区楼梯，通过轨行区到达疏散通道。

设置联络通道，提高清障效率。新机场线地下区间每隔 600m 设置两区间联络通道。当区间走行距离过长，或有其他次生灾害阻隔时，可通过联络通道进入对侧区间，由对侧区间开行列车，实现区间救援。

设置区间照明设施、应急疏散引导标识，提高清障效率。为提高地下及高架区间救援效率，长大区间均设置照明设施及应急疏散引导标识，在故障状态下引导乘客向安全出口疏散。地下区间隧道道床面及具备消防疏散作用的区间风井地面，疏散照明照度不小于 3.0lx，疏散照明电源火灾时连续供电时间不少于 60min。地下区间在距道床面 1.5m 高度的墙面上设置蓄光型标志牌，指向相邻车站、相邻联络通道口或隧道口，并标明两者之间的距离，标志牌设置的间隔距离不大于 50m。

设置消防设施，提高救援效率。采用两站各带半个区间的消防分区模式，靠近草桥的半个区间为草桥站的消防保护范围，靠近大兴新城站的半个区间为大兴新城站的消防保护范围，在区间中点设置连通管及电动阀门，实现消防分区划分。由于区间仅设置消火栓口，没有水龙带箱，针对长大区间的特点，为便于消防员顺利扑救火灾,在每一处区间联络通道、区间风井、泵站等处,均设置消防水龙带箱及灭火器。在长大区间,由于管道距离远,导致水力损失加大,为减少管网压力,需要对管材及连接方式进行比选,避免区间爆管事故的发生。另外,通过加设区间连通管的方式,分流消防水量,也可以进一步降低水力损失。

（4）采用 PPP 投资建设模式

北京大兴新机场线 PPP 项目入选全国第三批 PPP 示范项目,其总投资额452.9 亿元,位列全国第 7 位。北京新机场轨道线全长 41.4km,与北京大兴新机场同步建成,建成后新机场线将和京霸高铁、廊涿城际铁路同时汇集于北京新机场主航站楼地下二层,实现新机场与轨道交通的"零换乘"。该项目是北京市第 1 个"土建 + 机电设备车辆 + 运营一体化"的"大 PPP"项目,新机场线在土建方面也采取 PPP 模式,进一步减轻了政府出资压力。于是,新机场线也就成为截至目前北京轨道交通投资规模最大、最为严格、最具完整意义的社会化引资项目。

5.2.3 广州

1）系统制式

在制式选择中,广州地铁主要为地铁制式,其中主要有 A、B、L 车型,珠江新城 APM 线为自动导向轨道系统（3.9km）,海珠环岛有轨电车工程为有轨电车系统（试验段 7.7km）。

2）广州地铁 14 号线

广州地铁 14 号线主线起于嘉禾望岗站,途经白云区和从化区,止于东风站,支线起于新和站,途经白云区和黄埔区,止于镇龙站,大致呈"倒 Y 字"走向。线路全长 76.3km,其中地下线 44.3km、高架线 32km;共设置 22 座车站,其中地下站 15 座、高架站 7 座;采用 6 节编组 B 型列车。全线设有嘉禾望岗至东风（设有快慢车）、镇龙至新和两种交路;其中嘉禾望岗至东风的快车仅停靠嘉禾望岗、新和、从化客运站和东风 4 座车站（图 5-9）。

14 号线的主要特点是采用主线加支线的形式,主、支线贯通运营,并具备远期独立运营的条件。14 号线在线网中的定位为北部城区的放射线,为市域快速轨道交通线路,根据综合交通规划,外围副中心至主城中心区的旅行时间在60min 以内,本线最高运行速度为 120km/h 以上,采用快慢车运营模式。

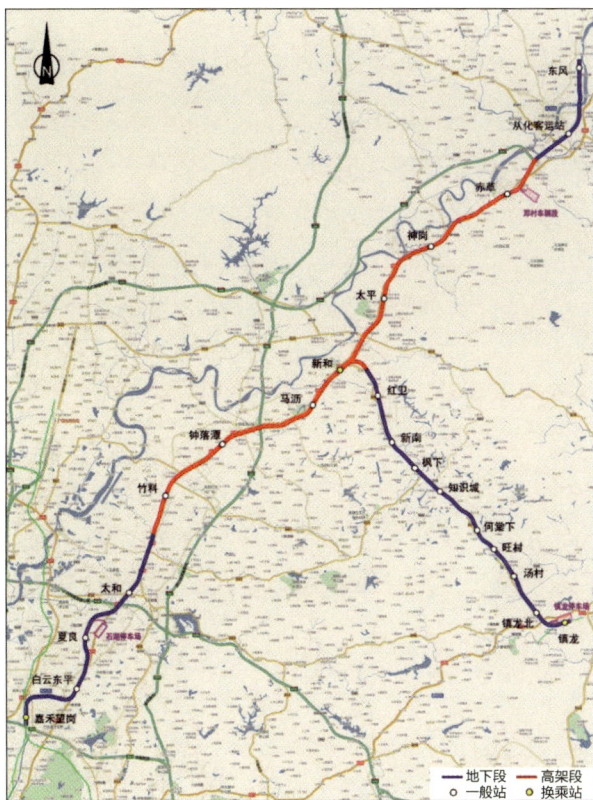

图 5-9 广州地铁 14 号线线路示意图

地下段 高架段
一般站 换乘站

3）广州地铁 21 号线

广州地铁 21 号线起于员村站，自西向东贯穿天河区、黄埔区和增城区，贯穿东部新城区域，止于增城广场站，大致呈"厂字形"走向。线路全长 61.6km，其中地上段为 14.7km，穿山隧道 6.8km，地下段为 40.1km；共设置 21 座车站，其中地下站 17 座、高架站 4 座；采用 6 节编组 B 型列车，设计速度 120km/h（图 5-10）。

广州地铁 21 号线在线网规划中的功能定位为加强科学城及萝岗中心区、东部新城以及增城副中心与广州市中心区的快速交通联系，支持城市"东进"战略，对促进广州大都市化进程具有重要作用。21 号线采用快慢线设计，设计时速为 120km。21 号线全线共有 6 座换乘站，分别是天河公园、黄村站（4 号线）、世界大观站（19 号线）、苏元（6 号线）、镇龙（14 号线知识城支线）、增城广场（16 号线）。另外朱村站是全线第三大客流量的车站，棠东站为城区内弥补覆盖盲区的车站，因此快车停靠共 8 座站点，停站比例为 40%。快慢车差异时间为 20min，时间较为理想。

图 5-10　广州地铁 21 号线线路示意图

5.2.4　成都

1）城市轨道交通系统制式应用情况

成都市轨道交通已运营和在建地铁线路中，较多地采用了 A 型车。其中早期建成的 1 ~ 4 号线及在建的外围 27、30 号线均采用 B 型车，其余均为 A 型车；除 7 号线（环线）为 8 辆编组外，余均采用 6 辆编组。

最高运行速度采用 80km/h、100km/h、140km/h 三种目标。线网规划中普线均采用最高运行速度 80km/h，城轨快线多为长大线路，结合线路特点和站间距分布选用 100km/h、140km/h 两种最高运行速度标准，以期实现各周边县市或功能组团与成都市中心的快速联系（表 5-4）。

成都市运营及在建线路系统制式统计表　　　　　　　　表 5-4

序号	线路名称	车型	编组（辆/列）	最高运行速度（km/h）
1	1 号线	B	6	80
2	2 号线	B	6	80
3	3 号线	B	6	80
4	4 号线	B	6	80
5	5 号线	A	8	80
6	6 号线	A	8	80
7	7 号线	A	6	80

续表

序号	线路名称	车型	编组（辆/列）	最高运行速度（km/h）
8	8 号线	A	6	80
9	9 号线	A	6	100
10	10 号线	A	6	100
11	13 号线	A	8	140
12	17 号线	A	6（一期）/8（二期）	140
13	18 号线	A	8	140
14	19 号线	A	8	140
15	27 号线	B	6	80
16	30 号线	B	6	80

成都市作为中国西部地区重要的中心城市，2035 年总体规划草案提出的战略定位为建设国家中心城市、美丽宜居公园城市、国际门户枢纽城市、世界文化名城、迈向可持续发展的世界城市；2019 年 GDP 已突破 1.7 万亿元，居全国第七。至 2035 年全市规划常住人口约 2300 万人，建设快捷、舒适的城市轨道交通系统决定了更多地选择 A 型车，并结合各线功能定位确定其最高运行时速，成都市城市轨道交通线路的系统制式选择较好地结合了城市发展现状和未来发展，适应性较强。

2）成都 18 号线

成都 18 号线串联成都老城中心、天府新区、简阳市，连接博览城综合交通枢纽、天府新区高铁站等重要对外交通枢纽和客流集散中心，是集市域快线与机场专线功能为一体的双重复合功能线，在火车北站至西部博览城站之间与 1 号线共廊道敷设（图 5-11）。

其主要技术特点及创新点如下。

（1）与既有运营线路完全共廊道

三期工程（北延）线路沿人民路敷设，与既有 1 号线完全同廊道，并行长度约 11km。加上一期工程火车南站至西博城段，18 号线与 1 号线并行长度共计超过 40km，在国内地铁建设中尚属首次。可分担 1 号线中长距离通勤客流压力。

（2）与在建 19 号线共轨运行

18 号线在天府新站—新机场段与 19 号线长距离（35km）共轨运行，为国内轨道交通共轨运行最长距离。

（3）运量大、运行速度快、组织快慢车

18 号线作为串联火车北站、火车难找、天府新站、天府机场等重要交通枢

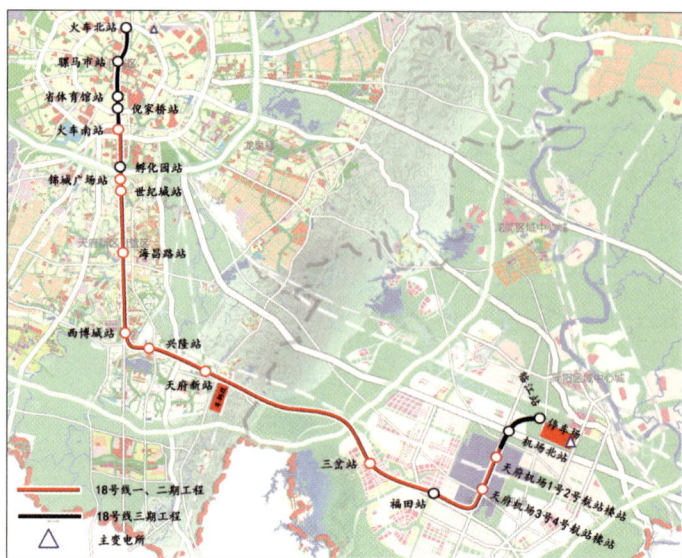

图 5-11　18 号线工程线路走向示意图

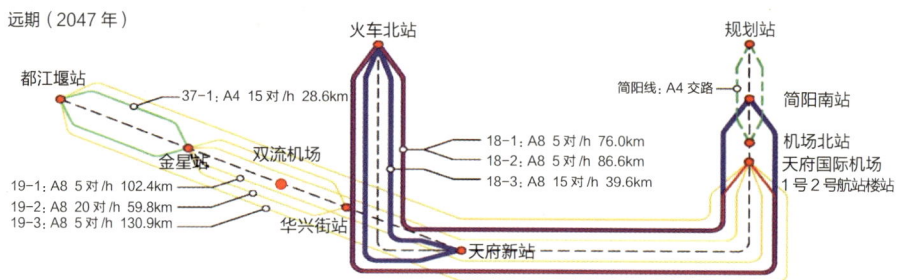

图 5-12　18 号线与其他相关线路组合运营示意

纽的市域线路，采用 8 辆编组的 A 型车，最高运行速度 140km/h 并组织快慢车运行（大站快车旅行速度达 80km/h），是成都市轨道交通线路中系统制式配置最高的线路之一。

（4）多线路多交路多编组运营组合

成都市轨道交通线网形成后，可实现 18 号线、19 号线、37 号线、简阳线、资阳线不同编组贯通及独立组合运营（图 5-12）。

5.2.5　南京

1）系统制式（表 5-5）

车辆类型应根据当地的预测客流量、环境条件、线路条件、运输能力要求

南京市城市轨道交通系统制式和最高速度一览表　　表 5-5

线路名称	车型	编组（辆/列）	最高设计速度（km/h）
1 号线	A	6	80
2 号线	A	6	80
3 号线	A	6	80
4 号线	B	6	80
10 号线	A	6	80
S1 号线	B	6	100
S3 号线	B	6	100
S7 号线	B	4-4-6	100
S8 号线	B	4	120
S9 号线	B	3-3-4	120

等因素综合比较选定。不同车型的主要技术参数见表 5-2 所示。

2）S1 机场线

（1）机场专线、南京首条 6B 编组，速度 100km/h 线路

车辆采用 6B 编组，设计最高时速可达 100km，平均时速达 80km 左右。而 1、2 号线地铁设计时速只有 80km，平均时速仅三四十公里。南京南站乘车到禄口机场，仅需半小时。车厢增设了摆放大件物品的行李架，每节车厢的端头部也设计了无障碍区域，设置有轮椅使用的安全固定带。

（2）亚洲大型综合交通枢纽南京南站

南京南站位于南京市南部新城核心区，连接 8 条高等级铁路的国家铁道枢纽站，枢纽为集地铁 1、3 号线，宁高城际一期，宁和城际线四线换乘枢纽，大型公交场，长途客运，的士站，社会停车场于一体的华东地区最大交通枢纽，南京南站枢纽总建筑面积约 48.6 万 m²，其中高铁主站房面积达 28.15 万 m²，新建宁高城际一期、宁和城际线车站面积约 2.8 万 m²，为亚洲最大的火车站之一。

（3）全线 62.5% 车站为换乘站，换乘形式多样，远期地铁网络化优势大

共设置 8 座车站，分别为禄口机场站、翔宇路南站、翔宇路北站、正方中路站、吉印大道站、佛城西路站、翠屏山站及南京南站。其中高架车站 3 座，地下车站 5 座；换乘车站 5 座，分别是禄口机场站（与机场交通中心换乘，预留城际宁溧线）、翔宇路南站（与城际宁高线二期同台换乘，同期实施）、翠屏山站（与地铁 12 号线换乘，换乘节点同期实施）、吉印大道站（与地铁 5 号线换乘，换乘点同期实施）、南京南站（与宁和城际同台换乘，与南京南交通枢纽、地铁

1 号线南延线、3 号线南京南站通道换乘）。

（4）创新性地采用 GPST 工法（地面出入式盾构法隧道新技术）

传统盾构法隧道施工需要事先构筑两个深大工作井，以满足盾构始发和接收的要求，从工作井至地面部分的过渡段一般则采用明挖法施工。许多城市隧道从功能上无需设置为满足盾构进出洞施工的深大工作井，明挖法施工则占用了大面积的施工场地，带来了大量的建筑物动拆迁、地面交通中断以及地下管线改道等一系列问题。积极开展新的盾构隧道设备与施工技术研究是盾构隧道施工领域实现可持续发展的必然选择。

"地面出入式盾构法隧道新技术"（GPST）是解决上述问题的有效途径。该技术的核心理念是盾构机从浅埋导坑始发，然后可在无覆土条件下施工隧道，最终到达浅埋导坑内。利用盾构掘进替代暗埋段明挖施工，施工场地与开挖方量均可减少 50% 以上，降低了搬拆迁和对周围环境的影响；以浅埋导坑替代深大工作井，不仅可减少施工风险和开挖方量，也缩短了建设工期，经济与社会效益显著。

机场线吉印大道～正方中路盾构区间工程采用 GPST 新技术，突破了传统盾构法隧道施工对最小覆土深度的限制，实现了地下隧道与地面道路连接的一体化设计与施工，规避了暗埋段明挖施工对周边环境的影响，为隧道工程建设提供了一种全新的解决途径。该工程设计总体研究成果达到国际先进水平，其中，"整体施工工艺"达到国际领先水平。GPST 工法可推广应用于城市下立交道路、公路隧道主线和匝道等各类市政相关领域的地下工程。

（5）在国内首次连接城市中心与国际机场的快速纽带及专线，创新性地采用简支 U 梁结构

本项目是连接南京城市中心与南京禄口国际机场的快速纽带及专线，起点站南京南站到抵达禄口国际机场仅需半小时。该线设计首次在快速专线的高架区间中采用国内先进的简支 U 梁设计理念，本设计相比传统结构具有较大优势：

① U 梁腹板结构具有阻隔轮轨噪声效果，其结构本身没有箱梁箱体共鸣，可有效降低噪声；

②结构 U 梁上翼缘和腹板具有箱梁栏杆和中央疏散平台的功能，可以作为声屏障、接触网立柱的基础和电缆桥架立柱，显著提高了桥上附属结构的施工质量和使用寿命；

③系统上部结构采用折线布置，视觉上减小了梁部体量，配合下部宝石型盖梁，达到整体景观协调一致。

5.2.6 武汉

1）系统制式分析

截至 2019 年 12 月底，武汉市城市轨道交通共有 12 条运营线路，其中地铁制式 8 条、轻轨 1 条、有轨电车 3 条。

武汉市城市轨道交通线运营线路系统选型一览表　　　　　表 5-6

序号	线路名称	车型及编组	设计速度（km/h）	系统制式
1	1 号线	4B	80	轻轨
2	2 号线	6B	80	地铁
3	3 号线	6B	80	地铁
4	4 号线	6B	80	地铁
5	6 号线	6A	80	地铁
6	7 号线	6A	100	地铁
7	8 号线	6A	80	地铁
8	阳逻线	6A	100	地铁
9	11 号线东段	6A	100	地铁
10	大汉阳有轨电车 T6 线	4 模块	70	有轨电车
11	光谷有轨电车 T1	5 模块	70	有轨电车
12	光谷有轨电车 T2	5 模块	70	有轨电车

根据表 5-6 运营线路制式分析如下。

①武汉市城市轨道交通系统制式主要以地铁制式为主，以大运量的 A、B 型车线路解决城市通勤客流。

②随着城市的发展，城市郊区出现新的交通枢纽、新城等，连接主城区和郊区新城或新枢纽之间的城市快线逐渐出现。

③车型相对较少，武汉市城市轨道交通采用了 3 种车型，分别为地铁 A、B 型车和有轨电车，利于资源共享，车辆维修难度不大。

④从设计速度角度，市区线路设计速度多为 80km/h，郊区线路设计速度多为 100km/h。

2）地铁 7 号线

（1）工程概况

武汉地铁 7 号线呈南北走向，北起东西湖区园博园北站，途经江汉区、江

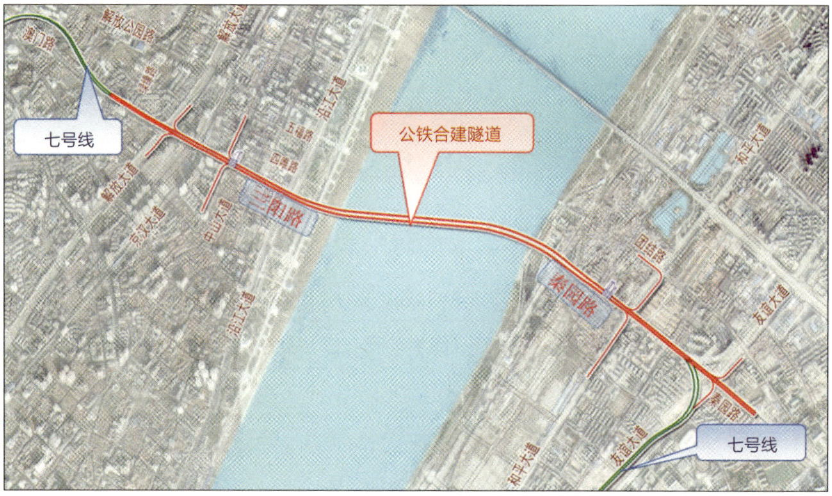

图 5-13　7 号线下穿长江段公铁两用平面示意图

岸区、武昌区、洪山区，南至江夏区青龙山地铁小镇站，是武汉市第四条穿越长江的地铁线路。武汉地铁 7 号线全长 48km，全部为地下线；共设 26 座车站，全部为地下车站；列车采用 6 节编组 A 型列车，设计速度 100km/h。7 号线一期工程（园博园北站至野芷湖站）于 2018 年 10 月 1 日开通运营，南延线（野芷湖站至青龙山地铁小镇站）于 2018 年 12 月 28 日开通运营。

（2）穿长江段

7 号线从秦园路下穿长江，到达三阳路，与规划的三阳路隧道合建。汉口岸为避让三阳路两侧的建筑物以及京汉大道路口的轨道交通 1 号线高架桥墩，线间距采用 21m；江中段线间距采用 30m；过沿江大道后左偏，斜穿长江后接入秦园路，武昌侧沿秦园路路中敷设，武昌工作井处东西线隧道线间距 23m。具体如图 5-13 所示。

过江盾构段采用公铁合建，隧道内径 13.9m，外径 15.2m；共分为 3 层：上层为道路隧道排烟道；中间为行车隧道层，布置 3 条车道；下层布置轨道交通 7 号线以及疏散通道、电缆廊道和排烟道（图 5-14、图 5-15）。

主线、匝道洞口处设置雨水泵房，共设置 10 处；工作井及线路最低处设置废水泵房，共设置 5 处。

5.2.7　重庆

1）系统制式

在目前已运营线路中，1、4、5、6、10 号线，环线，国博线为地铁系统，

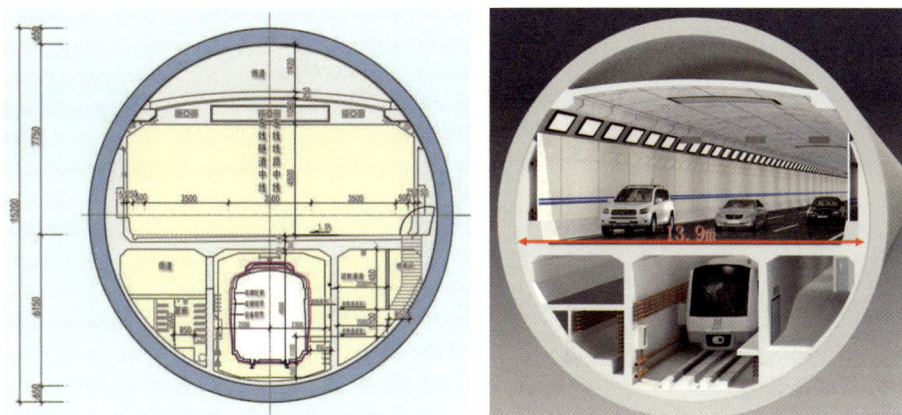

图 5-14　7 号线下穿长江段公铁两用横断面示意图

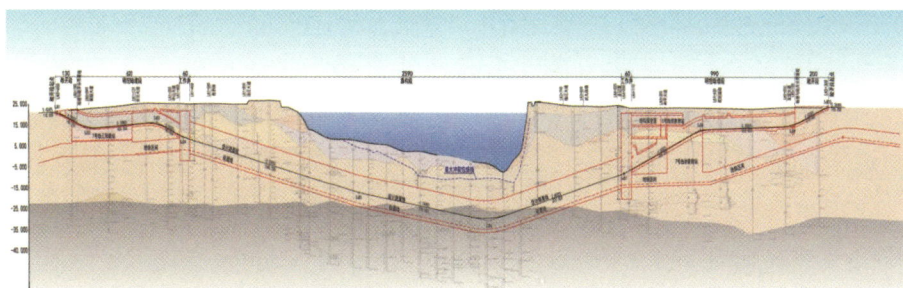

图 5-15　7 号线下穿长江段公铁两用纵断面示意图

约 230km；2、3 号线，空港线为单轨系统（跨座式单轨），共 98.45km。规划线路中 7、8、17 号线拟采用跨座式单轨，其余均为地铁系统。重庆地铁主要采用 As 车型以及 B 型车等。

2）重庆轨道交通 2 号线（中国第 1 条跨座式单轨）

重庆轨道交通 2 号线是中国西部地区第一条城市轨道交通线路，也是中国第一条跨座式单轨线路，同时是国家西部大开发十大重点工程之一，因其列车在李子坝站穿楼而过闻名全国。2 号线大致呈东西走向，东起渝中区较场口站，途经九龙坡区，西至大渡口区新山村站，向南延伸至巴南区鱼洞站，跨越 4 个行政区，辐射 9 个片区。2 号线运营里程为 31.36km，采用单轨系统（跨坐式单轨），共设车站 25 座，其中高架站 22 座、地下站 3 座。采用 4/6 节编组，最高时速 75km。

重庆轨道交通 2 号线根据重庆地形特征采用了噪声小、转弯半径小、爬坡能力强的架空跨座式单轨交通系统，亦是中国第一次引进的中运量胶轮单轨系

图 5-16　重庆市轨道交通 2 号线李子坝站

图 5-17　深圳地铁 11 号线线路示意图（制图：李楚翘）

统；该系统采用橡胶轮胎，车辆运行噪声极低，具有明显的环保特性；独特的架空轨道梁占用道路少，体量轻巧，透光性佳，可立体绿化（图 5-16）。

5.2.8　深圳

1）系统制式

在制式选择中，深圳地铁主要为地铁制式，其中主要为 A 型车，地铁 3 号线为 B 型车。

2）深圳地铁 11 号线（机场快线）

深圳地铁 11 号线起于福田站，途经福田区、南山区和宝安区，贯穿大空港地区、城市商务区，止于碧头站，大致呈"L 形"走向。线路全长 51.936km，地下线 34.99km，高架线 15.37km，过渡段 1.37km；共设置 18 座车站，其中有 14 个地下车站，4 个高架车站；采用 8 节编组 A 型列车，其中 6 节编组为普通车厢，2 节为商务车厢（图 5-17）。

深圳地铁 11 号线车站、车厢设置了快速值机柜台，实现机场航班信息和地铁信息的互通互联。在福田站、车公庙站、后海站、前海湾站安装了自助值机，便于乘客办理登机手续。

5.2.9　苏州

1）系统制式应用情况（表 5-7）

车辆类型根据当地的预测客流量、环境条件、线路条件、运输能力要求等

苏州市城市轨道交通系统制式和最高速度一览表　　　　表 5-7

线路名称	车型及编组	最高设计速度（km/h）
1 号线	4B	80
2 号线	5B	80
3 号线	6B	80
4 号线	6B	80
5 号线	6B	80
6 号线	6B	80
7 号线	6B	80
8 号线	6B	80
S1 线	6B	100
昆山花桥段	6A	100

因素综合比较选定。不同车型的主要技术参数见表 5-2。

2）苏州 3 号线

3 号线是交通疏导兼引导型的骨干线路，主要连接高新区、姑苏区、吴中区和工业园区。总体呈"U"字形走向，不仅衔接了沪宁城际铁路新区站、园区站、汽车西站等重要对外交通枢纽，也串联了高新区中心城区、沧浪新城商业中心、吴中城市副中心和园区湖西组团。3 号线与 8 号线形成"组合环"，进一步提高运行效率。同时，西津桥站采用双岛四线平行同台换乘，唐庄站采用地下三层叠岛同台换乘，以充分发挥轨交"组合环"的作用，方便乘客。

3 号线全长 45.214km，设站 37 座，均为地下车站。起点站苏州新区火车站，终点站唯亭站。平均站间距约 1.2km。最大站间距约 1.9km，位于苏州园区火车站至方湾街站；最小站间距不到 0.7km，位于东方之门站至烟雨桥站（图 5-18）。

苏州市 3 号线的主要特点如下。

（1）换乘技能"满格"，对接 S1 线轻松到上海

3 号线共设计 15 座换乘车站，换乘比达 41%，为目前线路之最。3 号线与既有线路的换乘车站共有 4 座：与 1 号线在狮子山站、东方之门站换乘；与 2 号线在盘蠡路站换乘；与 4 号线在宝带路站换乘。

在对线路外的交通上，3 号线还可与铁路枢纽（苏州新区站、苏州园区站）、客运枢纽（苏州汽车西站）、有轨电车（狮子山站有轨电车 1 号线，苏州新区火车站、文昌路站有轨电车 2 号线）换乘。同时，3 号线在唯亭站与 S1 号线无缝

图 5-18　苏州 3 号线走向示意图

对接。鉴于 S1 号线规划中途经工业园区、昆山市，止于昆山市的花桥站并与上海地铁 11 号线对接，将来 S1 号线开通后，市民可从高新区一路乘坐轨道交通抵达上海市核心区。

（2）"软硬兼施"穿山打洞，标准化保障施工安全质量

3 号线工程于 2014 年 12 月 16 日开工，2019 年 11 月 16 日顺利通过了 3 号线工程竣工验收。其间，建设者们攻克了一个又一个难关。

盾构成功穿越何山硬质岩层，这是苏州轨交建设中首次穿岩施工；更多的苏州地层属富水软弱地层，像"豆腐渣"一样，其间还近距离叠交隧道，施工中练就的盾构掘进控制技术、小净距下穿大直径有压给水管道的安全控制技术，均达到国际先进水平。

标准化施工管理保障了 3 号线工程的安全和质量。在机电安装及装修工程中，施工方严格实行首件先行、样板引路制度，有效提高了施工效率，也提高了工程实体质量的整体水平。对重点部位，施工人员采用 BIM 技术进行方案优化，规避管线冲突，提高了安装合格率及观感质量，避免了返工延误工期。生态环保也是 3 号线建设中的一个特色，全线车站水系统、大系统均采用节能控制系统，综合节能率在 20% 以上。

（3）建设运营共参与，体现以人为本

在苏州 3 号线建设过程中，参建人员一方面熟悉新线情况，确保轨道交通从建设到运营的连续性；另一方面提前发现问题，提高工程建设质量。参建阶

段，轨道交通运营各专业共提出建议 8875 项，实施整改 7284 项，采纳率达到 82%。其中，参建人员对莳亭大道站出入段线提出加装安全护栏，以解决出入段线抬高后与正线高差的安全防护问题，避免人员跌落风险；对直流开关柜设备，参建人员建议在其顶部加装防水罩，以降低结构渗漏水导致开关短路跳闸的重大风险；对全线车站挡烟垂壁钢化玻璃，参建人员建议改为双层夹胶钢化玻璃，从而提高了安全性。

（4）站点彰显"吴韵新尚"，站名读出山水人文

在车站的装修设计上，3 号线也动足了脑筋。如今呈现在世人面前的 3 号线车站，以"吴韵新尚、乐游苏城"为主题，致力于体现城市与自然相生的理念。

全线专门设立 9 个特色车站，以相生意象作为车站设计装修特色的切入点，如苏州新区火车站的"幻与镜"、狮山路站的"流光与溢彩"、东方之门站的"形与意"等。在车站的公共区，采用"人字形"起拱造型，与苏州传统建筑形态相呼应。车站出入口侧面饰有六边形的图案，既通透，又凸显苏州味道。

3 号线站名命名也经过深思熟虑。首先，站名遵循加强指位功能原则，在拟名时首选指位明确的点状、面状地名布局，例如原"教育园站"正式名称改为"石湖北"站；其次，酌情选用部分线状地名科学布局，如"迎春路""马运路"等，以丰富完善轨道交通车站站名体系。再次，由于 3 号线经过的自然景点较多，车站站名优先考虑了自然地理实体名称，如"何山""狮子山""横山"等站名。地方历史人文元素在命名方案中同样得到重视，如"金库桥""烟雨桥""倪浜""唐庄"等站名，进一步彰显了苏州文化特色。

苏州特色在 3 号线的车票上亦有体现，在 3 号线单程票票面融入了苏州园林水乡等元素，既美观，又增加了可识别性。

5.2.10 天津

1）系统制式分析

截至 2019 年 12 月底，天津市城市轨道交通共有 7 条运营线路，其中地铁制式 6 条，有轨电车 1 条。

天津市城市轨道交通线运营线路系统选型一览表　　　　　　　　表 5-8

序号	线路名称	车型及编组	设计速度（km/h）	系统制式
1	1 号线	6B	80	地铁
2	M2	6B	80	地铁
3	M3	6B	80	地铁

续表

序号	线路名称	车型及编组	设计速度（km/h）	系统制式
4	M5	6B	80	地铁
5	M6	6B	80	地铁
6	M9	4B	100	地铁
7	有轨电车 1 号线	—	70	有轨电车

根据表 5-8 运营线路制式分析如下。

（1）天津市城市轨道交通系统制式主要以地铁制式为主，以大运量的 B 型车线路解决城市通勤客流。

（2）随着城市的发展，城市郊区出现新的交通枢纽、新城等，连接主城区和郊区新城或新枢纽之间的城市快线逐渐出现。

（3）车型相对较少，天津市城市轨道交通采用了 2 种车型，分别为地铁 B 型车和有轨电车，利于资源共享，车辆维修难度不大。

（4）从设计速度角度，市区线路设计速度多为 80km/h，郊区线路设计速度多为 100km/h。

2）天津市城市轨道交通特色线路分析

天津 M5 号线北起北辰区北辰科技园北站，南至西青区李七庄南站，全长 35km，共设车站 28 座。5 号线于南北方向穿过天津市区，途径北辰区、河北区、河东区、河西区、南开区、西青区 6 个行政区。

天津地铁 6 号线北起南孙庄，南至咸水沽西，线路全长 61km，共设车站 48 座。6 号线沿线经过东丽区、河北区、红桥区、南开区、河西区、西青区、津南区 7 个行政区。

地铁 5、6 号线在金钟河大街、肿瘤医院、天津宾馆、文化中心换乘，形成组合环状线。其中在肿瘤医院站和天津宾馆站采用同站台换乘，实现两线四个方向的换乘，换乘距离短、换乘便捷，具体如图 5-19 所示。

5.2.11 郑州

1）系统制式应用情况

郑州市轨道交通已运营和在建地铁线路中，A、B 型车应用情况较均衡，均采用 6 辆编组。随着城市不断发展和扩张，客流增长存在较大不确定性，目前更多地采用 A 型车（2019 年批复的第三期建设规划含 7 个项目，其中 5 个采用

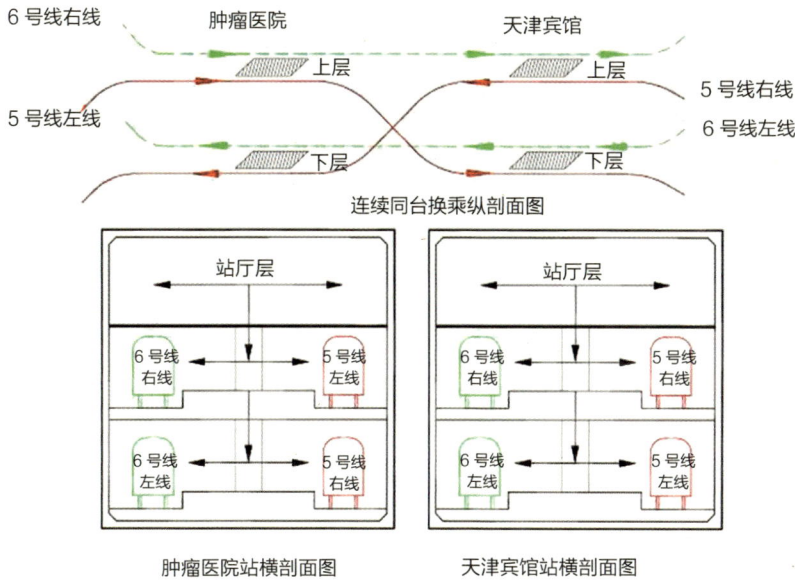

图 5-19　地铁 5、6 号线肿瘤医院站和天津宾馆站同站台换乘示意图

A 型车）。

最高运行速度采用 80km/h、100km/h 两种目标。对于衔接郑州市周边县市的长大线路，尽可能采用了最高运行速度 100km/h，以期实现各周边县市与郑州市中心的快速联系（表 5-9）。

郑州市运营及在建线路系统制式统计表　　　表 5-9

序号	线路名称	车型	编组（辆/列）	最高运行速度（km/h）
1	1 号线	B	6	80
2	2 号线	B	6	80
3	3 号线	A	6	80
4	4 号线	B	6	80
5	5 号线（环线）	A	6	80
6	6 号线	A	6	80
7	7 号线	A	6	100
8	8 号线	A	6	100
9	城郊线（9 号线一期）	B	6	100
10	10 号线	A	6	100
11	12 号线	B	6	100
12	14 号线	B	6	100

车辆尽可能选择为 A 型车，提高了运能，改善了乘车舒适度，更好地体现了人文地铁、服务群众的交通服务态度；因郑州市群众对地铁出行的需求强烈，政府为尽量满足人民群众诉求，难以按照更高的速度目标进行站点设计，故结合线路所经区域和功能定位调整，市域线路最高运行速度 100km/h 可较好地平衡各方需求，是合适的选择，但仍需考虑部分线路平均站间距小于 1.5km，难以充分发挥快线功能。

2）郑州 9 号线

郑州 9 号线为郑州市 3 条市域骨架快线之一，整体呈西北至东南走向，实现中心城区、南部新城以及航空港区的直达联系，线路全长约 81.2km，采用 6 节编组 B 型车，最高运行速度 100km/h，具备与 2 号线互联互通的条件。

其中，9 号线一期（南四环—新郑机场）线路全长约 31.7km，共设 14 座车站。该段于 2014 年 3 月开工建设，2017 年 1 月开通试运营。

9 号线主要技术特点及创新点如下。

（1）解决长大线路运营难题

运营经济性方面的难题有：高峰与平峰客流差异大，市区段与市域段客流差异大；收发车空驶距离长。因此运营措施上采用大小交路套跑、组织双方向不对称发车、平峰采用时刻表定点发车等措施。

运营管理维护方面的难题有：工程车回段时间长，夜间维持天窗时间长；司机驾驶疲劳。因此设计中全线设 2 段 2 场并均衡设置 7 处停车线解决收发车空驶距离长、工程车回段时间长的问题；全线设置 4 处司机轮乘点（轮乘点间距 37km—23.5km—15km）、轮乘点间运行时间控制在 1h 以内，以解决司机驾驶疲劳问题。

（2）基于快线功能定位的车站设置

9 号线全线平均站间距约 2.1km，可较好适应最高运营速度 100km/h 的功能实现。统筹考虑各地段差异化时空目标需要、站间距、配线分布、交通影响及工程规模等因素，三环外站间距不宜小于 2km，三环内站间距不宜小于 1.4km。

（3）组织快慢车运行模式

为满足沿线通勤客流及空港客流不同出行需求及出行时间目标值，采用快慢车组织模式。9 号线一期范围内既有沙窝里站和孙庄站两个避让站（双岛四线站），组织快慢车运营，二期工程采用普通模式（站站停）运行，快车越行 10 个站（节省时间 10min），新郑机场至绿城广场（主城区）的出行时间控制在 50min 以内（图 5-20）。

图 5-20　快慢车开行地段示意图

图 5-21　2、9号线客流流向示意图

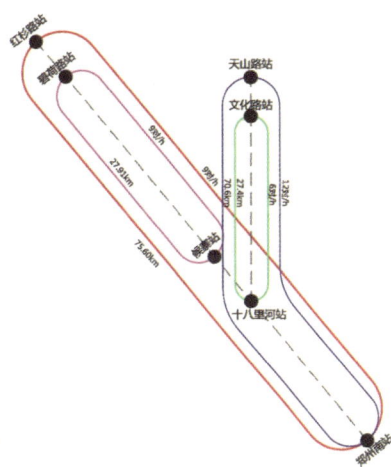

图 5-22　2、9号线跨线运营组织（备用）交路示意图

（4）跨线运营（备用运行交路）

9号线一期（城郊线）目前暂与2号线贯通运营，可提高目前航空枢纽与市中心的快速通达能力。

9号线二期建成后，9号线一期沿线客流进入二期及2号线客流比例约60%：40%，基于网络化互联互通的需求，为扩大机场、郑州南站的辐射范围，增加客流效益，加速港区的发展，预留9号线与2号线的Y字形跨线运营条件。9号线与2号线均组织大小交路运营，可考虑开行4个交路（图5-21、图5-22）。

5.2.12 青岛

1）城市轨道交通系统制式应用情况

青岛市轨道交通已运营和在建地铁线路中，较多地采用了 B 型车，仅 8 号线选取 A 型车；11、13 号线作为市域快线采用 4 辆编组，其他线路均采用 6 辆编组。各线车型选择与客流预测需求相适应，并留有足够余量。

最高运行速度采用 80km/h、100km/h、120km/h 三种目标。线网规划中普线均采用最高运行速度 80km/h；1 号线线路长达 60.1km，设站 41 座，平均站间距约 1.5km，选取了最高运行速度 100km/h；11 号线、13 号线线路长度分别长达 58.4km、70.0km，平均站间距均为 3km 左右，选取了最高运行速度 120km/h，可充分发挥快线功能，快速串联外围功能组团与中心城区及各综合交通枢纽（表 5-10）。

青岛市运营及在建线路系统制式统计表　　　　　　　　　　　　表 5-10

序号	线路名称	车型	编组（辆/列）	最高运行速度（km/h）
1	1 号线	B	6	100
2	2 号线	B	6	80
3	3 号线	B	6	80
4	4 号线	B	6	80
5	6 号线	B	6	80
6	7 号线	B	6	80
7	8 号线	A	6	80
8	11 号线	B	4	120
9	13 号线	B	4	120

2）青岛 11 号线

青岛 11 号线是山东省青岛市建成运营的第三条地铁线路，于 2018 年 4 月 23 日开通运营。线路起于苗岭路站，途经崂山区与即墨区，止于鳌山湾站，总体呈南北走向。线路全长约 58.35km，共设置车站 22 座，包括地下站 4 座、地面及高架站 18 座；采用 4 节编组 B 型列车，最高运行速度 120km/h。

11 号线的主要技术特点及创新点如下。

（1）采用 4 辆编组 B 型车，横、纵排座椅交替布局

青岛 11 号线是一条拉近崂山、即墨等区域与主城区时空距离的交通快线，沿线串联多个科技中心和旅游景区，为崂山、即墨更好地实施乡村振兴战略、

拉动旅游产业发展等带来新动能。该线远期高峰小时断面客流量约2.2万人次/h，选取了 B 型车配以 4 辆编组以适应客流需求并保证足够运能余量；因乘客以长距离商务出行、旅游文化出行为主，车厢内还配置了一定数量的横排座椅，以提高乘车舒适度。

（2）高架 U 型梁结构

U 型梁结构具有重量轻、防噪声等特点。高架段架设的这种 U 型梁结构为新型薄壁 U 型梁。列车运行需要的电网可安装在 U 型梁下部，使得列车上部不会因为线网密集而呈现"蜘蛛网"的情况。U 型梁内部还预留了槽道，方便接入各种线路，以免后期安装线路时重新开凿对梁体造成破坏。

（3）地铁高架线路新型降噪装置

该装置利用预埋槽道安装于 U 梁腹板内侧，与传统声屏障相比不仅景观效果好，还减少了对周边建筑物采光的遮挡，且具有安装简单、维护更换方便、成本低的特点。经测试，其降噪效果可达 3dB 以上。

5.2.13 西安

1）城市轨道交通系统制式应用情况

西安市轨道交通已运营和在建地铁线路中，车型以 B 型车为主，仅 8 号线（环线）、15 号线（市域快线）采用 A 型车，均为 6 辆编组。

最高运行速度采用 80km/h、100km/h 两种目标。10、15、16 号线线路长度均超过 60km，选取最高运行速度 100km/h；14 号线为城际铁路，也采用最高运行速度 100km/h，其他普速线路均采用最高运行速度 80km/h（表 5-11）。

西安市运营及在建线路系统制式统计表   表 5-11

序号	线路名称	车型	编组（辆/列）	最高运行速度（km/h）
1	1 号线	B	6	80
2	2 号线	B	6	80
3	3 号线	B	6	80
4	4 号线	B	6	80
5	5 号线	B	6	80
6	6 号线	B	6	80
7	8 号线	A	6	80
8	临潼线（9 号线）	B	6	80
9	10 号线	B	6	100
10	14 号线	B	6	100

续表

序号	线路名称	车型	编组（辆/列）	最高运行速度（km/h）
11	15 号线	A	6	100
12	16 号线	B	6	100

客流预测资料显示，预计 2030 年西安市主城区、都市区轨道交通出行比例占全方式出行的 20%～25% 之间，与常规公交所占比例相当，低于慢性交通的 30%～40%，可见多数线路车型选用 B 型车在满足各线实际出行需求的同时，也留有了一定运能余量，车型选择是合适的。

西安市的三个城市副中心、外围组团相对独立，与城市中心区主要为向心客流需求，对时间的要求会更高一些，故需要选择快速性、直达式的市域快速轨道交通、市郊铁路等大中运量的轨道交通方式，对于衔接城市副中心和外围组团的线路适当提高最高运行速度是合适的。

2）西安 16 号线

（1）线路概况

西安地铁 16 号线是都市区轨道交通线网中的一条区域快线，线路起于铁路南客站，向北经过昆明池、中央商务区、能源金贸中心，跨渭河向北串联秦汉新城、空港新城至泾河新城，形成一条南北向的快速客运通道，与线网中的 12、18 号线共同构成西咸新区内的南北向轨道交通骨架，覆盖了西咸新区的各主要功能区域，支撑大西安新中心发展格局。同时，线路沿科技创新轴布设，对大西安新中心及新轴线具有重要的引领带动作用。线路全长约 67.1km，其中地下线 34.5km，高架线 32.6km。全线设 26 座车站（含换乘站 9 座），其中地下站 12 座，高架站 14 座，平均站间距 2.77km。设 1 段 2 场、主变电站 4 处、控制中心 1 座，采用 B 型车 6 辆编组，最高运行速度 100km/h。

16 号线一期工程（沣东小镇站—能源三路站）线路全长 15.03km，均为地下线，共设车站 9 座，其中换乘站 4 座。

（2）主要技术特点及创新点

16 号线沿大西安新中心新轴线布设，是《关中城市群都市区轨道交通线网规划》23 条线路中唯一一条贯穿并辐射五大新城的轨道交通线路，为新区的互联互通提供了时间和空间的便捷。16 号线作为一条南北向的快速客运通道，是促进西咸一体化发展及建设西安国际化大都市的坚实纽带。

5.2.14 杭州

1）系统制式应用情况（表5-12）

杭州市城市轨道交通系统制式和最高速度一览表　　　表5-12

线路名称	车型	编组（辆/列）	最高设计速度（km/h）
1号线	B	6	80
2号线	B	6	80
4号线	B	6	80
5号线	AH	6	80

车辆类型根据当地的预测客流量、环境条件、线路条件、运输能力要求等因素综合比较选定。不同车型的主要技术参数见表5-12。

2）地铁5号线

杭州地铁开通运营以来，客流增长迅猛。为了适应未来线网客流进一步提升的趋势，主动改善乘客乘坐体验，杭州地铁将在后续新线中引入比既有B型车体更宽的新车型。其中，杭州地铁5号线、6号线将是首批采用AH型列车的新线路。

地铁5号线采用6AH车组编制，车长120m，车宽3.08m，比目前2号线运营的B型车宽20cm；车门宽1.4m，比B型车宽10cm，超员可载2260人，比B型车多载约200人。

车厢内设计使用了环形扶手，42.7寸高清动态地图；照明使用了双色温，根据季节会调整亮度；灭火器设在贯通道，更显眼；车内还设置了紧急通风窗口，整个车厢的设计更人性化，更照顾乘客的安全，搭乘体验更舒适。

5.2.15 长沙

1）系统制式分析

截至2019年12月底，长沙市城市轨道交通共有7条运营线路，其中地铁制式6条，有轨电车1条（表5-13）。

长沙市城市轨道交通线运营线路系统选型一览表　　　　表 5-13

序号	线路名称	车型及编组	设计速度（km/h）	系统制式
1	1 号线一期	6B	80	地铁
2	2 号线一期	6B	80	地铁
3	4 号线一期	6B	80	地铁
4	磁悬浮线	3 节磁悬浮	100	磁悬浮

根据表 5-13，运营线路制式分析如下。

（1）长沙市城市轨道交通系统制式主要以地铁制式为主，以大运量的 B 型车线路解决城市通勤客流。

（2）车型相对较少，长沙市城市轨道交通采用了 2 种车型，分别为地铁 B 型车和磁悬浮列车，利于资源共享，车辆维修难度不大。

（3）从设计速度角度，市区线路设计速度多为 80km/h，郊区线路设计速度多为 100km/h。

2）长沙中低速磁悬浮

长沙磁浮线连接长沙火车南站和长沙黄花国际机场，全程高架敷设，线路全长 18.55km，初近期设磁浮高铁站、磁浮榔梨站、磁浮机场站 3 座车站，设计速度 100km/h，项目投资概算为 46 亿元（图 5-23）。长沙磁浮线于 2014 年 5 月 16 日开工，2015 年 12 月 26 日试运营，2016 年 5 月 6 日正式通车试运营。

长沙磁浮线工程是我国第一条中低速磁浮运营线，也是世界上最长的运营线，它的建成和运营标志着我国自主知识产权的中低速磁浮系统已实现工程化应用。工程的实施推动了我国中低速磁浮交通系统总体设计能力、设备制造能力和施工安装能力的形成，并带动了机械制造、电子电气、信息技术、材料加工等相关产业发展，为加快战略性新兴产业及经济社会发展做出了深远的贡献。其主要特点分析如下。

（1）磁浮列车

采用磁浮线中低速磁浮列车大系统集成技术。项目采用自上而下方式对车辆进行顶层规划，通过对各子系统模块化、标准化和轻量化设计，搭建了中低速磁浮列车系统设计、制造、集成、试验和运行考核一体化技术平台，打破了国外技术垄断，填补了我国中低速磁浮车辆工程化和产业化运用领域的空白。

拥有自主知识产权的适应 1860mm 轨距的悬浮架。针对中低速磁浮车辆的电磁吸引悬浮支撑、载荷均匀分散的特性和适应大坡度、小曲线半径的需求，采用电磁吸引悬浮、左右模块相互解耦、轻量化、大位移的线性轴承等技术，

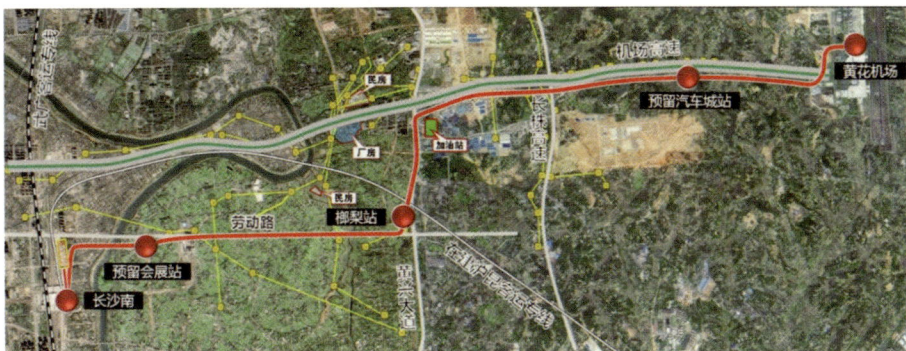

图 5-23　长沙磁浮线线路走向示意图

图 5-24　长沙磁浮列车

可适应 1860mm 轨距运行要求，允许速度 120km/h。

研制出高可靠性的整车电气系统。解决了直线电机牵引系统与悬浮系统的耦合技术，采用恒电流恒滑差频率控制方式，有效抑制了直线电机法向力波动对悬浮系统的不利影响，为长沙磁浮线列车稳定、安全运行提供了保障（图 5-24）。

（2）悬浮系统

实现了我国第一条全自主中低速磁浮列车运营线车辆悬浮系统的工程化应用，有效解决了悬浮系统实际应用中的一系列问题，包括：

①轨道适应性，可平稳通过库内钢梁轨道、站台简支梁轨道和正线水泥梁轨道；

②道岔通过能力，可在多种道岔上静浮、低速和高速通过，未出现振动或发散情况；

③车辆负载大范围变化，可自动适应车辆空载、满载和超载工况；

④运行速度适应性，在静态悬浮、低速和高速运行等各种情况下悬浮系统均可保持稳定；

⑤抑制车轨耦合振动和消除轨道不平顺影响，有效抑制了悬浮系统特有的车轨耦合振动问题，同时对于轨道短波和长波不平顺有较强适应性，提高了舒适度和稳定性。

（3）转弯半径小、爬坡能力强

中低速磁浮具有噪声低，转弯半径小、爬坡能力强的技术优势，相比传统轮轨交通可以更好地绕开建筑物、障碍物，选线灵活。其噪声明显低于轮轨列车，在车外测试，距运行列车 10m 处为 65dB，轮轨车辆为 74dB。其最小转弯半径为 50m，最大爬坡能力为 7%。本项目在穿过𣘗梨镇时，设置有 100m 半径的弯道 1 处，150m 半径的弯道 1 处，避免 1 处居民小区的拆迁，大大减少了工程拆迁量，节约了稀缺的土地资源。

（4）全新梁型，安全可靠

中低速磁浮交通车辆采取独特的"抱轨"运行方式，对轨道平顺性要求非常高，作为轨道支承结构的桥梁，其设计标准也高。为顺应磁浮交通特点，该线采用了全新梁型方案，结构新颖，工法恰当，施工方便快捷，工期短，投资省。

①设计标准高。

中低速磁浮交通高架桥梁设计标准较传统轮轨轨道交通更高。车辆静活载和梯度温度作用下，轨道梁竖向挠度限值分别为跨度 1/4600、1/7600，轨道梁后期变形不大于 5mm；与之相比，传统轮轨轨道交通规定列车静活载作用下轨道梁竖向挠度限值为跨度的 1/2000，轨道梁后期变形不大于 10mm。

②结构精度要求高。

中低速磁浮车辆抱轨运行，轨道梁作为车辆走行轨道，为满足车辆限界及轨道、接触轨安装要求，混凝土梁部结构精度要求非常高，梁体顺桥向、横桥向及竖向结构尺寸允许偏差仅 ±5mm。

因绿色环保，长沙磁浮线全线采用高架修筑，因此对于墩身的沉降必须严格控制在 5mm 以内，以确保后期磁浮列车平稳运行。磁浮线全线有平曲线、竖曲线、缓和曲线、直线等，组合后主要梁型达 100 多种，除了现场浇筑，大部分轨道梁需在梁场进行预制，精度要求精确到毫米级。

梁场从规划设计，到模板安装、张拉封锚、蒸汽养护、梁体信息，全部实现了生产工艺智能化。梁场张拉采用预应力同步控制系统，实现"应力""应变"的智能化双控工艺，减少人为因素影响；封锚采用智能系统，实现两平行波纹管间循环压浆，防止灌浆不匀；采用辐射式蒸汽发热器循环供热系统，达到恒温控

图 5-25　长沙磁浮线梁型

制，环保高效，确保轨道预制梁按控制节点完成。

③梁型新颖。

针对车辆抱轨运行特点，采用简支梁结构，梁型采用并置箱梁方案，每线设置单线小箱梁，中间以 5 道横梁连接，整体受力，属国内首创，结构合理，外形美观，施工方便，造价低。同时，创新采用全新曲线轨道桥梁设计方法，以梁体横向偏移取代传统设计采用的梁体扭转，模板制作简单，大大降低施工难度（图 5-25）。

（5）大跨度梁创新应用

为适应节点需要，全线共设置大跨度连续梁 37 联，其中，跨浏阳河主桥采用（85+110+85）m 连续梁，是目前世界中低速磁浮交通桥梁最大跨度。以往中低速磁浮交通桥梁跨度均不超过 50m，主要原因是大跨度连续梁受收缩徐变、梁体温差影响巨大，往往伴随着很大的梁体变形发生，难以适应磁浮车辆运行对轨道平顺性的要求。设计者通过大量的计算，研究了收缩徐变、温差对梁体变形的影响，合理确定温差计算模式。合理的结构设计，满足桥梁行车安全、平稳需要。众多大跨度连续梁结构的成功应用，提高了中低速磁浮交通线路适应能力，推动了中低速磁浮交通技术发展，提升了中低速磁浮交通市场竞争力（图 5-26）。

（6）接触轨系统

①道岔接触轨连续可挠度

长沙磁浮线道岔区接触轨布置连续可挠无冲击，降低了安装施工难度，消除了道岔处折点，提高了授流稳定性（图 5-27）。

图 5-26　长沙磁浮线路采用大跨度梁跨越浏阳河

图 5-27　道岔接触轨

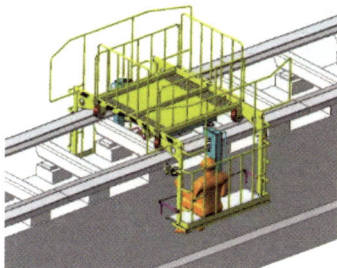

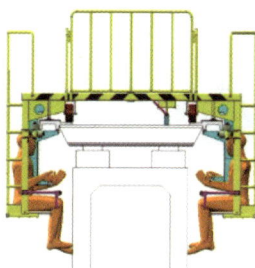

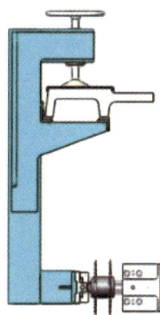

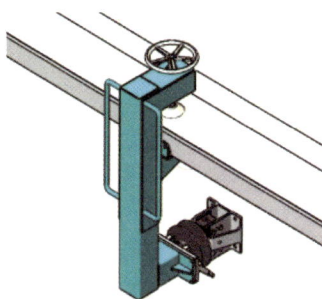

图 5-28　接触轨倒装法
施工安装示意图

②接触轨倒装法施工安装

接触轨安装首次采用倒装法安装，通过专用工具首先确定绝缘支持装置相对基准的正确空间位置，初步拧紧螺栓后挂上接触轨便可轻松完成安装，无需反复调整接触轨空间位置，极大地缩短了施工安装时间。主要专用安装工具如图 5-28 所示。

图 5-29　磁浮道岔

（7）磁浮道岔

中低速磁浮道岔系统技术，包括道岔本体及其控制系统的整套技术，涉及钢结构、机械、土建、电气控制等专业，与线路轨道、信号连锁、磁浮列车、微机监测、牵引供电等子系统均存在接口关系，是中低速磁悬浮系统中一项重要的综合性关键技术，整体达到国内领先水平，大大提高了中低速磁浮交通系统的适用性，为中低速磁浮交通系统的发展提供了强有力的支持。

自主研究设计、制造及安装了具有自主知识产权的中低速磁浮单开道岔，三开道岔及单渡线道岔，并成功运用于首条中低速磁悬浮商业运行线，填补了我国中低速磁悬浮工程化和产业化运用领域的空白。

成功解决了车岔共振问题，通过设计 TMD 阻力器，调整磁浮道岔固有频率，有效避开车辆激振频率，可使车辆平稳通过道岔，大大提升乘客乘车舒适性。

成功研制出安全、可靠的中低速磁浮道岔控制系统，实现驱动系统、锁定系统与信号控制系统集成统一，保证线路正常运行（图 5-29）。

5.3 政策与标准

5.3.1 主要政策

为落实高质量发展要求，提升城市轨道交通建设管理水平，充分发挥专家智库作用，根据住房和城乡建设部科学技术委员会相关管理规定，住房和城乡建设部办公厅发布通知决定成立住房和城乡建设部科学技术委员会城市轨道交通建设专业委员会。

为发挥创新引领作用，住房和城乡建设部办公厅编制了《城市轨道交通工程创新技术指南》，指引城市轨道交通工程结合实际做好推广应用工作。

中共中央、国务院印发了《交通强国建设纲要》，并发出通知，要求各地区各部门结合实际认真贯彻落实。

中共中央、国务院印发了《长江三角洲区域一体化发展规划纲要》，并发出通知，要求各地区各部门结合实际认真贯彻落实。

国家发展改革委《关于培育发展现代化都市圈的指导意见》（发改规划[2019]328 号）发布，相关内容如下："城市群是新型城镇化主体形态，是支撑全国经济增长、促进区域协调发展、参与国际竞争合作的重要平台。都市圈是城市群内部以超大特大城市或辐射带动功能强的大城市为中心、以 1 小时通勤圈为基本范围的城镇化空间形态。近年来，都市圈建设呈现较快发展态势，但城市间交通一体化水平不高、分工协作不够、低水平同质化竞争严重、协同发展体制机制不健全等问题依然突出。为加快培育发展现代化都市圈，经国务院同意，提出了关于培育发展现代化都市圈的指导意见。"

5.3.2 主要标准

1）《城市轨道交通桥梁工程施工及验收标准》CJJ/T 290–2019

自 2019 年 11 月 1 日起实施。由住房和城乡建设部标准定额研究所组织中国建筑工业出版社出版发行。为加强城市轨道交通桥梁工程施工技术管理，规范工程施工，统一施工质量检验及验收标准，保障工程质量，制定该标准。该标准适用于钢轮钢轨式城市轨道交通桥梁的新建、扩建和改建工程的施工及质量验收。城市轨道交通桥梁工程的施工及质量验收，除应执行该标准外，尚应符合国家现行有关标准的规定。

2）《城市轨道交通预应力混凝土节段预制桥梁技术标准》CJJ/T 293–2019

自 2019 年 11 月 1 日起实施。由住房和城乡建设部标准定额研究所组织中国建筑工业出版社出版发行。为使城市轨道交通预应力混凝土节段预制桥梁的设计、施工符合安全可靠、耐久适用、节能环保、绿色建设、经济合理的要求，制定该标准。该标准适用于城市轨道交通预应力混凝土节段预制桥梁的设计、施工。节段预制桥梁的设计、施工除应符合该标准外，尚应符合国家现行有关标准的规定。

3）《城市轨道交通通风空气调节与供暖设计标准》GB/T 51357-2019

自 2019 年 8 月 1 日起实施。该标准在住房和城乡建设部门户网站公开，并由住房和城乡建设部标准定额研究所组织中国建筑工业出版社出版发行。为提高城市轨道交通通风、空气调节与供暖设计质量，做到安全可靠、功能合理、经济适用、节能环保、技术先进，制定该标准。

5.4 发展与趋势

5.4.1 互联互通

截至 2018 年底，据不完全统计，共有 63 个城市的城轨交通线网规划获批（含地方政府批复的 19 个城市），其中，城轨交通线网建设规划在实施的城市共计 61 个，在实施的建设规划线路总长 7611km（不含已开通运营线路）。建设规划线路 3 条及以上的城市 38 个，27 个城市扣除已运营线路后的建设规划规模均超 100km；规划车站总计 5129 座（按线路累计计算），其中换乘站 1372 座，换乘站占比约为 26.8%。城市轨道交通发展已从单一线路化发展逐步迈入网络化发展时代。

1）多制式系统的发展

城市轨道交通因地制宜，根据城市发展规模、功能定位、服务目标不同，地铁、轻轨、单轨等越来越多的制式逐渐发展。根据规划统计，全国目前规划线路 7611km，包括地铁、轻轨、单轨、市域快轨、现代有轨电车和 APM6 种制式。其中，地铁 6118.8km，占比 80.4%；轻轨 28.8km，占比 0.4%；单轨 101.9km，占比 1.3%；市域快轨 665km，占比 8.7%；现代有轨电车 691.6km，占比 9.1%；APM4.9km，占比 0.1%；无磁浮交通规划线路。截至 2018 年城轨交通规划线路制式结构见图 5-30。

2）互联互通的必要性

城市轨道交通多制式的发展在完善城市轨道体系的同时，也带来了值得思考的问题。如通道是否可以共用、不同制式车辆基地等如何进行土地节约利用、同等速度等级的线路是否可以连通后实现线路的多交路、高效率运营。

特别是市域快线的发展与出现，将城市轨道交通的设计速度提高到了 160km/h，与我国现行运营的城际铁路、部分国有铁路速度目标值基本一致。

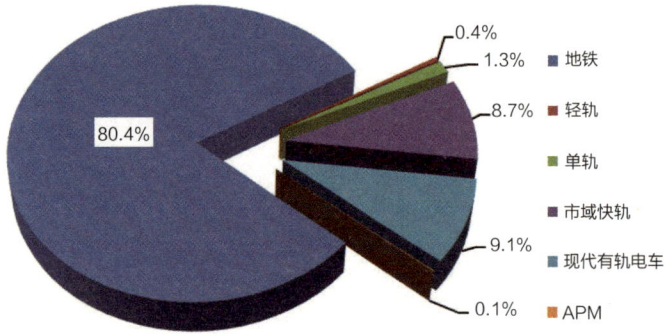

图 5-30　2018 年城轨交通规划线路制式结构

2017 年国家发改委印发的《关于促进市域（郊）铁路发展的指导意见》中提出：鼓励发展多层次、多模式、多制式的轨道交通系统，完善城市综合交通运输体系，更好地适应都市圈和城市群发展新要求。

（1）实现区域轨道交通网络一体化

城际铁路是专门服务于相邻城市间或城市群，旅客列车设计速度 200km/h 及以下的快速、便捷、高密度客运专线铁路。城际铁路主要承担一个区域经济带范围内各城市间的铁路客流，其客运主体由相关城市的居民构成，出行目的以出差、会议、商务、通勤等生产性出行为主，旅游、探亲等非生产性行为为辅。城际铁路主要服务于城市与城市之间的中长途客流，一般情况这种客流的出行距离较长，属于点到点的运输方式。城际列车对城市内部客流的影响只局限在个别枢纽站，而地铁更多情况下侧重考虑服务沿线居民出行，需要与既有公共交通网络衔接，服务范围为区域分布。相比之下，城际铁路服务范围呈点状分布，这种"点"的影响明显区别于城市轨道交通"带形"的影响。

城际铁路承担中心城市与周边中心城镇之间的客流服务，地铁主要服务沿线客流出行，二者功能存在差异但也是互补关系，通过城际铁路与地铁间的互联互通，可结合实际工程条件实现城际铁路与地铁跨线运营，两种交通形式则能充分发挥各自优势，提升服务水平。

（2）加强资源共享，集约土地利用

城际铁路与地铁系统通过互联，双方资源能够实现共享，快速地铁在车辆制式、可达速度等级方面与珠三角地区城际铁路相近。以珠三角地区为例，目前，珠三角地区既有车辆基地资源丰富，包括国铁、城际车辆段、动车所 7 座，并建有中车广东公司（江门车辆厂）、广州南车修造厂，具备为相关城际铁路和地铁线路提供车辆检修的条件。若城际铁路与地铁系统互联，一方面双方资源共享，减少工程的重复投资；另一方面，对城市而言，两种交通形式采用共线运营或共路由运营的互联互通模式，能节省大量城市土地资源和轨道交通廊道，为城市未来发展保留更多空间。

（3）提高旅客出行效率

铁路枢纽是区域网络中的首级锚固点，目前铁路与城市轨道交通需通过铁路枢纽进行衔接换乘。部分铁路枢纽虽然位于中心城区，但城市外部客流到达各主要铁路枢纽后，均需长距离换乘至城市轨道交通线路以到达城市各区域。铁路与城市轨道换乘路径不便捷、二次安检等问题在很大程度上影响乘客出行体验。

通过城际铁路与地铁系统互联互通，不同层次轨道交通网络能够相互衔接和补充，传统的单一层级轨道交通廊道转变成为复合式轨道交通廊道，能够提升不同层次轨道交通网络服务水平，减少乘客换乘时间、增加线网可达性。

3）互联互通国内外的发展

（1）日本东京 JR 线常磐线、地铁千代田线、小田急线

东京是世界上轨道交通较发达、完善的城市之一。东京都市圈覆盖以东京站为中心的 50km 半径范围。东京都市圈包括东京都、周边三县（千叶县、琦玉县、神奈川县）及茨城南部地区，简称东京圈。其中神奈川县还拥有横滨、川崎 2 个较大的城市。东京都市圈区域面积（Metro）为 14034km²，其中城市区域面积（Urban）为 3925km²。

经过 100 多年建设发展，东京圈形成了多系统、多层次、规模巨大的轨道交通网络，主要分为新干线（高速铁路）、通勤铁路、地铁、中运量轨道交通（单轨、导轨）、有轨电车。据 2010 年统计，东京圈轨道交通线路总长 2419.8km，其中地铁 357.5km，民铁 1157.9km，JR 铁道 887.2km，有轨电车 17.2km。自 1951 年后，日本地铁新规划建设的每条地铁线都考虑了与郊区铁路的相互直通。已开通的 13 条线路中，有 10 条线路实现了与郊区铁路的相互直通。

东京圈轨道实现互通的前提条件主要有：

①保证轨距相同，符合建筑限界、线路限界、车辆限界要求，车辆、供电、信号等系统制式应统一或兼容；

②东京圈直通线路轨距均为 1067mm，供电制式为直流 1.5kV 或可兼容，直通列车采用可兼容的 ATC/ATS 系统，最高运营速度在 100km/h 左右。

东京 JR 常磐线、地铁千代田线、小田急线实现了三线的贯通运营。

常磐线供电方式为：日暮里站—取手站为直流 1500V，藤代站—水户为交流 50Hz20000V，其中中性区在取手站—藤代站之间，不同供电方式在车上进行切换。

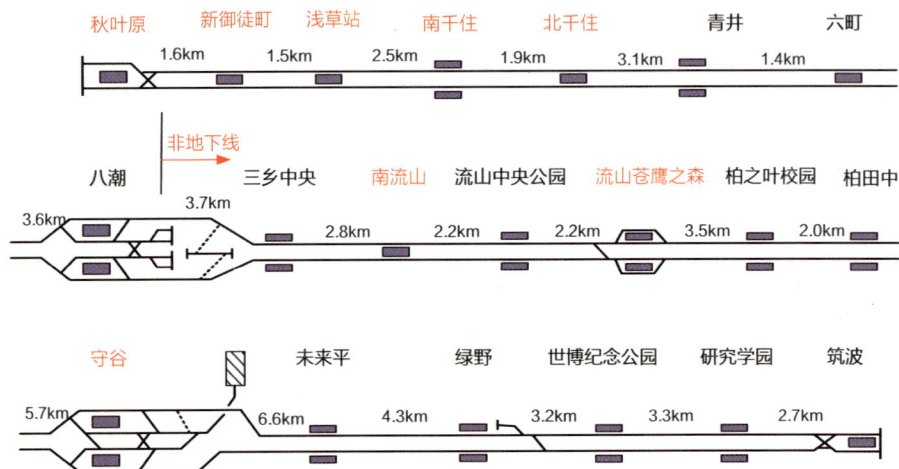

图 5-31　驻波线配线示意图

（2）驻波快线

筑波快线（日文：つくばエクスプレス线，英文：Tsukuba Express），简称 TX，是一条连接日本东京千代田区秋叶原站与茨城县筑波市筑波站之间的近郊通勤交通线，由首都圈新都市铁道拥有与经营，于 2005 年 8 月 24 日正式通车。

驻波线中，秋叶原至八潮之间，除了北千住一带外，都建在地下。全线供电方式为：秋叶原站—守谷站为直流 1500V，未来平站—筑波站为交流 50Hz 20000V，其中中性区在守谷站—未来平站之间，不同的供电方式在车上进行切换。由于守谷站以南有不少隧道路段，基于交流电的设备较为复杂，全线使用交流电的话，隧道要造得较高，建筑成本亦等同增加。全线使用直流电，会影响沿线位于茨城县石冈市柿冈的地磁气观测所进行地磁气观测，故此，守谷站以北必须使用交流电，常磐线亦因为相同原因，取手站以北必须使用交流电（关东铁道常总线也因为同样的原因，全线并没有电化）。这样令这条线成为日本除 JR 以外，唯一同时有直流和交流路段的铁路线（图 5-31）。

（3）重庆江跳线

重庆市（轨道交通延长线）跳磴至江津线，简称"江跳线"。起于轨道交通 5 号线跳磴站，止于江津区滨江新城站。正线全长 26.67km，其中地下线长 6.65km，高架线及地面线长 20.02km。江跳线市郊铁路线与 5 号线贯通运营（图 5-32、图 5-33）。

江跳线使用地铁双流制 As 型车，信号制式采用与重庆地铁 5 号线相同的无线移动闭塞式列控系统。

图 5-32　江跳线线路示意图

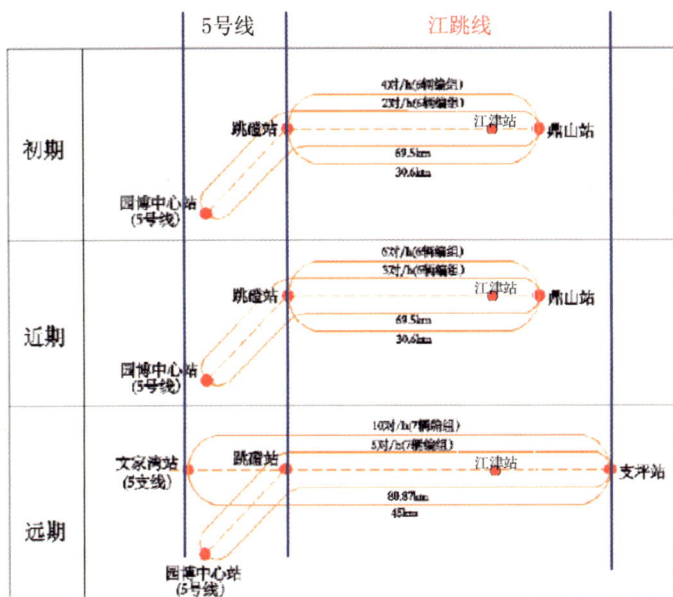

图 5-33　江跳线交路示意图

5.4.2 智慧地铁

依据国务院《"十三五"国家科技创新规划》，党的十九大提出的对云计算、大数据等新技术的推广应用战略，工信部《云计算发展三年行动计划（2017—2019 年）》，科技部和交通运输部《"十三五"交通领域科技创新专项规划》，信息化与自动化两化融合的工业互联网已成为新时代技术发展趋势。多层域感知、

图 5-34　智慧地铁的特质

人工智能、移动互联、主动协同等技术的应用，推动智能轨道交通系统的全面创新，贯穿于用户需求、设计制造、运营维护全寿命周期的信息化和智能化。基于工业互联网、物联网的发展，将先进的智能传感、数字通信、数据处理、信息融合、计算机视觉、自主协同控制等技术有效集成，实现大范围、全方位、实时准确高效运行控制与管理，推进综合交通系统向网联化、协同化和智慧化方向发展势在必行。

1）智慧地铁的概念

智慧地铁是采用适度超前的设计理念，依靠先进科技手段和匠心工艺，构建地铁综合智能服务和管理平台，建成"高效、环保、安全、舒适、先进"的智能交通与客运体系。让乘客在安全和舒适的环境下获得增值和增质的定制化精准服务；利用车辆及核心设备在线检测和大数据分析技术，逐步实现向状态检修模式的转变；通过丰富的智能管理手段提升运营工作效率和降低运营成本，促进企业可持续良性健康发展；通过系统架构的优化调整引导相关产业转型升级；通过信息共享使地铁与城市有机融合，成为智慧城市的重要组成部分。

智慧地铁的核心是在价值链各个环节中都要坚持以人民为中心，以人民美好生活需求为根本，以数据驱动实现智能化的服务、网络化的协同、个性化的定制、服务化的延伸，建设具备"安全、可靠、便捷、精准、融合、协同、绿色、持续"等特质的服务型、引领型、融合型、持续型新时代地铁（图 5-34）。

国家层面，建设新时代轨道交通体系应以人民为中心，贯彻创新、协调、绿色、开放、共享的新发展理念，建设拥有强大运输保障、生产效率和优质服务品质，科技创新引领，管理体制完善，具有国际影响力的先进轨道交通体系，服务交通强国战略。

2）智慧地铁的必要性

（1）提高运营企业的高效发展

智慧地铁可以提升工作效率，降低运营管理成本，适应新一轮线网大规模建设需要，促进企业长期可持续发展。建设节能环保的绿色地铁，降低运营成本，引领市民低碳出行，符合国家节能减排战略，能提升企业安全防控能力，适应国家安全角势，筑牢企业安全防线。

（2）提高乘客便利性

安全可靠、便捷畅通、经济高效和绿色低碳是人民群众选择轨道交通出行的主要需求。随着社会经济持续发展，市民多元化出行、舒适度要求不断增加。舒适度要求：城市中心区部分客流强度大、线路拥挤度高、运力供给不足影响乘客满意度和乘坐体验。差异化服务需求：节假日期间、航空及高铁站等综合枢纽需要轨道交通延长运营服务时间。品质出行需求：随着移动互联网等技术的发展，人民群众对便捷通行、信息及时获取及客运服务等提出更精准的要求。

3）智慧地铁在国内外的发展

为了大幅度提高城市轨道交通系统的管理水平和运行效率，降低运营成本，提升安全防控能力，同时为出行者提供全方位的交通信息服务和便利高效的以人为本的城市轨道交通客运服务，通过对大数据、人工智能和地铁三元交叉领域的研究，以大数据技术为基础、人工智能为核心而建立的"高效、环保、安全、舒适、先进"的智能交通与客运体系，成为各地地铁公司新的研究方向。目前国内主流地铁公司智慧地铁的建设情况如下。

（1）上海

近年来，上海申通地铁积极探索智能地铁的建设，已在智慧建设、智慧运营、智慧维保等领域创新实践多个项目，旨在进一步提高安全、效能、效率和服务水平。申通地铁搭建的智慧地铁建设路线包括自动化和信息化执行、数字地铁、智能地铁、智慧地铁四个层次。申通地铁建设智慧地铁的实施架构是"1+3"的架构体系，"1"是底层的基础设施架构层，包括云、大数据、物联网等技术，"3"代表了在基础设施之上构建的智慧建设、智慧运营、智慧维保3个主体业务群。通过智慧地铁数字化建设，申通地铁在安全质量、成本效益、能力效率、乘客服务水平等方面均实现了显着的提升。申通地铁在5座试点车站开展了智慧车站的设计和建设。"智慧车站"主要体现在自主服务、主动进化、智能诊断、自动运行、全息感知5个方面。旨在实现地铁车站更安全的运营、更高效的管理、更优质的服务和更卓越的绩效。

（2）北京

北京目前已建成的全自动无人运行线路有北京燕房线、北京机场快轨、北京新机场线。北京地铁正积极与卡斯柯就地铁智能化开展创新合作，北京地铁将新建线网级智能运维平台，采用面向智慧地铁的全自动运行 2.0 系统，以服务乘客出行为核心，面向智慧地铁的多重需求，进一步升级了在技术集成和自主化方面的实力，在既有的全自动运行系统的基础上，覆盖智能调度、智能车场、智能车站、智能运维、无人驾驶列车 5 个部分，可大幅提升中心、车站、车场、调度和运维管理的智能化水平，实现城轨交通全程、全范围的智能化控制。面向智慧地铁的全自动运行 2.0 系统，会更多地关注客流的顺畅和出行服务的便捷，如平均候车时间、平均响应时间、站台滞留率、车厢拥挤程度等，在为乘客提供更安全、更便捷、更高效、更舒适的出行服务的同时，提高政府管理和行业运营的效率，从而真正做到"为乘客服务"。

（3）深圳

深圳市轨道交通智能地铁的建设情况主要体现在智能云平台、全自动运行、智慧服务、智慧管理、智能运维以及绿色节能等方面，同时积极关注前沿新技术，进行试点及示范应用。整体建设情况如下。

深圳地铁 6、10 号线搭建了线路级的生产业务云平台，承载包括 ATS、ISCS、CCTV、门禁、OA、PIS、AFC、PA 及各系统网管系统。深圳地铁同步建设线网生产云，包含四期线路云平台及 NCC、ACC、CLC 等。

四期建设规划 12、13、14、16、20 号线工程采用全自动运行系统，线路按照 GoA4 级自动化等级进行建设。

AFC 系统基于"云计算"技术简化系统架构，构建扁平化架构体系，在既有支付方式下增加基于生物识别、非生物识别的多元化支付方式，打造全新"互联网 +"自动售检票系统。

深圳地铁 10 号线列车采用地铁列车健康管理系统、线路障碍物检测系统、走行部车载故障诊断系统、蓄电池紧急牵引系统等尖端技术。

利用公网 5G 承载轨道交通业务，丰富商业模式，采用 C 波段 5G 流量租用和公网频谱私有化、C 波段 5G 公网切片等合作方式。利用基于公共授权网络的新一代无线技术，搭建专用通信网络平台，采用 WIFI6（WLAN 新一代产品）、5G NR-U 等新一代无线通信技术。

地铁大脑在深圳地铁集团数字平台上采用云架构进行构建。地铁大脑与既有的 ERP 系统、NCC 系统、安全管理平台、智慧工地及物业管理系统等进行了对接，并结合大数据平台及 AI 平台的支撑为地铁提供全方位、多维度的决策辅助、应急指挥等服务。

（4）南昌

南昌地铁与华为签署战略合作协议，双方正式建立战略合作关系。华为作为全球领先的信息与通信技术解决方案供应商，将与南昌地铁全面联合创新，打造科技地铁、智慧地铁，为促进地铁实现"敏捷和智能化"运营，提升乘客体验作出贡献。签约仪式现场，华为携手南昌地铁、中国移动、一境信息，共同打造了"5G+AI"智慧地铁体验区。体验区集中展示了华为和南昌地铁联合推出的基于"5G+AI"的一系列城轨创新方案，包括5G刷脸过闸方案、5G车地转储方案、5G智慧工地方案等。基于"5G+AI"的刷脸过闸方案，在业界处于领先地位。利用5G低时延、大带宽的特点，迅速将人脸数据传递到后端进行分析并通知闸机开闸，从而实现进出站全流程"无感通行"。5G智慧工地方案基于5G技术，将地铁工地现场高清视频实时回传，通过AI智能识别，代替部分人工巡检，提高远程巡检效率。基于"5G+AI"的车地转储解决方案，解决了当前地铁车地通信速率不够、无法回传到地面进行存储的问题，实现车地自动高速转储，全程无需人工干预，同时，结合智能分析处理，可以让车载监测数据产生价值，实现设备健康管理和高水平状态检修，为智慧运维奠定基础。

（5）西安

西安地铁在5、6号线中（2019年在建）进行智慧车站试点，智慧车站中对视频分析技术进行了应用。智能视频分析首先将场景中背景和目标分离，识别出真正的目标，去除背景干扰，进而分析并追踪在摄像机场景内出现的目标行为。使用智能分析技术，用户可以根据实际应用，在不同摄像机的场景中预设不同的报警规则，一旦目标在场景中出现了违反预定义规则的行为，系统会自动发出报警。报警信息有多种形式，包括本地驱动报警设备和向后端监控中心发送报警数据，由监控工作站控制以弹出视频、自动弹出报警信息、驱动报警设备等形式报警。

（6）苏州

苏州市轨道交通5号线、6号线、8号线、S1线（在建），采用全自动运行系统。其中，苏州市轨道交通5号线工程采用了世界最高等级的全自动驾驶系统，按照GoA4级全自动运行技术进行设计、建设。以运营场景为导向的顶层设计，建立多机构协作的建设设计管理模式。5号线通过前期编制全自动运行系统场景说明书确定系统的功能及设计方案，来实现全自动运行的功能匹配和接口的协调一致性。并对全自动运行的可实施性、设计方案、运营场景、核心系统功能等组织了多次专家咨询论证会，同时引入全自动运行一致性协调方机构、独立第三方整体安全认证机构协助建设、管理全自动驾驶核心系统。五号线不仅可以实现无人驾驶，还可实现列车自动唤醒、自检、运行、休眠等全过程。车辆设计保留司机室与客室间隔断，并保留司机乘登车门，以适应项目灵活采用 GoA4 或 GoA3 开通模式。

（7）南京

南京市轨道交通 7 号线工程于 2016 年应用 FAO GoA4 级全自动运行技术。南京市轨道交通 7 号线车地无线传输采用 LTE 综合承输技术，采用 5+15 组网方案，B 网承载包括信号、车载 PIS、CCTV、集群、车辆信息，A 网为信号专用网络。设置主备双中心，可实现服务器故障无缝切换。车辆设计保留司机室与客室间隔断（仅限运营初期），取消司机乘登车门，司机登车将从第一扇客室门进入。

南京地铁 7 号线引入上海申通对全自动运行的设计、建设、运营进行全面的咨询工作，为保障全自动运行的顺利实施、调试进行保驾护航。前期编制全自动运行系统场景说明书、全自动运行系统定位与运营目标、运营规则，来实现南京地铁 7 号线高水平的顶层设计，保证工程管理及设计的安全、高效、可靠、全面、不遗漏。同时引入一致性协调方机构、独立第三方整体安全认证机构协助建设、管理全自动驾驶核心系统。

（8）成都

成都 9 号线车辆是国内第一个具备全自动运行功能的 8A 长大编组地铁车辆，最大载客量可达 3496 人。9 号线车辆采用目前国际最高自动化等级（GoA4）的全自动运行系统，最高运行速度 100km/h，具有自动唤醒、自动运营以及远程控制等功能，搭配通过以太网实时传输的网络控制系统和故障检测装置，列车集智能性和安全性于一体。

车辆设计首次采用障碍物及脱轨检测装置，当列车检测到轨道有障碍物或车辆遇到脱轨危险时，列车会自动触发紧急制动，最大限度地保证车辆运行安全；首次采用智能对位隔离技术，当车门出现故障隔离后，后续各站的对应屏蔽门在集控开门时均不会打开，同时当屏蔽门出现故障隔离后，到达该站的每列列车车门均不会自动打开；首次采用门梯一体式结构的列车前端逃生门，可起到提升疏散效率的作用；首次采用车辆功能远程控制技术，在列车上没有乘务人员的情况下，列车空调设置、乘客与控制中心通话、车载 PIS 广播设置等均可在控制中心远程操作，方便及时与乘客沟通或及时调整车辆参数，有效提高运营服务质量；首次配备蓄电池、走行部、车门等部位的在线检测系统，近 6000 个监测点将车辆子系统数据实时传输至地面控制中心，实时掌握车辆状态，提高正线运营效率。

4）智能地铁的基本组成

（1）基础信息平台

基础信息平台是实现新时代轨道交通智能地铁体系的必要手段。现有信息平台在快速实现需求、资源统一动态调配方面，在系统的开放性、融合性方面，在智能感知、主动运维方面，在信息数据获取与利用的多样性、及时性和完整性，对数据共享与深度利用方面存在较大提升空间。

新时代智慧地铁体系对基础信息平台提出了更高的要求，包括对乘客的全方位、精准服务方面，实现"主动式"信息推送及线上、线下联动增值服务；票务支付能够从"一挥即付"到"无感支付"；基于统一的乘客"画像"信息，实现"无感通行"；在运营管理方面，基于协同一体化、调度精细化、应急智能化、运维智慧化的综合应用，实现运营管理的全息感知、自动运行、智能诊断；在建设管理方面，实现建设资源集约可控、绿色低碳环保的目标。

地铁基础信息平台应采用开放、融合、灵动的信息技术构建，定位为全面支撑新时代智慧地铁的各项业务、管理与服务的基础平台。

基础信息平台是面向轨道交通数字化、网络化、智能化需求，构建基于海量数据采集、汇聚、分析的服务体系，支撑轨道交通资源泛在连接、弹性供给、高效配置的信息平台。将广泛运用物联网、大数据、云计算、人工智能等新兴技术，构建精准、实时、高效的数据采集互联体系，成为轨道交通大数据存储、集成、访问、分析、管理的使能平台。

（2）全自动运行

全自动运行系统（Fully Automatic Operation，简称FAO）是基于现代计算机、通信、控制和系统集成等技术实现列车运行全过程自动化的新一代城市轨道交通系统。车辆在控制中心的统一控制下实现全自动运营，自动实现列车休眠、唤醒、准备、自检、自动运行、停车和开关车门，以及在故障情况下实现自动恢复等功能，包括洗车也能在设备控制下自动完成。

全自动运行技术能使列车整个运行过程实现全自动控制，使得车辆按照接近优化的运行曲线进行运营，达到节能环保的目的。同时，列车不设驾驶员，也节省人力成本。此外，全自动化运营也避免了人为操作失误导致的运营故障。

全自动运行系统的目的是进一步提升城市轨道交通运行系统的安全与效率。全自动运行系统是形象地衡量城市轨道交通系统功能和性能先进水平的标尺，也是形象地衡量城市轨道交通系统可靠性、安全性、可用性、可维护性先进水平的标尺。系统具备不需要配置司机列车完全自动运行的条件，是城市轨道交通技术的发展方向。其目的不是为了减少驾驶员/乘务员，而是为了进一步增强城市轨道交通系统装备的功能和性能。

自动化等级	列车运行类型	行驶中调整列车	列车停车	关闭车门	突发事件下运行
GoA1	带司机的ATP	司机	司机	司机	司机
GoA2	STO	自动	自动	司机	司机
GoA3	DTO	自动	自动	乘务员	乘务员
GoA4	UTO	自动	自动	自动	自动

图 5-35　轨道交通全自动运行功能示意图

国内城市轨道交通发展迅速，全自动运行作为先进的轨道交通列车运行控制技术，在未来轨道交通领域有广泛发展的应用空间，具有全自动化驾驶功能的工程应用势在必行，结合本工程计划工期，积极总结全自动运行工程经验，同时在不断总结运营应用经验的基础上，积极、稳妥地推广应用全自动运行技术（图 5-35）。

5）智慧服务

（1）多元化票务

为实现无感出行的票务服务及大线网客流在车站有限空间下的快速客流进出站疏导，新时代地铁摆脱以往传统的实体票务模式，将逐步从现阶段多元化支付的基础上重点着力于无感支付的乘客出行模式，同时配备完善的线上、线下的票务自助办理，构建乘客出行无感化的票务全过程服务环境。

①基于"无感支付"的乘客便利出行

未来，随着乘客"画像"信息库的逐步完善，生物及非生物智能识别技术的深度广泛应用，乘客地铁出行逐步从"无感支付"向"无感通行"发展，票务设备逐步虚拟化，全面实现乘客在地铁出行全过程中的身份无感化智能识别，精准判断乘客在地铁站内出行轨迹，乘客无需任何操作，后台即可完成系列票务操作（图 5-36）。

②基于"线上+线下"的票务便利服务

随着新时代乘客"无感支付"地铁出行模式的转变，应为乘客提供便利、快捷、精准的票务查询、处理服务方式，新时代轨道交通拟建设基于"线上+线下"的票务服务手段。

线上手机 APP：开发完善手机地铁 APP 线上票务处理功能，乘客可通过手机地铁 APP 登录，方便地实现线上各类个性化票务的自助办理，如出行轨迹查询、

图 5-36　乘客无感化出行票务机制示意图

平台支付核对、计费异常申斥等情况的自助办理等。

线下自助票务客服：车站设置丰富的智能化自助票务客服设备，乘客可在地铁车站内灵活地使用自助票务客服进行各类票务处理，当乘客需要人工服务时，可通过音视频与后台客服代表进行专项沟通票务服务。

（2）智能客服

推荐城市轨道交通搭建多元化、全维度的综合智能客服平台，对现状乘客咨询以人工响应为主的服务模式转变为以智能服务系统为核心的模式，使地铁服务深度融入乘客日常生活，实现地铁与乘客的客服沟通无所不在，为乘客提供智能化、精准化的品质专项服务。

①建设后台集中的乘客问询应答模式

建设后台集中客服中心，设置专业高素质的客服代表群，通过智能语音应答、乘客信息的可视化、人工智能等手段，利用丰富的客户服务载体，实现与乘客的远程音视频智能语音识别及自动应答交互、后台客服代表"一对一"的交谈互动。根据乘客的需要，解答客户的疑问，远程指导乘客操作，帮助乘客快速掌握和完成各种业务。

②融入日常生活中的丰富畅通的沟通服务

除热线电话咨询服务外，乘客可在需要时，使用地铁 APP、微信公众号、官网、邮件、互联网平台等网络化载体，在日常城市生活中随时随地地与地铁客服代表保持畅通的沟通，实现面向对象的精准的乘客服务。

③智能化精准化的车站品质专项服务

在车站设置多种现场客服设备，主要包括智能客服终端、乘客自助终端、智能咨询终端及智能客服机器人等。乘客可灵活使用现场配置的客服感知设备，通过自助操作、智能语音及后台客服代表问询等方式，完成票备资讯、票务处理、线路查询、换乘指导、站内导航、站外导航、运营信息资讯、周边信息资讯等

图 5-37　精准的乘客对象服务体系示意图

乘客信息资讯专项服务（图 5-37）。

（3）乘客资讯

随着"互联网 +"通信技术和互联网产品的不断更迭，乘客获取资讯的方式和习惯也悄然改变，新的客服载体不断衍生，使服务不再受时间和空间的限制，让服务"触手可及"。通过对乘客出行大数据的挖掘，分析不同群体乘客的服务需求及个体属性定位，提供便捷、精准、贴心的服务。

通过乘客大数据分析技术，实现乘客出行属性、服务属性、安全属性、消费属性等精准分析，根据乘客不同阶段的属性特征，结合乘客出行的服务诉求及精准定位，为乘客提供个性化的"主动式"线上信息推送，实现对乘客全过程的服务关怀、安全提醒以及精准的增值服务推介。

分析乘客行程偏好，对车站布局、客运流线设计、运输组织等生成预警信息及运营建议；根据乘客群体、个体服务偏好和现场服务痛点、风险分析，对整体服务、个性服务、界面完善、乘车环境等生成优化建议；基于乘客行为习惯分析，生成相应安全预警信息；针对乘客消费习惯，生成相应的生活增值信息。通过精细划分乘客的服务需求，针对不同乘客实现信息个性化的服务。向常乘客推送天气预报、通勤路径及预计时长、路径拥挤度、线路延误、车站预计候乘时间等信息，特殊时段事件信息推送、商圈活动或文化产品推介等；向旅游乘客推送地铁站点位置、客运站点分布、景点、天气预报等信息；向特殊乘客推送车站无障碍设施、爱心服务提醒等信息（图 5-38）。

6）智慧管理

（1）调度指挥

随着线网规模的不断扩张和网络通达性的增强，为匹配多样化的客流需求，

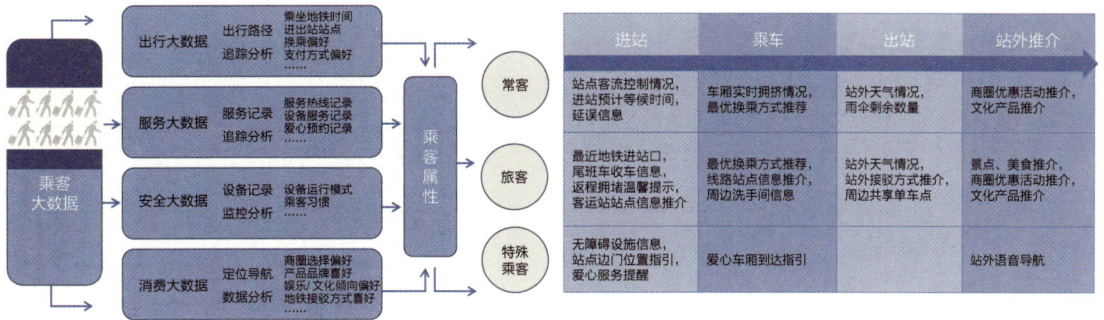

图 5-38 乘客出行大数据分析示意图

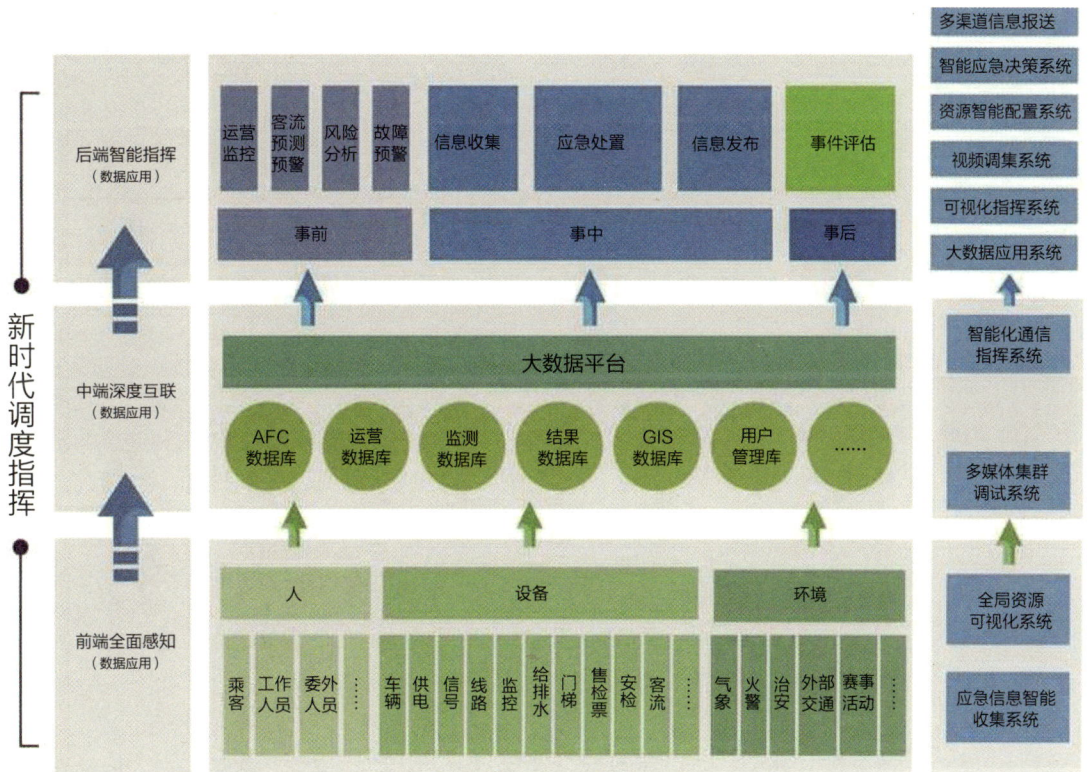

图 5-39 智慧地铁调度指挥示意图

线网行车组织方式日益复杂，突发情况下对调度的快速应变要求越来越高，调度指挥亟须实现"重点目标可视化、信息获取立体化、调度决策精准化"等功能，在前端感知、中间网络传输、智能决策、多渠道信息报送等方面实现向智慧指挥调度的演进（图 5-39）。

（2）车站管理

智慧地铁借助各类先进的智能技术摆脱以往定时、定点、定岗的管理运作

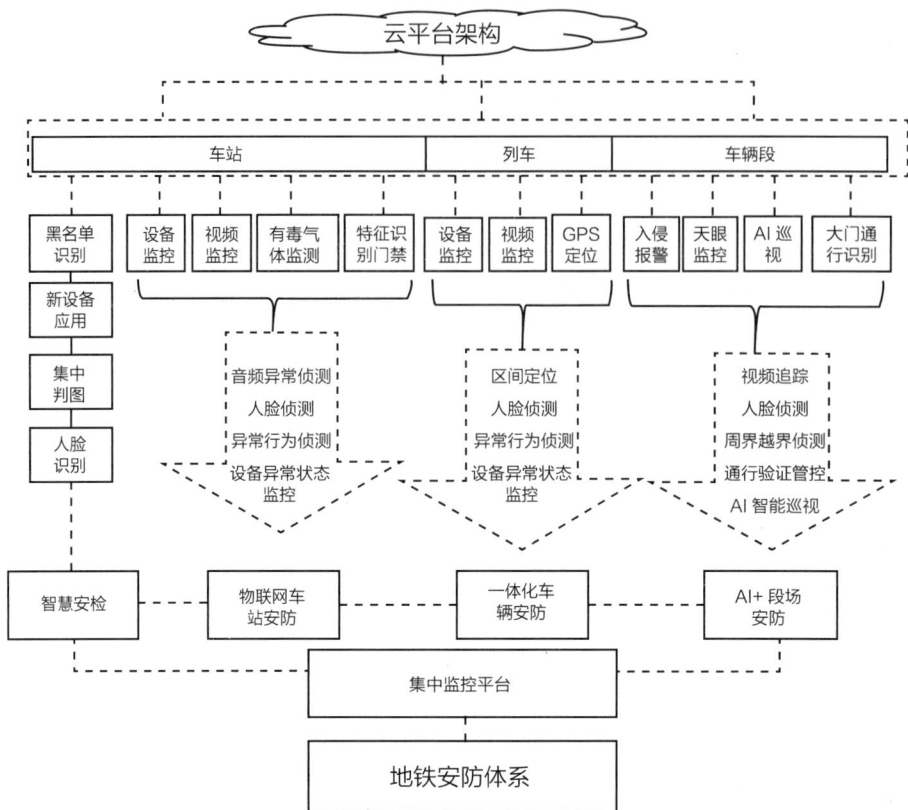

图 5-40　地铁安全保障体系架构示意图

痛点，将车站管理模式从固定化、单站化向移动化、区域化转变，构建基于设备全息感知、系统集成联控、终端移动操控的高度自运转的全时全景车站管理模式，最终实现区域站点集中值守和远郊车站无人值守的管理模式。

（3）安全管理

轨道交通在给我们带来便捷、节能、环保的出行方式的同时，应用人工智能、大数据、生物识别、物联网等先进技术，从地铁技防、消防安全、地铁保护方面对地铁安全保障进行重点提升。其中地铁技防通过组建智能安检、智能车站 / 车辆 / 段场安防进行系统化、网络化、智能化升级，为广大乘客、设备设施提供坚实的安全保障（图 5-40）。

（4）能耗监控

运行能耗是轨道交通运营成本的重要组成部分，降低系统能耗是智慧地铁可持续发展的必然需求。根据轨道交通实际运行环境，重点关注牵引节能技术及环控节能技术，采用节能新方案、新技术、新工艺、新设备及新材料达到低碳节能运行的效果，助力企业可持续发展。

7）智慧运维

针对运营维护中车辆、车辆基地、信号、通信、供电、轨道等系统，实现计划调度、检修作业、生产调度、安全质量、配件库存、综合管理等各项工作的信息化管理，通过实时信息交互与信息共享，支持各生产环节高效率协同和顺畅衔接；通过维修数据的积累和分析，不断改进优化修程修制、检修工艺和生产流程，规范作业流程，保障检修安全，降低运维成本，实现有效、科学的管理。

5.4.3 绿色建造

党的十九大报告指出，我国经济已由高速增长阶段转向高质量发展阶段，正处在转变发展方式、优化经济结构、转换增长动力的攻关期，建设现代化经济体系是跨越关口的迫切要求和我国发展的战略目标。

建造即建设，有基本建设、建筑产业、建筑业不同的提法，现在看来，能被行业内外广泛接受的就是中国建造。

从轨道交通产业转型升级来分析，它是指全领域（即广义基本建设）、全过程（即包括设计、施工等）、全产业链（即包括基本建设所涉及的所有相关产业链条方面）的全面转型升级，即"三全"。

所谓绿色建造，实质就是建筑产业的全面转型升级问题，无论是建造出来的房屋或基础设施，还是整个建造过程，都要在全面转型升级的基础上实现绿色、循环、低碳发展。绿色循环低碳发展，是当今时代科技革命和产业变革的方向，是最有前途的发展领域，也是未来轨道交通行业在建设过程中的重要发展方向。

1）绿色建造的概念

所谓"绿色建造"的"绿色"，并不是指一般意义的立体绿化、屋顶花园，而是代表一种概念或象征，指建筑对环境无害，能充分利用环境自然资源，并且在不破坏环境基本生态平衡条件下建造的一种建筑，又可称为可持续发展建筑、生态建筑、回归大自然建筑、节能环保建筑等。

绿色发展的核心在于低碳，低碳经济揭示了城市规划建设的实质，需要我们正确把握城市规划建设发展方向，同时要有引领世界城市规划建设发展方向的自信。

应以绿色发展为主线，全面深入地推动绿色建筑、装配式建筑、超低能耗被动式建筑发展等，以及推广绿色施工、海绵城市、综合管廊等实践。

2）装配式车站

（1）优势

大力推动绿色建筑发展，实现绿色建筑普及化是我国《"十二五"建筑节能专项规划》提出的重要任务之一。

装配式地铁车站有着巨大的节能减排作用，装配式车站施工期间占用场地较小，减少了交通导改带来的城市交通压力；施工过程全部机械化，大大提高了施工效率，缩短了施工周期，充分体现了绿色建筑"四节一环保"的特点。

采用装配式车站结构施工工艺的施工工期比传统方法至少节省 10 个月，大大节省了施工占道时间。

材料堆放、加工等厂区面积小，对周边单位影响低。预制装配式结构在现场基本为拼装的工序，无大量混凝土施工，对环境的破坏小，安全风险较低。

节省了钢筋、混凝土等材料用量，不消耗木材，减少建筑垃圾产生（可减少 80%），特别是在现场施工劳动力的使用上可以节省 50% 以上。

（2）适用范围及应用情况

该技术适用于工期紧、占地时间短的明挖地铁车站施工，已在长春地铁 2 号线袁家店站、西环路站、西兴站及建设街站 4 座车站施工中进行应用。

3）密闭式环保棚技术

随着环境保护形势的日益严峻，绿色文明施工对地铁项目的要求越来越高，国家要求通过科学管理和技术进步，最大限度地节约资源并减少对环境的影响，确保绿色施工常态化。

为响应国家号召，保护施工现场周边环境，减少由于施工产生的噪声和扬尘等对人民生产生活的影响，改善地铁明挖基坑施工的传统形象，为作业人员创造更好的工作环境，实现降尘降噪的效果，成为工程中亟待解决的问题（图 5-41 ~ 图 5-43）。

（1）优势

①将施工现场与周围环境进行有效隔离，达到降噪效果，符合目前环保形势的要求。

②防尘棚内可形成独立作业空间，配备相应的环保设备，改善施工作业条件。

③防尘棚的应用减少了钢筋、模板等材料受雨雪天气影响的腐蚀程度。

④防尘棚的钢结构构件、墙体封闭面板、檩条等材料可重复利用，减少材料的浪费，符合绿色建造的要求。

⑤大风、雨雪等特殊天气对施工影响较小，可正常施工。

⑥防尘棚提高了地面相关工序的工作效率，减少高温、寒冷天气对员工

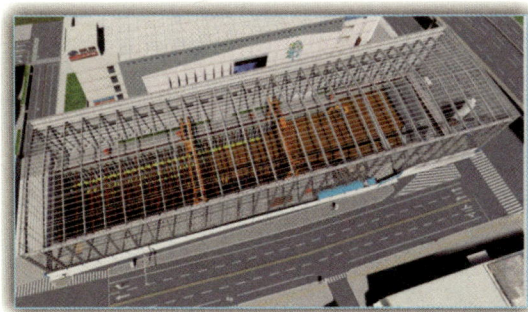

图 5-41　车站明挖基坑防尘棚布置图

图 5-42　防尘棚结构断面示意图

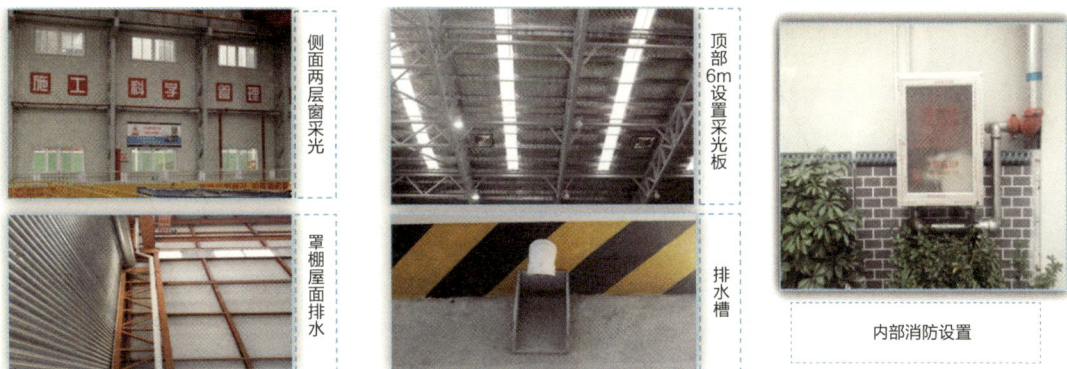

图 5-43　内部消防设置

的影响。

⑦为了减少对周边建构筑物采光的影响，防尘棚顶部及侧墙设置充足的窗户保证采光。

（2）使用范围与应用

适用于城市中心区、对环保要求高以及对商铺、居民区影响较大的明挖车站基坑工程，已应用于北京地铁 19 号线一期工程积水潭站，进一步改善了人们对地铁明挖基坑的观念。

4）预制板装配式无砟轨道技术

目前，城市轨道交通的无砟轨道结构主要为现浇整体道床，由于现浇混凝土量大，导致施工速度较慢、施工质量不易保证，而预制板式无砟轨道现浇混凝土量减小，施工进度提高。工厂化预制与装配式安装提高了轨道工程质量。

在地铁运营过程中，当隧道结构发生不均匀沉降或渗漏等病害时，混凝土现浇的整体道床对病害的处理困难，而采用预制板装配式无砟轨道技术可以对

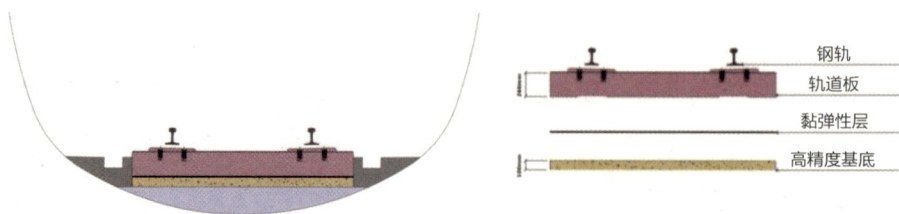

钢轨
轨道板
黏弹性层
高精度基底

图 5-44　预制板装配式无砟轨道结构示意图

隧道病害进行精准、便捷的处理。

（1）预制轨道板结构

采用装配工艺在高精度基底（底座）借助黏弹性垫层安装预制轨道板构筑的整体道床，要求轨道板是预应力构件并设置限制构件纵向和横向滑移的限位装置。与传统板式无砟轨道相比，由于采用数字化装配工艺而取消板下填充 CA 砂浆或自密实混凝土的调整层，使得该调整形成的夹心层厚度成为预制轨道板的部分，合二为一的结构保证道床强度的一致，见图 5-44。

（2）优势

①预制轨道板直铺的工艺取消了板与混凝土结构底座之间的自密实混凝土或者 CA 砂浆调整层，加快施工进度，实现轨道结构和隧底病害的可维护性。

②板与混凝土结构底座之间设置的黏弹性垫层，优化了轨道结构动力特性，改善了底座的受力条件。

③通过高精准、数字化的测量与施工控制技术，底座混凝土结构面达到毫米级的装配精度要求，道床实现轨道结构自下而上顺作法的装配工艺。

（3）适用范围与应用

普遍适用于城市轨道交通线路正线一般减振地段，同时通过增强黏弹性垫层、合理改变轨道结构就可以实现中等减振等级的要求。预制轨道板与减振垫、橡胶支座、钢弹簧或橡胶弹簧等隔振组件组合，可适用于减振等级为高等或特殊的减振地段。

已经应用在北京、上海、广州、深圳等多条地铁线路中。

5）浮置道床国产化新型阻尼弹簧隔振系统技术

随着城市轨道交通建设日新月异的大规模发展，路网密化使得轨道减振降噪的需求也与日俱增。一些线路不可避免地穿越振动敏感区域，诸如文教区、科技区、医疗区、居民密集区和文物古迹保护区等，这些区域对振动和噪声的要求苛刻，同时振动和噪声也对处于敏感区人们的工作、生活、健康等造成一定程度的伤害、影响和干扰。在诸多轨道减振措施中，阻尼弹簧浮置道床是隔

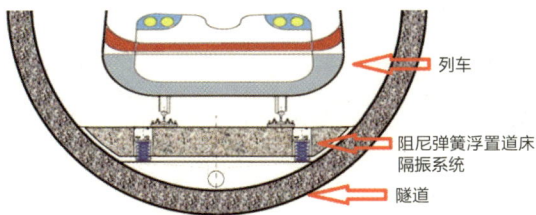

图 5-45　阻尼弹簧浮置道床隔振系统断面图

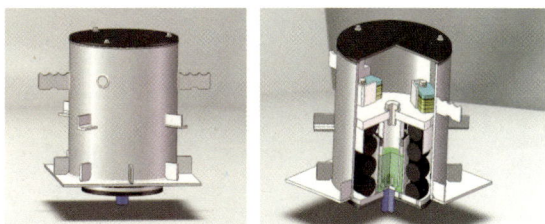

图 5-46　阻尼弹簧隔振器（外套筒和内套筒）

振效果最佳、全生命周期可靠性高和综合性价比最优的特殊减振措施，但其长期被国外进口产品独家垄断，造价居高不下，也缺乏相关技术规范。

面对城市轨道交通高速建设对弹簧浮置板道床应用需求的迫切，破除技术垄断、拥有自主知识产权、实现国产化、建设安静的轨道交通，是阻尼弹簧浮置道床隔振系统技术产生的直接推动力。

（1）技术内同

浮置道床国产化新型阻尼弹簧隔振系统是基于经典"质量—弹簧系统"的轨道隔振结构，利用阻尼钢弹簧隔振器支撑钢筋混凝土道床板，形成一个高质量、低刚度且并联阻尼结构的"悬浮道床"隔振系统。为确保结构安全和检修便利，其附属组件，如剪力铰、密封条、观察筒等，也是该系统不可或缺的部分，见图 5-45、图 5-46。

该技术主要包括以下方面：阻尼弹簧隔振器外套筒和内置阻尼弹簧隔振组件的系列化生产；采用现场散铺法、预制轨排机铺法或预制短板节段拼装法完成外套筒、观察筒与隔振道床的一体化施工；在整体隔振道床达到设计强度后，依次进行阻尼弹簧隔振器置入安装和顶升、调试作业，使隔振道床"浮起"至设计高度（30mm），实现有效隔振作用；具有直观的隔振器失效指示、应急限位等多项功能。

（2）优势

①具有三维刚度的"阻尼—质量—弹簧系统"增加了系统的各向稳定性和安全性，可在获得较低的系统固有频率的同时保持较高的轨道形位精度。

②采用"潜水钟"原理，设计了开放式、永不磨损的阻尼系统防水。

③将唧筒式阻尼机构与应急限位功能相结合，提高系统整体运营安全可靠度。

④阻尼弹簧隔振组件具有极佳的动静刚度比和抗老化稳定性，疲劳寿命≥500 万次，在正常轨道结构高度条件下，系统隔振效果可达 18 ～ 20dB，系统阻尼比≥ 0.08，实现了目前最高等级和最稳定可靠的隔振效果。

⑤分体式支撑垫片安装便捷，可弥补套筒倾斜误差，降低施工操作难度。

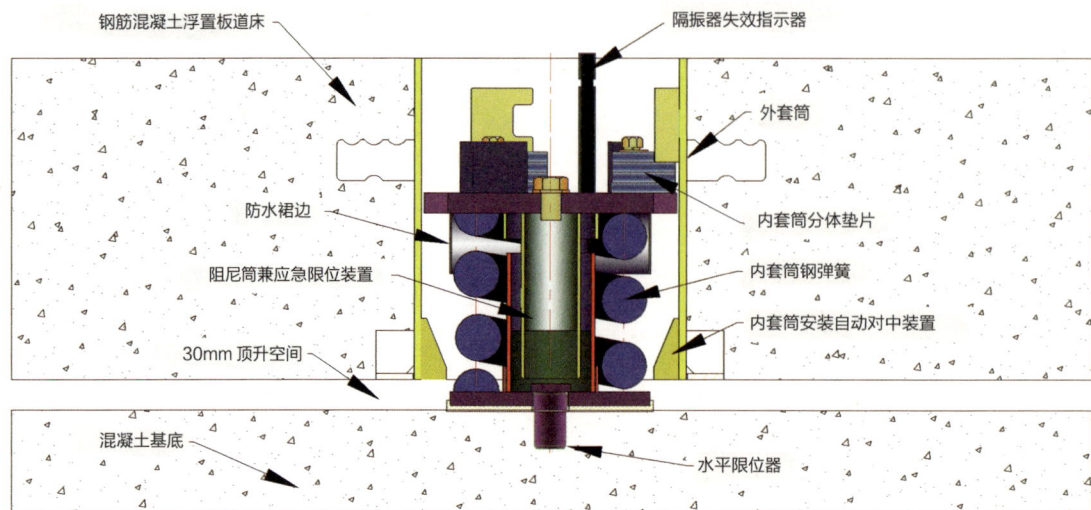

图 5-47 阻尼弹簧浮置道床隔振系统构造示意图

⑥直观的隔振器失效指示器为日常巡视检修提供最大便利，见图 5-47。

（3）适用范围及应用

主要应用在城市轨道交通中对隔振效果要求最严格的特殊减振和高等减振措施路段，如下穿或紧邻居民区、精密实验室、博物馆、医院、文物保护目标、机场等特殊敏感地段，以及高速铁路、上盖建筑开发、既有线路改造等新型隔振领域，从而最大限度地降低轮轨振动和二次结构声等环境影响，也可应用于工业企业、演艺建筑、复合桥梁等特殊减振降噪领域。

2008 年 10 月，国产化的阻尼弹簧浮置道床隔振系统在北京地铁 4 号线西苑站—圆明园站区间正线（右线 K24+420 ～ K24+600）铺设了一段 180m 示范工程，于 2009 年 9 月正式开通运营后，一直维持良好运营状态。南京地铁 3 号线 Z（Y）DK8+580 ～ Z（Y）DK9+070，采用了预制钢弹簧浮置板道床。

6）橡胶弹簧浮置板轨道技术

为降低轨道交通产生的振动和噪声问题，在轨道交通建设中采用了各种减振轨道，在特殊减振地段，目前采用较广泛的浮置板轨道存在隔振组件结构尺寸大、刚度调整难、横向刚度小、产品造价高、车内噪声放大、橡胶部件不易更换、养护维修困难等问题。通过采用橡胶弹簧浮置板轨道技术，能够使上述问题得到有效解决。

（1）优势

在正常轨道结构高度条件下，橡胶弹簧浮置轨道 Z 振级隔振效果可达 15dB

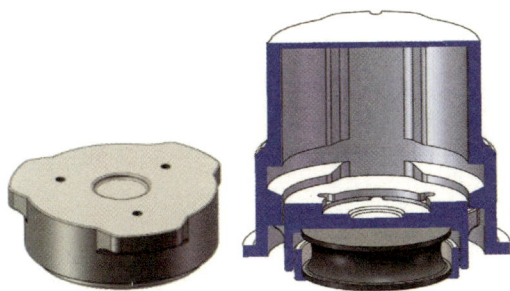

图 5-48 橡胶弹簧隔振元件及总组装图

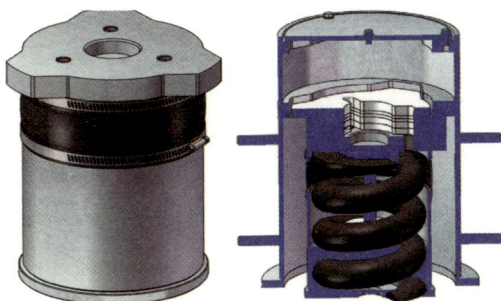

图 5-49 钢弹簧隔振元件及总组装图

以上；橡胶隔振器的设计依据广州大学院士团队的研究成果，其国家试验室多年对橡胶支座进行应用研究，建立了检测验收标准，其设计使用寿命60年，阻尼比大于 0.05，动静刚度比小于 1.3，500 万次疲劳试验后垂向永久变形小于1mm，静刚度变化率不超过 15%。

①橡胶材料自带弹性和阻尼特性，不但能保证良好的减振效果，而且自身能抑制低阶共振的问题，不用额外添加辅助材料，是理想的隔振器制作材料，见图 5-48、图 5-49。

②橡胶隔振器采用耐用性高抗老化橡胶材料制作，使用寿命长。

③减振效果突出，车厢内噪声无明显放大，改善了列车经过特殊减振地段的乘客舒适度。

④橡胶隔振器刚度可调，不改变产品尺寸和整体构造的条件下可通过橡胶生产配方制作出满足设计参数的橡胶隔振器。

⑤橡胶隔振器结构高度可调，设计高度仅为 70mm，当隧道结构施工出现偏心或上浮侵限时适应性更强。

⑥橡胶隔振器承载力大，内部的橡胶弹簧设计采用"鼓形"结构，在冲击荷载作用下隔振器呈现力与位移的非线性关系导向安全。当载荷增大到一定程度，金属套筒与橡胶弹簧间变形空间耗尽时，橡胶弹簧的刚度会急剧增加从而实现过载荷防护，从而提高轨道系统的安全性，见图 5-50。

⑦降低工程造价，因材料的合理选择和结构的系统优化，使其相对于其他同等减振能力的产品，单位工程造价可降低 20% 以上。

⑧安装更换便捷，施工速度快，顶升效率从 50m/h 提高到了 200m/h。

（2）适用范围基金应用

适用于轨道交通减振降噪效果要求较高的高等或特殊减振地段，以及电厂、建筑物、桥梁等需要特殊减振、降噪的部位。

经过深圳地铁 11 号线、兰州地铁 1 号线、成都地铁 3 号和 5 号线、宁波地铁 2、

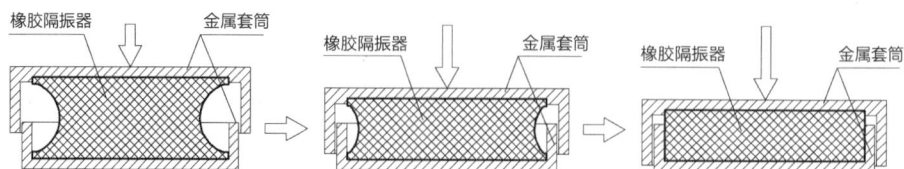

图 5-50　不同荷载条件下橡胶隔振元件变形情况

3 号线及宁奉线等多条城市轨道交通项目的实际应用和减振效果测试，最终结构满足行车安全性要求、减振效果大于 15dB 及车厢内噪声无放大现象。

7）智能化预制装配式板式减振轨道技术

随着城市轨道交通的大规模网络化发展，城市轨道交通建设工期日趋紧张，轨道结构施工工序因更加临近开通运营时间，工期往往被压缩得较短。传统的轨道结构形式存在施工作业环节多、以人工作业为主、施工精度不易控制和施工进度缓慢等特点，在铺轨工期被压缩的情况下，严重影响了施工精度和铺轨质量，导致投入运营的线路平顺性和运行车辆的舒适性变差，且轨道病害频发、环境振动和噪声问题加剧。高铁的预制板式轨道技术具有轨道平顺性好、施工质量易保证、耐久性好、整洁、美观等优点，但技术在使用条件、结构形式、功能上与城市轨道交通相比有较大差异。城市轨道交通智能化预制装配式板式减振轨道技术为解决以上问题提供了新选择。

（1）主要内容

智能化预制装配式板式减振轨道技术包括预制板式减振轨道及配套施工装备两方面。

预制板式轨道结构由钢轨、扣件、预制板、板下减振垫、板下自密实混凝土构成。结合盾构内径尺寸、两端预留水沟的条件，在减振效果尽量保证的前提下，拟定的预制板宽为 2.2m，板厚为 330mm；考虑小半径曲线的适应性，板长为 3.6m。预制板横断面设计为五边形断面，板横截面的两端相当于做了"倒棱"处理，以增加了预制板对土建误差的适应性。板内做了各种预留、预埋（吊装、对中用的标记、安装测量棱镜用孔、纵向连接装置安装孔）等，见图 5-51。

采用的弹性体材料为应用相对较为广泛的橡胶材料。预制板与橡胶垫复合工艺的研究，包括底板及端板减振垫搭接面设计、底板螺栓孔的预留、燕尾槽结构的设计、灌浆套的设计、聚氨酯密封等多方面设计及工艺的考虑，不仅确保了预制板与橡胶垫的复合牢靠，而且不影响其减振性能的发挥。

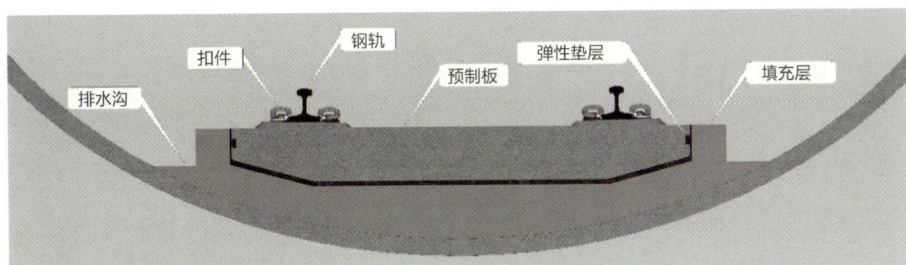

图 5-51　减振垫预制板轨道结构

图 5-52　运板车

图 5-53　调板车

预制板现场固定完毕后，板下的自密实混凝土一次浇筑完成。

配套施工装备包括运板、卸板及调板功能的设备，尤其是精调机构及配套的测控系统，可完成板的自动调整功能；可变形的轮胎式轨道施工车，可与运板车配合，实现预制板在洞内的灵活运输；可变形（轮胎或轨道）的混凝土施工车，可实现标准轨、龙门吊走形轨或不同隧道断面基础上运输、搅拌、灌注混凝土，见图 5-52、图 5-53。

（2）优势

①美观性好：预制板与橡胶垫在工厂内完成复合，因此质量、效果控制要比现场铺设好。因采用自下而上的施工方式，扣件最后安装，少了磕碰，扣件防腐保存较好，有利于延长扣件零部件的寿命。此外扣件本身也较为清洁，避免了现浇道床导致扣件脏污严重的问题，整体的整洁、美观性要明显好于现浇道床。

②减振效果好：减振效果达 10dB 以上，可满足高等减振级别的减振需求。

③整体施工进度快：取消了走行轨安装及拆除、粗铺放线、道床板钢筋绑扎等传统施工工序，仅需少量现浇混凝土的抹面及养护、人工精调作业等人工工序，此外采用了成套的施工装备进行施工，整体施工进度比传统预制施工效率提高50% 以上。

④调板精度高，速度快，线路平顺：采用装备进行调板，其高程、中线偏差可控制在 0.5mm 以内；调板速度很快，卸板和精调板总共所需时间短（小于15min），远低于人工卸板及调板大的时间（30min 以上）。此外调板精度持续稳定，确保了线路的高平顺性。

（3）适用范围及应用

适用于需采用预制板轨道系统的轨道交通工程项目。如城际铁路、市域快线、机场快轨和地铁等，地面、地下、高架线均可。

西安地铁 4 号线采用此项预制板式减振轨道技术，效果良好，铺轨施工综合效率提高 50% 以上。南京地铁 3 号线、4 号线、10 号线一期、宁和城际及宁高城际一期机场段正线高等减振地段也采用了隔离式减振垫浮置板道床。

5.4.4 特色车站

1）建筑形式

特色车站相比于普通车站，更加侧重于环境融合，使得地铁车站工程与周边环境融为一体，不显得突兀，建筑形式通常采用天窗采光、站台层中空、圆形换乘节点等建筑形式，特色车站的特点主要有以下几个方面。

（1）绿地、广场等下方的车站。与道路下方的车站相比，此类车站覆土厚度可控，管线迁改较为容易。特色车站的设计将车站由传统的深埋地下改为与地面结合，灵活结合天窗及中庭等元素，将自然光等外部景观引入站内，使车站也成为一道景观，融入城市肌理中去。

（2）与河道、桥梁等结合设计的车站。此类车站可结合河道、桥梁等市政设施，将原本对车站设计的不利条件转化为优势。可打破原本枯燥的站内空间，合理利用各类空间元素及文化因子，设计出别具一格的特色车站。

（3）特色换乘车站。当外部条件变化，预留的换乘条件无法实施时，可因地制宜，采取特殊的设计手法，在优化换乘方式的同时，为车站增加趣味性。

由此可知，相对于普通车站，特色车站的设计更加注重"因地制宜"。利用车站外部条件的优势，或化"不利"的外部条件为设计优势，最大限度地优化车站站内空间，设计出别具一格的车站。

2）车站结构

（1）大跨度无柱车站

大跨度无柱地铁车站具有视野开阔、客流通畅等优点，目前已在上海、广州、深圳、南京等地应用。

无柱车站主要体现在公共区无柱，可以改善乘客的视野，提高公共区使用面积，但是这种设计从受力角度相对于传统单柱、双柱设计，公共区中部弯矩大，对顶板、中板提出了更高的要求，通常采用更厚的结构板进行设计。

（2）特殊柱设计

受车站形式、地理条件等因素的影响，车站结构并不能总采用传统结构柱的形式进行设置，柱子的形状、柱跨等经常采用特殊形式。

如广州动物园站，受工程实施的限制，采用左右线叠岛进行设置，车站为3层车站，站厅采用中空的形式，为配合车站整体建筑形式，结构柱采用Y型柱进行设计。

广州天河公园车站中，考虑到该车站位于天河公园内部，车站实施用地条件好，两条换乘车站均为8A编组，车站公共空间大，为提高车站整体乘客使用效率，车站内部进行抽柱设计，采用大跨度的形式，提高乘客舒适度。

3）人文艺术

地铁作为城市公共交通系统的重要组成部分，拥有快速、便捷、舒适、安全、节能等特色。地铁车站作为客流汇聚的节点，需要构建庞大的地下车站空间；同时，地铁车站空间又是良好的公共宣传平台，具有承载力度大、信息量充足、宣传效果广、影响范围深等优势。

在地铁车站的空间设计中融入人文艺术元素，可以凸显车站空间的装饰艺术性、丰富相关线路的文化特色，可结合国内近年来较为成功的设计案例，进一步探究人文艺术特色在地铁车站空间设计中的重要影响和意义。

地铁车站空间为人们提供了较为宽广的观察视野，车站空间内所涵盖的墙体、顶棚、承重柱、配套设施等皆属于人文艺术所创作的涉及对象，为其提供了丰富的表现空间。人文艺术具有丰富的艺术内涵和文化表现力，是人类文化中的先进部分与核心部分，具有重要的思想教育性和影响力；而艺术则是用于体现其内涵的外在表现形式。应用于地铁车站设计的人文艺术特色，不仅要突出其具有的独特性，彰显站点之间的个性化色彩；还要注重沿线车站的整体协同性，使其保持在统一的协调范围之内，既有整体感又兼具特色化，以彰显城市交通大环境下的形态之美。

随着时代的进步、城市的变迁，会有更多的地铁系统投入到现代城市公共交通建设体系中。而地铁车站空间的人文艺术特色设计也愈发成为公众的关注点和聚焦点，在未来的地铁车站设计中，应重视所在城市的历史风貌与文化色彩，同时着重提炼沿线车站的区域特色，丰富车站的装饰内容，增强车站空间设计中的艺术表现力和文化感染力，提高使用者对于地铁车站的认可度和亲和力，为城市未来的地铁运营和建设提供充足客源保障，同时，多元化的车站空间设计也有助于推进所在城市探索和发掘自身历史特色和文化脉络，促进与之相关的城市文化产业链的构筑与发展。

5.4.5 特色案例——光谷广场综合体工程案例

光谷广场综合体工程坐落在中国光谷核心地带，是武汉重要的商业中心、光谷的交通咽喉、六路相交的交通环岛、光谷城市地标。

光谷广场综合体工程总建筑面积约 16 万 m^2，由以下部分组成：① 2、9、11 共 3 条地铁线的 4 座车站和区间工程相互连通疏导客流；②珞喻路、鲁磨路 2 条市政隧道立体相交分离过境车流；③地下公共空间工程、地下非机动车环道整体连通供行人及非机动车便捷通行。

工程在地下 3 层空间内巧妙解决了 5 条交通线的交汇，通过设置贯通的地下一层作为地铁换乘和交通层，连接 3 条地铁线的 4 座车站，同时实现与周边各地块的连通；创造性地将鲁磨路市政隧道与 9 号线同层归并于地下一层空间上方，形成一种独特的地下大厅高架站台的空间布局，实现了最优交通功能与建筑空间创造的完美结合。

光谷广场综合体的规模和复杂度在国内地铁枢纽中首屈一指、国际罕见，工程地处城市中心节点，设计建设难度极高。工程的主要技术创新如下。

（1）首创地铁—市政隧道—地下空间—非机动车地下环道综合体方案，创造了地下 3 层空间内 5 条交通线路交汇的立体布局，开创了解决城市中心节点交通瓶颈、高效利用稀缺土地资源的新模式，实现了城市中心节点交通功能最优化、资源利用集约化。

（2）打造了超大跨度、超高净空、优美舒适的现代地下公共空间，创造了内外交融的高品质地下环境，实现了功能与环境的高度融合，因地制宜首创了五行传统文化主题景观，创新运用五行色标实现地下空间清晰导向，创造了优美的城市环境，实践了站城一体化。

（3）首次运用 BIM 全生命周期设计建造超大地铁—市政—地下空间综合体，通过无人机与地面雷达扫描、全专业 BIM 协同设计、施工方 BIM 施工组织管理建造整个工程，科学有效地解决了城市中心节点超大复杂地下综合体的设计建造难题。

（4）开创了全地下高大空间火灾自然排烟技术，解决了超大、超高复杂地下空间消防排烟这一巨大难题，保证了综合体工程的消防功能和安全，实践了绿色、降噪、节能、低碳的环保理念。

图 5-54 光谷广场综合体工程总平面图和建成鸟瞰图

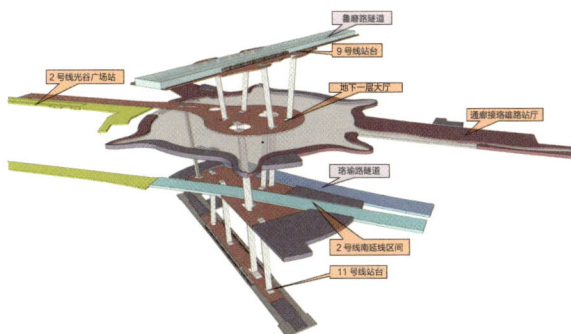

图 5-55 光谷广场综合体空间布局图

图 5-56 光谷广场综合体地下一层大厅

　　项目惠及光谷 180 万居民的交通出行，彻底解决了光谷交通咽喉的拥堵问题，实现了高峰日 80 万人流量与 15 万车流的立体顺畅通行，解决了高峰小时2534 辆的非机动车过街，有效利用了城市土地资源，通过地下公共空间连通了周边百万平方米高品质商业，带动了城市可持续发展，提升和完善了城市中心节点功能，创造了优美的城市环境。项目先进的理念对于解决城市中心节点日益突出的拥堵问题具有较强的示范效应和开拓意义（图 5-54 ~ 图 5-56）。

5.5 问题和建议

近年来，我国城市轨道交通建设取得了巨大的成就，爆发式增长的同时也呈现出越来越多的问题，从设计角度来讲，主要存在的问题有以下几个方面。

（1）出行品质不高。部分线路旅行速度偏低，快线不快。换乘不便，导向不明，部分城市过度拥挤，安检耗时长，楼、扶梯数量不够、通行能力不足，接驳设施差。

（2）客流效益不佳。客运强度低下，超长线路，车站布设及站间距不合理，与城市开发不同步。

（3）设计难度增大。规划控制不够，周边建设协调力度小，衔接不畅，与周边地块实施同步性不够，出入口、风亭布置困难，交通疏解、管线迁改等前期设计协调困难。

在我国经济发展由高速发展转向高质量发展的时代，城市轨道交通应充分体现为人民提供高质量的服务，在建设过程中充分考虑人性化、精细化，充分考虑行业的可持续发展，保障安全可靠，降低运营成本。从设计来讲，主要努力的方向有以下几个方面。

（1）追求人性化设计，树立提供高品质服务意识，为居民提供良好的出行条件。大城市特别是特大城市，要适当提高设计标准，充分研究系统制式、换乘枢纽等，提高车站设计标准，提升客流通行能力，进而提高出行品质。

（2）精细化设计，便捷施工与运营。建立以运营需求为导向的建设理念，充分利用人工智能、云计算、大数据、BIM 等技术，为建设和运营、维护提供服务。

（3）效益性，确保企业可持续发展。近年来，城市轨道交通单公里投资急剧上升，应加大投资控制，选择合理的系统制式、敷设方式等，节省工程投资与运营成本，同时做好站点周边与场站综合体的开发，实现源源不断的永久收益，弥补运营亏损，实现可持续发展。

（4）安全性，降低社会风险。近年来安全事故频发，也暴露出设计、施工等过程中存在的一些问题。在设计阶段，要充分认识周边环境、地质风险等因素，充分论证，对风险源加强把控，确保安全。

此外，网络化运营已成为我国城市轨道交通发展的必然趋势。2017 年底，运营线路 4 条及以上城市 12 个，包括北京、上海、广州、深圳、天津、重庆、南京、武汉、成都、昆明、大连、西安，这些城市已基本形成了网络化运营的基本格局；伴随轨道交通的持续建设，将有更多的城市迈入网络化运营时代。

服务人民群众出行是城市轨道交通发展的根本目标，运营是服务目标得以实现的真正终点。特别是在轨道交通网络化运营的背景下，必须加强规划建设与运营管理的衔接，以下几个方面的工作需要加强。

（1）着力提高轨道交通网络的换乘便捷性

首先，应优化线网结构，提高网络整体客流直达性。一方面，加强需求分析，提高线网沿客流主导方向的直达联系能力；另一方面，对于大城市和特大城市的外围轨道交通线路，应尽量进入城市中心区并采用多线多点换乘，避免在城区外围产生大规模的无效换乘客流。

其次，规划阶段应控制换乘线路之间的距离和时间。保障城市轨道交通线路与线路之间的换乘方便、快捷，不同线路站台之间乘客换乘的平均步行时间不宜大于 3min，困难条件下不宜大于 5min。同时，合理选择换乘站布局型式，有条件情况下可以采用同站台换乘等措施提高服务水平。

（2）探索应用多样化轨道运营组织模式

作为一种大容量公共交通方式，轨道交通系统很难做到根据各区段的个性化需求特征来分配运力。在网络化运营阶段，必须综合运用网络化运营组织技术来平衡轨道交通成网后引发的供需不均衡性，提高网络运营效率和效益。

网络化运营组织技术应用有赖于设施、信号、调度等多个方面的综合，而轨道交通硬件设施是基础条件。因此，规划阶段应充分研究轨道交通多样化运营组织模式的可能性，特别是对于轨道交通快线、外围郊区线等类型线路，应做好相关设施规划和控制预留工作。

（3）立足长远发展谋划设施配置水平

轨道交通设施配置直接影响运营服务水平，从各地实际运营情况，特别是北京、上海等一线城市情况来看，线路、站台能力等由于对城市发展预期不足，导致高峰时段明显的拥挤特征，服务品质很低。

面向高质量发展的要求，交通服务品质提升是一个重要方面。体现在规划设计阶段要具有一定的前瞻性，为后期发展预留空间和系统容量，避免因前瞻性不足对后期运营造成影响。

6 施工篇

6.1 概述

为了更好地把握新时期城市轨道交通建设行业的发展现状及未来的发展趋势，为行业的发展提供相关对策与参考建议，本报告的施工篇汇总了上海、深圳、西安等 9 座城市 2019 年期间城市轨道交通建设施工阶段调研问卷的基础数据，围绕创新、经济、安全、环保等特点，重点阐述城市轨道交通建设在技术创新、工程难点、安全生产、文明施工、风险管理、智慧工地等方面的相关进展，总结了轨道交通建设近一年来的成功做法和典型案例，并提出相应问题及相关建议，为国家城市轨道交通建设提质增效与未来发展提供重要参考和指引。

6.1.1 各城市轨道交通在施工方面取得的成绩与重大进步

1）上海地铁——管片错缝拼装

上海轨道交通 18 号线工程土建工程 5 标沈梅路站—工作井区间入场线，对新型连接件管片错缝拼装进行了研究，共分为 5 个阶段进行研究总结。

第一阶段在下盐路站—沈梅路站区间负环段首次进行试拼装。通过两环过渡环分别将反力架基准环与新型管片、原有钢负环与新型管片进行有效的连接。

第二阶段进行实地考察，针对第一阶段试拼装情况以及拼装过程中存在的问题，公司指派项目负责人、项目生产副经理、技术负责人、设备主管进行实地考察学习国外先进施工经验及拼装技术，用以指导下阶段科研课题的现场实施。

第三阶段在下盐路站—沈梅路站区间中间风井进行试拼装，上、下行线各试拼装 9 环，共计 18 环通用环管片。通过本阶段的试拼装，总结第一阶段出现的问题，并结合第二阶段考察学习成果，两者相互验证，及时发现新问题并提出应对措施。

第四阶段在下盐路站—沈梅路站区间上行线进行管片抗浮试验段掘进。本阶段通过二次双液注浆固结管片、调整同步浆液配合比以及增加水泥来提高浆液初凝时间、在隧道内进行堆载、采用板式结构将台车轨道与电瓶车轨道连接为整体等措施来控制管片上浮量。

第五阶段在沈梅路站—工作井区间入场线进行正式拼装应用。

错缝拼装和通缝拼装均采用螺栓连接，由于螺栓孔连接的拼装允差较大，为 6mm，成型隧道环纵缝张开量、管片错台、隧道收敛以及管片上浮量等数据均较大。而新型管片环向采用插销式连接、纵向插入式连接，管片拼装允差均较小，为 1.5mm，成型隧道环纵缝张开量、管片错台、隧道收敛以及管片上浮量均可得到有效控制。

新型管片错缝拼装工艺的应用，改变了国内传统的错缝拼装管片连接方式和管片的结构，具备与其不同的特点：管片的整体性得到提高，具有更强的刚度，在很大程度上提高了管片的耐久性和盾构隧道的防水性能；可大大减少盾构隧道的后期变形，提高了盾构施工质量，降低后期的维护成本；因管片自身结构形式以及拼装质量的提高，减少了手孔和嵌缝施工工序，降低了人工投入成本；同时，使地铁盾构隧道管片拼装施工多了一种选择，不仅可以大大减少隧道施工以及运营后的质量病害，也可满足自动化拼装需求，将对国内轨道交通盾构施工实现自动化起到积极的推动和指导作用。

2）深圳地铁

在深圳地铁集团领导下，深铁建设全力推进 16 条 284km 新线的同步建设，全年完成投资 321 亿元，在建里程与完成投资均创历史新高，完成全市基础设施投资（1400 亿元）的 23%。地铁 5、9 号线二期工程提前高质量开通，深圳地铁的运营里程达 304km，并提出全面推进平安、法治、科技、美丽地铁工作。

"平安地铁"——实现了安全管控系统化、制度化、常态化；推行能工巧匠培养及培训制度，建立产业学校和实训基地，开发安全培训体系；首次推行监理人员应知应会考试；推行盾构/TBM 司机准入管理制度和盾构机准入审查制度；加强工程分包管理，严格考核与履约评价管理，将参建单位合同履约情况作为新项目评定标的重要参考，有效改变和解决了施工单位"重投标、轻项目执行"的局面，推动施工单位压实管理责任，打造"平安地铁"。

"法治地铁"——为有效解决当前全国轨道交通建设领域普遍存在的规划审批滞后难题，深圳地铁推动《深圳市轨道交通项目管理规定》的审批（已进入立法程序）；为弥补轨道交通工程地价测算标准的空白，深圳地铁参与推动《深圳市地价测算规则》的颁布；为体现深圳先行示范区特色、提升设计品质，深圳地铁主导编制了《粤港澳大湾区核心城市地铁建设指标体系》，以多项制度助推"法治地铁"进程。

"科技地铁"——深圳地铁大力推广全寿命周期 BIM 的应用；推进信息化及智慧工地建设；"地铁工控云"预计 2020 年 6 月投入运营，为智慧调度、智慧服务、智慧运营完成了技术储备；无人驾驶技术、5G+AI 技术的应用等多项举措引领科技地铁先行。

"美丽地铁"——深圳地铁积极开展盾构渣土泥水分离试点工作，积极推广建筑废弃物综合利用技术，将黄木岗立交拆除过程中产生的约 4.62 万 t 的建筑废弃物全部实施综合利用，成为深圳市首个桥梁拆除废弃物综合利用示范项目。四期工程 2019 年已引导参建单位累计建成 39 套盾构渣土处理设施，实现盾构渣土资源化处理，为社会减少资源浪费。

四期工程施工全面实现"合法依规"建设，四期工程"两证一书"报建进度实现历史性的突破，项目选址意见书完成 100%，用地规划许可证完成 97%，工程规划许可完成 84%。

深圳地铁在 18 天完成 1.6km 的黄木岗立交的拆除和路面恢复，刷新了深圳建设的新速度；11 号线获得"鲁班奖"；7 号线和福田枢纽获得"詹天佑奖"；9 号线获得重大工程类科技进步奖；皇岗口岸站获得"十大最美地铁站"；85% 的在建工地获深圳市"双优工地"，7 个获"广东省安全生产与文明施工样板工地"。

深铁建设大力推进安全管理平台、智能工地、工程项目一体化平台及 BIM 技术应用等信息化建设工作，以"安全生产一张图"为建设目标，在施工过程中对安全、风险源、隐患、盾构机定位、监控测量、远程监控进行管理。以风险、隐患双重预防机制管理办法为依据，按照"全面管控、动态监控、提前预告、实时预警、及时响应、跟踪处理"的原则，通过业主及各建设单位的共同参与，实施全过程、动态安全风险管理及隐患排查治理；实现工程建设安全风险及隐患的规范化、标准化及信息化管理。最大限度地减少或规避深圳地铁工程建设中的安全隐患，减少隐患事故，树立轨道交通建设高效、富于社会责任感的公共形象。

2019 年是 5 号线南延线、9 号线西延线两条延长线开通运营的决胜年，交通运输部新印发了《城市轨道交通初期运营前安全评估管理暂行办法》（交运规 [2019]1 号）和《城市轨道交通初期运营前安全评估技术规范 第 1 部分 地铁和轻轨》（交办运 [2019]17 号），对运营前的各项工作提出了更严的前提条件和更高的验收标准。深圳地铁积极响应最新发布的文件要求，在做好全面统筹和协

图 6-1　智能钢筋打磨锯切套丝生产线图

调的基础上，主动协调、靠前沟通，就新法规、新标准的落地实施具体问题通过各种渠道沟通和协调，确保 12 项政府专项验收高效率、高质量完成。5 号线南延线成为国内首条严格按照新规定高水平开通的地铁线路，工程质量、基础资料获得了全国专家组的高度好评。

四期工程以盾构下井始发为年度核心工作，按照策划方案重点监控盾构始发站点的施工，特别是盾构双向双始发的重点车站施工情况，带动全线车站快速展开主体结构施工，到 2019 年 12 月底，四期工程已有 54 台盾构下井，36 台完成始发任务。

3）西安地铁

（1）智能钢筋打磨锯切套丝生产线

该产品原料存储架采用大吨位存储，并可与棒材自动上料机配合使用，实现上一个循环尚未结束即可进行下一步配料，以节省循环周期；全自动送料轨道，避免原料的二次搬运；钢筋的输送、翻转、传递等全部由机械完成，大幅度提高了施工效率；钢筋输送滚采用 V 型耐磨进行，达到了耐磨、减噪声、寿命长等特点；套丝、打磨主机头实现了自动卸料、送进等功效（图 6-1）。

（2）圆柱模应用（图 6-2、图 6-3）

木圆柱模的生产原料成本低于钢模成本，浇注时不必像钢模一样受到工期的限制，几百根甚至上千根混凝土圆柱都可以一次性浇注完成，缩短施工工期，由于木圆柱模能大批量一次性浇注的特性，木圆柱模可多次使用，重量轻，搬运简单，使用方便，操作性极强，操作工安全系数高，木圆柱模浇注后混凝土柱无需养护，木模板本身是混凝柱的一道天然保护衣，木圆柱模浇注成型后脱模简单，脱模后的圆柱体表面光滑细腻。木圆模强度高、防水、易加工，且长

图 6-2　圆柱模

图 6-3　实体效果

短任意，无接缝，不会造成漏浆、挂浆等问题，在表面上拉基准线或打钉均十分方便。

（3）地裂缝段全断面砂卵石层暗挖关键技术研究

西安地铁 6 号线二期工程穆将王站—纺六路站区间，参建单位为中铁二十四局集团有限公司与陕西建工集团总公司，该区间穿越西安地裂缝 f8、f8-1，设防长度约 270m，全断面砂卵石地层，采用矿山法施工，复合式衬砌，CRD 法开挖，紧邻三栋浅基础老旧建筑物。目前该区间正在进行暗挖施工，暗挖初支完成 83%，二衬完成 30%。

存在的主要问题有：①区间紧邻建筑物，对不均匀沉降要求高、风险大；②砂卵石地层易坍塌，自稳性差，尤其是对振动的影响非常敏感。

经调研和咨询有关专家，开展了以下研究工作。

第一，全断面砂卵石地层地裂缝暗挖段紧邻建构筑物沉降控制技术研究：①砂卵石地层现场大型直剪试验与关键力学性质研究；②砂卵石地层暗挖隧道沉降机理分析与预测；③浅基础建构筑物适应变形能力分析；④紧邻暗挖隧道浅基础建筑物沉降变形研究。

第二，全断面砂卵石地层地裂缝暗挖段小净距隧道施工风险控制技术研究：①单线地裂缝段暗挖隧道反演分析与稳定性研究；②小净距地裂缝暗挖段相互影响分析；③小净距地裂缝暗挖段施工分析技术研究。

第三，全断面砂卵石地层地裂缝段超前小导管施工技术研究：①砂卵石地层小导管设计参数优化试验研究；②砂卵石地层小导管成孔试验研究；③砂卵石地层小导管注浆技术研究。

4）成都地铁

一次性开通地铁 5 号线一二期工程、轨道交通 10 号线二期工程、有轨电车蓉 2 号线非首开段工程等 3 条轨道交通线路，一次性开通里程 102km，开通车站 63 座（5 号线 41 座，10 号线二期 10 座，有轨电车非首开段 12 座）。成功掌握 8.6m 大直径盾构施工关键技术，成都轨道交通 18 号线首次在成都地区采用 8.6m 大直径盾构，盾构机重量大，穿越地层复杂多变，施工难度大。从盾构机设计及选型、分块下井及分体始发、微动勘察、复合地层施工、泥岩地层施工等多个方面开展研究，形成了关键技术，获得了 2 项省部级科技进步奖（《砂卵石—泥岩复合地层地铁大直径盾构施工关键技术》成果达到国际先进水平，《地铁工程微动勘测技术研究与应用》成果达到国际领先水平），获得 6 项省部级工法、获得 8 项实用新型专利，正在申报 2 项省部级工法，申报 7 项实用新型专利、12 项发明专利。

5）宁波地铁——3 号线一期工程提前半年通车试运营

3 号线一期工程于 2014 年 12 月开工，于 2019 年 6 月 30 日通车，历时 4.5 年，较宁波轨道交通第一轮建设单个项目周期有较大提升，较原计划工期提前半年。作为宁波轨道交通第二轮规划的首开项目，3 号线一期工程的建设管理在第一轮建设经验的基础之上，进行了大量的优化、改进和提升。

（1）工程标段划分更注重专业化。在土建工程招标阶段，充分考虑以往建设实践中，车站与盾构工程专业差别较大，施工项目部团队配置与建设难度较大，无法较好适应现场管理需求的实际情况，将标段划分为若干车站标与盾构标的。在施工管理中获得了较好的效果，车站及盾构的施工管理水平明显提升。

（2）标准化施工管理作为一项重要工作，在 3 号线一期工程建设管理中持续推进。尤其在土建主体工程施工阶段取得了较好的效果，对全线的安全文明施工管理水平也起到了极大的促进作用。即使在后续附属工程及机电装修施工阶段因为客观条件限制出现了一定的下滑，但仍然为后续项目进一步完善标准化管理办法、提升管理水平积累了经验。

（3）提前布局谋划，加强统筹协调，确保轨道交通与周边市政配套工程同步开通运营，提高了运营服务水平。3号线一期工程沿宁波城市中心城区的中兴路、天童南路两条主干道敷设。沿途在宁波市体育馆、万达广场、鄞州区政府、南部商务区、鄞州客运总站等重要建筑、商圈及交通枢纽布设站点。施工期间对道路、公园绿化、广场等设施占用较多，开通运营前市政工程恢复提升工作量较大，涉及外部主体单位、部门较多。为确保项目开通运营的服务质量，提前布局谋划，与相关部门对接商谈恢复提升及组织实施方案、时间节点等。轨道施工后期，更是协同外部单位，共同推进，平行作战，努力实现"同步开通运营"的总体目标。2019年6月30日开通试运营时，施工期间占用的中兴路全幅开通，天童南路解除封道，取得了较好的社会反响。

6）南宁地铁

南宁是绿城也是水城，邕江水系支流众多，3号线中段主要沿长湖路及延长线敷设，下穿柳南、南广铁路以及南湖连通渠，工程地质和水文地质条件复杂。而楼宇林立的繁华城区更是集中在3号线沿途的长湖路、金湖北路、金湖南路等城市主干道两侧，工程实施难度大，风险高，环境保护要求高，征地拆迁、管线迁改、交通疏解困难。3号线是南宁轨道交通线网实施难度较大的一条线路。

（1）技术攻关

① 3号线长堽路站—东葛路站区间隧道下穿柳南、南广高速铁路，隧道埋深约9.5m，穿越地层为粉细砂层，渗透系数为7m/d。这是本区间的重大风险源，也是3号线工程建设中的控制性节点工程和最大风险之一。

南宁轨道交通集团从初步设计阶段就高度重视对该建（构）筑物的保护。柳南、南广铁路采用"D型便梁＋洞内注浆"的加固方案，通过各级专家审查会及铁路局内部审查。盾构选型方面，引入了双螺旋土压平衡盾构机，有效解决了土压平衡盾构机沉降控制困难、掌子面易坍塌的难题；优化刀具布置，采用耐磨刀具、重型滚刀、加厚刀盘，有效解决了盾构机换刀困难的难题。这为3号线的顺利开通提供了安全和工期保障。

② 3号线东葛路站——滨湖路站区间隧道下穿南湖连通渠，隧道埋深约18.1m，穿越地层为软塑状粉质黏土，地基承载力为90kPa，标贯为4～6击。南湖连通渠渠底埋深为8.3m，两侧护壁桩采用 ϕ1.5m@3.0m，桩长约24m，护壁桩侵入盾构区间隧道，需提前破除护壁桩，并对南湖连通渠支护进行加固处理。这是本区间的重大风险源，也是3号线工程建设中的最大风险之一。

南宁轨道交通集团从初步设计阶段就高度重视该情况。施工图阶段南湖连通渠采用"$\phi 1.2m$ 双排桩"的加固方案，现场施做双排桩过程中，双排桩区域存在较大暗渠，给施工造成极大困难，后将加固方案变更为重力式挡土墙（$\phi 0.6m@0.45m \times 0.45m$ 旋喷桩咬合加固），并通过专家审查。盾构选型方面，采用泥水平衡盾构机，有效解决了盾构机沉降控制困难的难题。本区间始发段存在软土地基，盾构始发前，提前采用旋喷桩地面加固处理，保证盾构机始发掘进过程中盾构姿态得到有效控制，为3号线的顺利开通提供了安全和工期保障。

③青秀山站—市博物馆站区间隧道下穿邕江

青秀山站—市博物馆站区间隧道下穿邕江，再从青秀山一侧穿越，区间隧道最小覆土约8.8m，最大覆土达62m。区间隧道需穿越富水圆砾层，以及成岩程度不一的泥岩层、粉砂岩、炭质泥岩层、钙质泥岩层，地质条件复杂。邕江水与地下水有一定水力联系，且青秀山范围地下水水位高，盾构下穿邕江及侧下穿青秀山时，将面临高水压作用。地下盾构掘进采用了泥水平衡盾构机，有效保障盾构掘进安全。青市区间长度达1990m，盾构掘进过程中多次进行换刀作业，根据地层分布选择合理换刀位置，采用带压及常压换刀技术，确保盾构正常掘进。

④庆歌路站——五象湖站区间下穿良庆河，垂直距离4.591～6.443m。这是本区间的重大风险源。

南宁轨道交通集团从初步设计阶段就高度重视该情况。针对区间下穿良庆河，采用抗浮压重板的保护方案。通过各级专家审查。盾构方面，优化刀具布置，采用耐磨刀具、重型滚刀、加厚刀盘，有效解决了盾构机换刀困难的难题。为3号线的顺利开通提供了安全和工期保障。

（2）偏压深大基坑施工

①金湖广场站位于南宁市中心，与1号线采用通道换乘，东侧建筑物超载，西侧地下室卸载，为典型的偏压深基坑，是3号线重要控制性工程。为此，南宁市成立了"轨道交通3号线区间盾构下穿屯里村、大鸡村及金湖广场站深基坑工程等重大风险源预防协调工作领导小组"。

为解决这两座车站施工场地狭窄、建（构）筑物保护困难、基坑涌水涌沙风险、深大基坑工序交叉等技术和管理难题，南宁轨道交通集团组织各方深入研究施工方案和技术措施，合理组织施工、建立有效的沟通机制、组建应急抢险及专业注浆队伍，确保质量并按期完成了工程建设任务。

②平乐大道站为3号线和2号线的换乘站。3号线标准段为地下二层双柱三跨矩形框架结构，车站覆土2.1～4.4m，采用明挖法施工，主体围护结构为"钻孔灌注桩＋内支撑支护"体系。车站地面高差6.7m，车站地下一层顶

板抬高一次,并在大里程端设置夹层。2号线标准段为地下四层双柱三跨矩形框架结构,车站覆土2.3~4.4m,采用明挖法施工,主体围护结构为"钻孔灌注桩+内支撑支护"体系。车站采用基坑外降水的方式进行地下水处理。3号线车站车站总长443.4m,标准段宽22.9m,标准段深约15.6~21.8m。2号线平乐大道站顶板为良玉大道横跨平乐大道提供条件,同时为平乐大道下穿平良立交提供条件。

为解决车站施工场地狭窄、深大基坑工序交叉等技术和管理难题,南宁轨道交通集团组织各方深入研究施工方案和技术措施,合理组织施工、建立有效的沟通机制、组建应急抢险及专业注浆队伍,确保质量并按期完成了工程建设任务。

(3)南宁最深的车站——青秀山站

青秀山站是一座明暗挖结合分离岛式站台车站。它具有以下几个方面的特点:①车站周边环境复杂,站位横跨凤岭南路,下穿英华立交桥,在凤岭南路北侧的金汇如意坊广场设置明挖活塞风井,南侧青秀山公园内设置地下4层明挖站厅;②车站结构型式新颖,站台层采用矿山法施工,明挖站厅通过从底板斜向下的扶梯斜通道与站台层横通道中部相通,两条扶梯斜信道夹在平行站台层隧道中间,站台层隧道断面达25个,存在大量横信道、斜信道及竖井;③轨面埋深约为60m,是南宁地区最深的地铁车站,它的消防要求高,明挖基坑深度极深,自身风险大;④车站站台层隧道处于第三纪古近系地层,成岩程度低,遇水易软化,渗透性强,隧道开挖非常困难。因此,青秀山站给设计和施工带来了巨大的困难,参建单位紧密配合,采用现场试验与数值模拟的方式对车站进行信息化设计,多次召开专家评审会,同时引用国内外先进设备,强化施工现场的高度管理,设计与施工高度结合,成功地保证了车站又快又好地实施。

7)厦门地铁

(1)下穿危险建、构筑物

2号线沿线"穿山穿铁路穿石油管道,过湖过海沿主干道敷设",施工难度"高""险""难""紧"。横穿突水突泥风险的蔡尖尾山、厦深高铁、鹰厦铁路和石油管道,下穿破裂带分化槽、白海豚西海域、马銮湾湾区、海沧湖、筼筜湖、五缘湾湾区等涉水区域,敷设于滨北市政府主干道,穿过涉及大量房屋征拆的五缘湾高林、钟宅段。

(2)克服地质复杂、断裂带

2号线过海区间地质异常复杂,穿越两大地质断裂带、多条异常破碎带、上软下硬砂层等地质复杂地带，带压进仓超 3000 次，人工打捞孤石超 1000m³，国内罕见。施工人员深耕科技创新、悉心探索，不仅构建了行之有效的轨道交通工程管理模式，更在风险控制领域创造了量与质的升华：铺轨工程推出"轨行区视频信息可视化管理系统"平台，大幅提升了铺轨施工中对轨行区车辆、人员进出轨行区的有效安全管理效率与质量。

6.1.2 各城市轨道交通建设的难点、对策措施和案例

1）上海地铁——国权路站大体量冻结施工

上海轨道交通 18 号线穿越 10 号线国权路站段隧道采用冻结法加固后矿山暗挖法开挖，初期支护完成后，盾构推进穿越，拼装管片作为永久结构。下行线隧道与车站方向竖直相交，上行线与车站方向斜交，上下行隧道管片顶部距离车站底板仅 2.209m。

该工程重点及难点：①上部运营车站，环境影响控制要求高（累计变化量小于 ±5mm）；②开挖断面大，跨度长；③冻结开挖工期长，冻胀控制难度大；④车站底部障碍物较多，钻孔及开挖难度大。

隧道施工严格按设计要求保质保量，安全地完成施工任务，同时将冻结加固和开挖构筑引起的不利环境效应控制质量验收规范允许的范围内。

根据土层资料与类似工程施工经验，本工程采用冻结法加固施工方案。用冻结法加固地层的突出优点是：冻结壁均匀性好且与车站地连墙结合严密，加固与封水效果良好，施工安全可靠。为了控制土层冻融引起的地层变形，需要在冻结加固区融化过程中进行跟踪注浆，跟踪注浆以控制车站的沉降变形值为控制指标，在整个施工过程中须加强变形及冻结系统参数的监测。

为最大限度地保证施工安全，以上下行线在车站正下方部分不同时开挖为重要控制原则，下行线先施工，上行线遵循控制原则紧跟施工。开挖过程中对相应区域的加强孔做割除处理。因冻土强度高，韧性好，普通手镐无法施工，需采用风镐掘进。在掘进施工中根据揭露土体的加固效果及施工监测信息，及时调整开挖步距和支护强度，确保安全施工。冻结暗挖隧道一次支护采用复合型支护，采用"格栅钢架 + 连接钢筋 +Φ6 钢筋网 +C25 早强混凝土层支护"。按照设计要求，根据隧道开挖情况，对一次支护采取初喷，喷射 C25 早强混凝土，及时进行封闭，考虑作业空间的影响，采用干喷法施工。为保证施工安全，盾构顺利穿越，在初期支护完成、端部冻结管实施免拔管替换、内部临时支撑拆除后，对整个初支净空区域进行泡沫混凝土充填，充填后盾构切削泡沫混凝土前进。

2）深圳地铁

2019 年，深圳地铁峰值期间有 284km 线路在建，其中三期工程八条线路约 115km 陆续在 2019 年和 2020 年开通初期运营；四期新线 5 条线路约 150km 推动各线主体工程全面开工；另外有约 10km 的新开工建设任务。约 400 个工点，涉及线路多，不同区域地质情况差异大，安全风险大、对全面统筹及管理要求高，管理难度大。地铁工程作为线性工程，涉铁、涉河、涉高度、涉管线等受外部单位的制约因素多，协调工作量极大，加之部分站点因征拆等原因工程严重滞后，而施工单位自身管理及技术力量摊平、施工单位经营困难、资金不足问题凸显，安全生产形势严峻、建设程序应全面合法依规等多种外部影响因素，三期二阶段工程洞通节点普遍滞后，轨道、系统安装及设备调试周期紧张，项目中后期管理协调工作量大、接口管理难度大。

深圳地铁在站后工程伊始阶段，结合全线各站点土建不同进展，对站后施工组织与管理工作进行总体统筹，依据土建工程不同进展，对站后工程安装装修工程组织分批次进场，加强分包管理，对装饰装修材料，特别是甲供及甲控乙购关键材料的供货计划进行重点跟踪，对滞后站点特别是关键站点及区间的完成情况进行跟踪，并适时调整施工组织，增加人、材、机等资源投入，通过重点跟踪、提前预判、有力执行保证各关键节点安全、如期兑现。通过定期组织协调会、调度会、专题会等形式，对施工过程中遇到的重、难点问题进行分析分析。2 号线三期实现莲塘站站后折返线大断面顺利贯通，8 号线深圳地铁首座暗挖车站顺利完成，10 号线附属工程基本完工，益田停车场接车，凉帽山车辆基地 400V 电通，10 号线首段热滑，5、9、2/8 号线信号系统全面成功升级，6 号线高架车站全面采用光伏发电，长圳车辆段建成国内首个"海绵车辆段"等重难点工程和重要节点完成，为工程顺利推进、全面完成各项建设投资及责任目标奠定了坚实基础。

四期工程 5 条线路于 2018 年 1 月开工，在完成设计出图、规划批复、房屋拆迁及管线改迁、交通疏解等前期准备工作后，2019 年主体工程全面铺开，到年底，已有 47% 的车站完成围护结构，17% 的车站完成土石方开挖，9% 的车站完成主体结构封顶，区间隧道完成 3%。四期工程以"保盾构始发"为核心工作，围绕盾构下井安排并跟踪相关前置条件、盾构设备等按期进场，确保关键工序进度可控、安全受控。

地铁工程各线共性的难点及应对措施主要有以下几点。

（1）穿越众多建（构）筑物，风险大

应对措施：

①在锚索影响区，通过综合应用加固区及锚索切除措施，确保施工安全。

②做好盾构机选型，具有针对性配套设施及应对能力，在风险源50m前确认设备的完好性。

③在盾构通过时，注意控制盾构掘进参数及注浆参数，及时盾尾注浆，适时二次注浆，控制地层变形对周边建构筑物的影响。

④在施工前对沿线盾构施工影响范围内的建（构）筑物进行全面调查，收集相关资料。针对需要重点保护建（构）筑物，提前做出预案，并准备相应材料设备。

⑤正线隧道下穿既有隧道时实施信息化施工，对既有隧道采用自动化监测。

（2）征地拆迁面积大、难度大

应对措施：

①主动靠前，积极配合业主进行拆迁工作，协助对现场需拆迁的构筑物的调查，建筑物拆迁方案建议以及机械、劳动力上的协助，以加快征地拆迁进度。

②优化施工方案，土建工程见缝插针进行施工。

③加强与业主、轨道办沟通，利用好协调平台。

④成立高层级的征拆工作小组，跟进、确保征拆计划落实。

（3）防坍塌控制难度大

应对措施：

①做好补充地质勘探，在地层起伏交界处进行钻孔，查清上软下硬地层的位置和长度。采用物探方法初测球状风化体的分布、发育情况。

②对风化球、上软下硬地层，尽量提前处理，采用钻孔、冲孔的方式对下层较硬地层进行破碎或者对上层较软地层进行加固，减小软硬差异，降低施工难度。

③加强刀具配置，应选用破岩能力强的刀具。

④严格统计出土量等情况，准确判断盾构掘进状态是否正常，及时盾尾回填注浆，控制沉降、防止坍塌。

（4）控制性管线、建（构）筑物多

应对措施：

①详细调查管线埋置地层以及管线现状，制定针对性强的方案并严格落实。

②在盾构通过时，注意控制盾构掘进参数及注浆参数，控制地层变形。

③进一步加强与产权单位沟通，提前完善下穿手续。

④做好监测工作，信息化指导施工。

⑤做好应急预案和准备。

（5）接口管理多

应对措施：

①成立项目经理为组长的接口管理领导小组，全面负责、总体协调。

②制定接口管理计划，编制详细接口文件，建立接口联络会议协商制度。

③施工过程中，有专人负责接口协调和落实工作，确保业主及监理工程师指令的及时实施。

④配合征地拆迁部门做好结构物的结构形式、面积、权属的调查，全过程配合建构筑物的拆除；做好管线的调查核实、管线保护和监测措施，管线改迁和拆除措施；施工前进一步调查施工区段的交通状况，会同有关交通部门制定详细的交通疏解方案。施工中积极配合交通部门做好施工期间的交通疏解工作，同时派专人在施工场地负责疏导交通，确保方案的实现，最大限度地减少施工对交通的干扰。

⑤加强与地铁集团、监理、园林单位、当地政府、甲供方等外部单位的沟通，积极配合各项工作。

⑥做好内部接口管理筹划，制定相关的管理计划，建立健全组织机构、落实接口责任，保证内部接口顺利实施。

⑦设备安装单位可以提前进场与土建单位核对图纸、土建预留预埋位置、尺寸等，紧密接口，防止发生土建返工现象，有利于确保总工期实现。

⑧组织做好轨行区移交及关键设备房，加强与轨道单位及系统机电单位沟通，建立联系沟通机制，确保各项工作有序推进。

重难点工程举例如下。

（1）6号线支线

①中武区间左线与公常路下穿隧道近距离盾构平行掘进施工。通过加大监测频率，形成施工联动机制，并定期技术专家咨询。

②新中区间下穿广深高铁，规避高铁行进时间穿越，初步定于凌晨间快速推进，前期加大地质条件勘探，并对上部土体进行注浆预加固。

（2）6号线二期

①银八区间暗挖隧道在复杂环境下侧穿既有运营地铁9号线即下穿四季青老旧房屋。施工单位在近距离既有线旁进行全断面注浆及开挖支护施工时采用自动化监测、分段注浆等手段保证注浆效果，确保隧道开挖及既有建构筑物安全。

②银八区间区间盾构在上软下硬地层中近接下穿既有运营地铁7号线，左线盾构隧道复杂地面环境、紧邻高架桥、复杂地下管线、大埋深、上软下硬地层（岩石强度高达120MPa）、近接下穿既有运营地铁7号线（最小净距1.83m）等条件下穿密集高强孤石群（孤石强度高达120MPa），被国内权威专家定义为国内

首例、世界性难题。

③通科区间强全风化岩层中下穿地铁1、2号线,与2号线盾构区间隧道最小近距为1.58m,与1号线盾构隧道最小近距为1.738m。施工单位结合目前国内下穿既有线施工技术,采用现场调研测试、信息化探测、数据分析等方法,通过试验段对沉降数值模拟分析,得出最优盾构施工参数,最终既有线累计最大沉降4.8mm,保证既有线运营安全。

（3）14号线

深圳地铁14号线起自福田中心区岗厦北枢纽,经罗湖区、龙岗区,止于坪山区沙田站,预留延伸至惠州的条件。线路全长50.34km,设站17座,敷设方式为全地下敷设;车辆编组为A型车8辆编组;车辆基地按1段1场布置;主变电所共4座,新建2座、利用既有1座、预留1座;控制中心一处;车辆最高设计运行速度为120km/h,采用自动化无人驾驶模式。

重难点1:盾构区间线路长,沿线环境及地质复杂,施工风险高

①重难点分析

一是不良地质多,施工风险高。深圳地铁14号线沿线地质条件复杂,灰岩溶洞、花岗硬岩层、砂层、上软下硬、软硬不均、基岩凸起及孤石等不良地层较多,盾构掘进困难。

②应对措施

加强不良地质地段地质补勘,对具备调坡调线的区间,继续探明不良地质的范围和走向,绘制断面图,提请设计考虑调坡调线,尽量绕开或减少不良地质的长度和范围,优化平纵断面图,从设计源头上规避不良地质风险;对于存在不良地质、线路调坡调线困难的区间,在地面条件允许的情况下采用地表预处理方法,在地面条件极其困难的情况下,根据地质详勘资料,提前筹划做好通过困难地层的盾构专项施工方案,严格落实各项盾构参数保证盾构顺利通过。

重难点2:地表环境复杂,和谐施工管理要求高

①重难点分析

14号线多次穿越既有运营地铁线路及铁路线路、重要市政道路、河道及管网,施工环境非常敏感。沿线区间下穿既有地铁线9处、铁路5处（广深线1处、平盐铁路1处、厦深铁路3处）、高速公路6处、河流2市6处、下穿或近距离侧穿立交桥25座、人行天桥15座、桩基托换及截桩4处、临近或下穿重要管线及箱涵有高压铁塔6处、供水隧道2处、次高压以上燃气管线9处、LNG管线2处、成品油管线2处。

②应对措施

应通过查询工程档案资料、现场探测测量,确定影响范围建（构）筑物水文地质、主体结构形式及相关建构筑物结构的相对位置，制定出切实可行的施工方案。在涉及既有线施工前与各运营管理单位签订安全协议，在施工期间提前与有关单位联系，并做好安全保护措施，建立双方紧急联系方式，保证通信畅通。严格执行行业关于营运线施工的安全管理规定。与各线路管理方做好充分交流及交底，保证既有线保护措施得当。提前改移既有站对接施工影响区域内的照明、管线、指示等运营设施；设置隔离，换乘区采取封闭施工，安排安全人员值班维护。尽量安排在既有线路夜间停运期间施工，减少对既有运营的地铁线的运营干扰。针对既有高架桥及车站建立完善的自动化监测系统，埋设沉降观测点，进行系统、全面的跟踪测量，实行信息化施工。将施工监测纳入工序流程，建立可视化监测信息系统，根据监测数据对风险点实施信息化动态管控。根据监测结果及时调整施工参数，保证隧道及车站结构安全及运营安全。

重难点 3：涉铁工程安全防护要求高

①重难点分析

14 号线 4 个区间穿越既有运营铁路，四联—坳背及 21 号线区间上下重叠穿越厦深铁路横岗特大桥，大运站—宝荷站区间下穿厦深铁路南约特大桥，朱洋坑站—坑梓站区间下穿厦深铁路丹梓特大桥；14 号线布吉站、石芽岭站、坳背站等工点施工距离既有运营铁路较近，涉铁施工报批手续复杂，施工要求高。

②应对措施

盾构穿越铁路前，搜集相关设计及竣工资料，积极做好沟通，确定合理的沉降控制标准，制定科学合理的盾构掘进参数，编制可行的施工方案并论证；盾构试验段掘进提前获取初始值，指导穿越铁路施工，盾构穿越期间做好施工控制措施；盾构推进过程中，严格控制和调整盾构机的各参数，及时进行壁后注浆，洞内管片背后二次注浆；盾构施工期间根据专项监测方案加强对桥梁桩基、路基沉降及轨道几何尺寸变形的监测，做好应急预案。

重难点 4：岩溶地质发育分布广，岩溶发育区对车站基坑、盾构区间隧道安全稳定性及工期影响大

①重难点分析

龙岗中心城地区是岩溶发育区域，根据初勘钻孔揭露情况，14 号线总体岩溶遇洞率为 28.1%，洞高最大为 5.5m，溶洞埋深在 15 ~ 30m 范围，主要分布于四联—宝龙段、朱洋坑—沙田段，长约 5.5km，下伏可溶岩，发育溶洞、土洞及溶蚀裂隙，岩溶发育等级为弱至强发育。

②应对措施

岩溶中—强发育区的盾构区间设计，应主要针对盾构在穿越溶（土）洞期间出现栽头的风险、盾构在穿越溶（土）洞期间破坏原有平衡体系导致地面沉降过大或塌陷的风险、岩溶水突涌的风险、运营期间不均匀沉降的风险。岩溶发育区车站施工安全风险大，围护结构及立柱桩施工可能诱发岩溶区地面塌陷，围护结构及立柱桩底可能下沉，可能引发基坑开挖的纵、横向失稳，可能出现基底冒顶或塌陷、片帮，底板下沉或脱空的风险。地铁车站及区间施工可能引起溶洞周边地层的岩溶水剧烈变化将岩溶水排干并带走充填物，地层应力重分布造成地表开裂下沉、围护结构失稳。

且深圳地铁溶洞处理无可借鉴的成熟经验，溶洞以预处理为主，主要采用压注砂浆或充填法、旋喷、注水泥浆等方法先处理后施工，规避岩溶风险。

重难点5：超宽超长车站多，周边环境复杂，施工技术难度大

①重难点分析

14号线四联站、宝荷站、朱洋坑站等车站长度大于700m，属于超长车站；清水河站属超宽车站，为地下3层（局部两层）双岛式站台车站，标准段基坑宽60.55m，属于超宽车站。大部分车站围护结构采用钻孔咬合桩，车站范围内普遍分布杂填土且厚度较大，杂填土成分复杂，土质不均，主要成分为黏性土、沙砾、碎石，属较不稳定土体，局部为块石和生活垃圾、建筑垃圾，容易导致围护结构施工成孔困难，导致偏孔、孔壁坍塌，严重影响围护结构成孔效率及质量。

②应对措施

施工前进行补勘、物探等工作，进一步探明不良地质的性质、特征和范围。根据本项目详勘资料揭示的地质情况，对受不良地质影响的四联—宝龙段、朱洋坑—沙田重点地段，采用陆地声呐、地质雷达、超前地质钻探等物探方法，详尽探明不良地质的分布，为工程施工提供准确、详实的基础资料。对较浅的填石、混凝土、生活垃圾先采用挖除换填，再进行旋喷桩地层加固，对较深的填石采取配钛合金钻头的旋挖钻机进行破碎处理，采用稳定性好、精度高的液压抓斗施工，保证围护结构的施工质量。

在砂层、淤泥质软土层等软弱地层基坑围护结构施工前首先对区域范围进行搅拌桩加固；围护结构施工中要控制泥浆质量，保证槽（桩）壁稳定及成槽（桩）质量。基坑施工过程加强现场巡视，围护结构渗漏点及时进行注浆止水，部分薄弱部位对背后软土层进行注浆加固处理；减少基坑周边堆载，加强监控量测，密切关注基坑变形及支撑受力状态，及时采取针对性补强措施。

清水河站两端区间主要采用盾构法施工，两端均为盾构始发井，且车站周边受房屋征拆滞后影响，车站施工周期较短，超宽车站主体工程、土方工程工程量大，对施工组织要求高。一方面加强与政府相关部门沟通，全力推进清水河站征地拆迁工作，尽早提供施工作业场地，提前进行施工；另一方面做好施工策划安排，加大资源投入，做好抢工预案，具备工作场面即投入资源，全力确保两端盾构始发节点时间。

重难点 6：部分站点施工环境复杂，安全施工风险高

①坳背站重难点分析

坳背站为地下 2 层结构，14 号线与 21 号线换乘站，车站长 500.2m，标准段宽 45.8m，车站邻近厦深铁路，南端厦深铁路距车站 55～70m，基岩面起伏大，车站南部基坑底西侧埋藏深厚砂层、软土，砂层埋藏深度 14～101m，软土埋藏深度 4～53m，下藏粉质黏土和砂层，岩面深度 43～123m；车站南部基坑东侧岩面凸起，岩面深度 5～28m，车站基岩凸起段岩溶强发育。周边建构筑物密集，风险点多，施工环境干扰，车站周边厂房及民宅距车站主体围护结构 1.7～18.4m。

②针对坳背站施工难点的应对措施

查阅相关资料、严格按照设计要求，依据现场翔实的地质基础资料针对性地编制溶洞处理专项施工方案，邀请国内知名岩土专家进行咨询评审并严格按照最终方案实施。对岩溶发育区溶洞分布情况建立 BIM 模型，采用先进的立体影像技术对岩溶处理及车站区间安全施工进行动态更新管理。把溶洞处理纳入关键线路进行管理，依据现场施工作业条件，配置足够的资源，分多点、多面进行施工，降低工期风险。涉铁爆破施工严格遵守设计方案理念及既定施工组织设计，确保既有线运营安全。

③布吉站施工重难点分析

布吉站为地下 3 层站，距离龙岗大道高架桥桥桩 0.9～1.6m。布吉站主体围护结构外边缘距离运营三号线高架桥承台最近约 0.3m，本站围护桩需在龙岗大道高架桥、3 号线高架桥桥底 9～11m 净空下施工，施工净高有限，需选择适合低净空施工的设备；车站两端基岩面较高，岩石强度大，咬合桩成桩困难，需选择适合高强度硬岩施工的钻机设备，且车站基岩面较高，基坑开挖时需要爆破施工，可能引起高架桥沉降，对地铁运营及广深铁路造成影响；本站紧邻龙岗大道高架桥、地铁 5 号线布百区间隧道、地铁 3 号线高架桥，基坑围护结构施作、基坑开挖、硬岩爆破期间需加强对既有结构的监测及保护；本站 3 个暗挖通道围岩较差，距离既有桥桩、设备夹层结构较近，对桩基、设备夹层变形影响较大，施工期间需加强对既有结构的监测及保护。

④针对布吉站施工难点的应对措施

第一，本站周边风险源较多，施工前应与各权属单位协调、沟通，经得同意后方可进场施工，且施工期间做好安全保护及相关应急预案。施工期间需首先重点解决布吉河箱涵加固问题，为交通疏解提供空间位置条件。第二，需解决临近既有 3 号线布吉站及草布区间、龙岗高架桥的施工安全防护问题，需采用低于高架桥面的机械设备进行施工，重点解决围护桩基础施工及大型吊车限高施工问题。由于布吉站围护结构施工距离既有高架桥梁距离过近，还需解决施工期间机械设备碰撞高架桥梁问题。第三，需解决施工期间扰民问题，由于布吉站周边建筑物密集，且距离较近，布吉站为地铁三号线、五号线换乘站且与深圳东站换乘，施工期间噪声污染对周边市民影响较大，需通过调整施工时间与时序、采用先进的膈应措施等解决施工期间噪声大的问题。第四，需解决布吉站周边交通流量大，市民出行通道问题。龙岗大道为城市主干道，公交线路多，周边地铁站、深圳东站的影响客流量大，周边居民区密集出行量大，因此需要在施工期间对交通疏解进行合理的设计与施工，事前做好充分的交通疏解宣传与交通导向标识安装，事中安排现场交通疏解人员，充分得到市民的理解，并在道路予以做好人行、车行的通行组织。第五，需解决地铁高架与市政高架桥梁的沉降问题。通过先进的全套桶全回旋钻机控制基础施工对周边桥梁与市政道路的沉降，并通过自动化监控量测手段及时预警，并采取有效措施控制沉降。第六，解决临近市政东站铁路保护区范围内的基坑基岩爆破问题。由于布吉站基坑内围岩需采取爆破施工，在大铁保护区范畴，因此施工期间需提前办理涉铁爆破手续，同时在爆破设计上充分考虑周边环境，通过采用数码雷管控制爆破，合理安排起爆时间，以减少对周边环境的影响。

重难点 7：施工高峰期土方运、弃难度大

①重难点分析

14 号线全共计 17 个车站，其中车站土方共计约 440 万 m^3，区间土方共计约 350 万 m^3，场段土方共计约 140 万 m^3，土方合计 930 万 m^3。轨道交通四期工程 5 条线路将于短期内先后开工，施工高峰期将会集中产生大量土方运、弃，受土石方外运社会单位资源的影响、深圳地区 4 ~ 10 月特殊的雨季影响、余泥渣土受纳场不足及城市成熟区交通拥堵影响，土方弃、运将成为制约工程进度的重点因素。

②应对措施

一是进行工点土方挖填平衡，停车场、车辆段等有条件的工点在场地内完成倒运；二是推动全线土方挖填平衡，出土工点将满足要求的土方运送至需回填土方的工点；三是渣土减量化资源化，采用渣土压滤筛分设备，降低渣土含水率，将筛分出来的砂石用到工程建设中去；四是增加存、弃土点，在工点场地、租用场地开辟临时存土点，同时积极与当地住房城乡建设局、交通委等相关政府部门沟通协调，开放弃土点、码头等。

3）西安地铁

（1）盾构下穿运营线路

西安地铁 5 号线南稍门站—文艺路站盾构区间，参建单位为中国中铁航空港建设集团有限公司，该区间需下穿运营中的地铁 2 号线，新建盾构隧道拱顶至既有 2 号线隧底净距仅 2.52m，下穿后盾构机立即在南稍门站接收，下穿过程中要确保 2 号线正常营运，如此近距离下穿及下穿后接收，从施工难度和安全风险管控角度来说在西安市城市轨道交通建设史上尚属首例。目前该区间已经贯通。

西安地铁 2 号线距今已安全运营了 8 年，平均每 3min 就有一趟列车驶过，是西安市民出行的交通大动脉，在全国范围内都是一条客流量和客流量密度极高的线路。如施工不当，会导致 2 号线隧道沉降，影响行车安全。此次新建盾构隧道面临着极大的安全风险、超高的技术要求、严苛的施工环境，被列为西安地铁 I 级风险源，为确保盾构机安全顺利下穿，且满足运营线路的沉降要求，西安地铁组织参建单位制定多项措施：一是邀请全国专家对盾构下穿 2 号线专项施工方案进行论证审查，确保方案能正确指导现场施工；二是在地质水文等条件与下穿相似的部位设置试验模板掘进段，通过试验模拟不断优化调整盾构机掘进参数，确保下穿前各项施工参数达到最优；三是下穿施工前在 2 号线轨道上采取加强措施，确保行车稳定；四是采取自动化监测技术在下穿期间对 2 号线隧道实施全过程动态监测同时与项目各参建单位建立互动联络机制，及时反馈施工动态信息，确保运营线路 100% 安全；五是实行 24 小时领导带班值班制度，设备维护和应急小组随时待命。

（2）"辛—体"区间盾构下穿灞河

西安地铁 14 号线辛王路—体育中心站区间，参建单位为中国建筑股份有限公司，该区间下穿灞河段采用盾构法施工，区间盾构由辛王路站大里程端始发，经灞河西岸下穿灞河河床及河漫滩，最终于体育中心站小里程端接收。其中下穿段长 660m 左右，左右线间距 6.0 ~ 11.2m，隧顶覆土深度 16.2 ~ 18.8m，竖曲线半径 5000m，下穿段呈 5.191‰ 单向上坡。目前该区间正在盾构施工，已完成 50%。

①施工难点

区间下穿灞河段河床底部距离盾构隧道顶部最小距离约 16.2m，地层为粉砂和中砂，在富水砂层中盾构掘进时易引起喷涌、冒浆、涌水涌砂等风险。

②施工措施

第一，成立下穿灞河专家组，严格实行领导带班制度，专人负责灞河环境巡查，确保下穿灞河的安全。

第二，下穿灞河前设置试验段，分析总结试验段参数为下穿河床提供技术支撑。

第三，加强人员、设备、材料物资等资源组织，确保施工均衡、连续。

第四，制定专项应急预案，组织专项应急演练，加强应急物资、人员设备配置，确保应急处置得当。

（3）"辛—体"区间冻结法联络通道施工

西安地铁14号线辛王路—体育中心站区间，参建单位为中国建筑股份有限公司，该区间3号联络通道及泵房、4号联络通道采用冻结法施工，3号联络通道兼泵房位于灞河西路绿化带下方，埋深约30.39m，4号联络通道位于灞河东岸观光步道下方，埋深约27.30m。联络通道洞身地层为3-7-3中砂、3-6-1-3粉砂和3-4-2粉质黏土，地层自稳性差，与灞河水力联系较大。目前该区间3号、4号联络通道冷冻孔钻孔施工完成，正在进行冷冻管路调试。

①施工难点

第一，联络通道处于富水中砂层和粉质黏土复合地层，冻结钻孔容易发生偏斜。

第二，联络通道冻结孔施工和开挖过程中，容易发生涌水涌砂现象。

第三，联络通道冻结与盾构掘进和铺轨均有交叉施工，冻结管路受损坏，影响冻结壁发展。

②施工措施

第一，严格控制定位孔施工精度，优化钻孔参数，采用"低扭矩、慢速度"钻进，防止孔位偏移超限。

第二，孔口密封装置安装完成后，再采用钻机钻穿管片，采用膨润土泥浆护壁，冻结管兼做钻杆一次成孔，防止涌水涌砂。

第三，严格控制冻结壁探孔、测温孔和泄压孔等参数指标，达到设计要求后开口探挖。开挖前，安装并加固防涌门，防止开挖过程中涌水涌砂。

第四，严格进行人员进出洞管理，加强人员安全教育，增强冻结系统保护意识，发现冻结管路破损等及时上报，由维护人员及时修复冻结系统。

（4）贺韶村站轨顶风道与主体结构同步施工

贺韶村站参建单位为中国葛洲坝集团股份有限公司，该站为西安地铁14号线最后一座车站，车站两端接明挖或暗挖区间，车站内部结构施工不受盾构影响。贺韶村站目前已经封顶，内部结构完成80%，按照总工筹安排，车站中板90%以上区域需要做轨顶风道，根据以往施工经验，内部结构后期施工周期较长，施工质量控制难度较大，主要面临以下困难。

①轨顶风道内净高800～850mm，腋角部位内净高550mm，局部中板梁

下净高约 250 ~ 300mm，内部空间狭小，后期施工钢筋绑扎及混凝土浇筑、后期材料拆除等难度大。

②中板纵梁部位因钢筋较密，预留插筋的施工条件较差，部分区域需进行植筋，植筋效果及安全性等控制较难。

③工期较为紧张，后做内部结构施工模板支架与装修、轨道施工交叉作业互相影响。

④轨顶风道浇筑过程质量控制较难，无法有效振捣或振捣不密实，养护困难，混凝土收缩后易造成与主体结构的夹缝，无法确保高质量施工。

车站主体结构与内部结构同步施工的先例较少，为确保贺韶村站轨顶风道施工安全质量可控，保障主体结构装修施工，减少内部结构施工时间，降低交叉作业影响，综合考虑轨顶风道与主体结构同步施工的工艺，全面分析方案的利弊，对涉及安全和质量的问题重点研究，经过计算复核，先浇轨顶风道能保证受力要求和结构满足设计要求，且能够有效地利用现有材料，方便现场作业，缩短施工周期，现场采取以下措施解决了以上难题。

①水平施工缝若预留在轨顶风道以上则需预埋 A14 的直螺纹套筒，后期需将套筒凿除，而目前市场上暂无 A14 的直螺纹套筒，预留直螺纹套筒影响侧墙施工，增加施工时间，故将水平施工缝预留在轨顶风道下，方便轨顶风道整体钢筋安装，保证锚固长度。

②为保证孔洞附近立杆与下部立杆在同一轴线，搭设时结合下部立杆位置从孔洞部位开始搭设，下翻梁、预埋件及腋角部位采用提前切割好的 A48 扣件式钢管配合盘扣架体加密搭设，确保承载力满足设计要求，同时采用步步紧将模板、木方紧紧固定，防止出现胀模、跑模的现象，确保施工过程中的施工质量。

③因底托和顶托丝杆过长，取消底托并加设垫脚板以满足均匀受力要求，立杆采用 20cm 长单盘单元组装成 40cm 长双盘承载立杆，确保满足扫地杆及顶底部自由端长度，采用无挡坎顶托承放主楞方钢管，并采用铁丝固定在顶托上防止滑移，两端顶墙保证稳定性，总体高度精确至 630mm，预留拆除空间 170mm。

④轨顶风道及中板上预留有孔洞，人员及材料可从附近孔洞进出，拆除时在确保满足拆除强度的前提下尽量在相邻仓位未施工前拆除模板支架，缩短拆除距离，降低拆除风险，拆除过程中需专人在外盯控，拆除人员需系安全绳，佩戴防毒面具，同时向轨顶风道内通风，保证有限空间施工安全。

⑤预埋件部位由测量进行放样，提前根据设计图纸制作相应位置的止水环，现场采用钢筋焊接定位，保证预埋件位置及止水环高度满足设计要求。

通过以上措施大大解决了轨顶风道同主体结构同步施工过程中遇到的一系

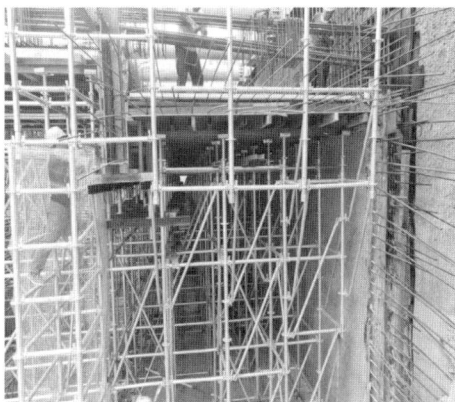

图 6-4 轨顶风道下模板支架

图 6-5 轨顶风道钢筋绑扎及预埋件安装

图 6-6 轨顶风道上模板支架

图 6-6 轨顶风道上模板支架（续）

图 6-7 轨顶风道成品

列难题，保证了较高的施工质量，确保安全可控，在不影响主体结构施工的前提下大大缩短了内部施工时间，减少了后期施工的模板支架投入及人员投入，降低了施工成本，同时可以确保尽早提供装修及铺轨作业面，减少了后期交叉作业影响（图 6-4 ～图 6-7）。

（5）深孔注浆加固松散回填土

西安地铁 6 号线二期桥梓口站，参建单位为中铁电气化局集团有限公司，目前该站土方开挖完成 50%。该站 2 号风亭与车站主体合建并同步施工，其围护桩距离邻近建筑基础不足 10cm，首先采用洛阳铲探明建筑基础边界，然后结合探查结果指导围护桩施工。因 2 号风亭施工范围为既有的建筑基坑回填，土质松散，无法自稳。洛阳铲探孔期间，探查至 4 ～ 5m 处时，探查土样无法取出，已取土样含水量较大，且探孔极易缩孔。埋设护筒过程中，塌孔严重，护筒无法埋设。最终确定对 2 号风亭回填土区域采用深孔注浆方式进行加固。

（6）钟楼站湿陷性黄土地区地下连续墙施工

钟楼站参建单位为中铁一局集团有限公司，目前该站围护结构完成 51%。该站的施工难点，一是地下连续墙单幅重量大，单幅连续墙开挖最大深度 48.7m，混凝土用量 290m^3，最大钢筋笼重量 68t，施工难度大。二是施工场地狭小，车站一期围挡作业有效宽度仅为 21.6m，完成施工现场布置后，钢筋笼吊装作业空间相当狭小。三是地质条件较差，地质勘查揭示，车站地层从上至下为：杂填土、新黄土、古土壤、老黄土、粉质黏土、中砂，车站基底主要坐落于粉质黏土层，连续墙墙趾进入中砂层。新黄土层土质较均匀、具湿陷性及高压缩性，遇水易软化，强度降低较快，易崩塌。地下水位稳定埋深为 9.30 ～ 10.00m，新黄土被地下水分割为水上硬塑、水下软塑易坍塌两种状态。水下软塑状新黄土使连续墙槽壁坍塌，形成混凝土扰流病害；水上湿陷性新黄土在混凝土灌注过程中，受泥浆侵蚀软化崩塌，形成混凝土夹渣病害。故连续墙单块重量大、施工场地小、湿陷性黄土遇水塌陷形成了施工难点。

针对以上施工难点有以下对策。

①按照住建部《危险性较大的分部分项工程安全管理规定》37 号令及《关于实施〈危险性较大的分部分项工程安全管理规定〉有关问题的通知》规定的风险性较大的分部分项工程专家论证标准，制定连续墙钢筋笼吊装专项施工方案，并经过施工企业集团公司及专家论证。

②评估地层不利条件后，重新提出杂填土、新黄土地层旋喷桩预加固措施，得到批复后按照加固建议实施。

③针对钟楼站地层情况采用"地下连续墙液压抓斗工法"进行地下连续墙施工。该工法具有墙体刚度大、阻水性能好，振动小、噪声低、扰动小等特点。

首先，采用跳槽段开挖方法。先施工 1、3、5 等奇数槽段（称为一期槽段），后施工 2、4、6 等偶数槽段（称为二期槽段）。成槽过程中，先施工转角处 "L" "Z" 形槽段后，再施工其相邻的槽段。

其次，采用液压抓斗成槽机成槽施工。对连续墙中的土层及砂层地段，采用 GB-34 液压抓斗成槽机成槽，并先施工距离已做墙体远的一端，后施工距离近的一端，成槽过程中运用成槽机上配备的自动纠偏系统确保槽壁垂直度在 1/500 以内，并始终保持槽内泥浆面不低于导墙顶面以下 0.5m 及地下水位 1m 以上。土方直接由自卸汽车运至临时堆土场。

同时，施工中还应注意以下几点。

第一，连续墙接头形式应具有良好的抗渗性和整体性。

第二，挖槽时派专业技术员进行施工记录，包括槽段定位、槽深、槽宽和垂直度等，若发生塌方，及时分析原因，根据现场实际情况，妥善处理。

第三，槽段开挖至设计高程后，及时检查槽位、槽深、槽宽垂直度，合格后方可进行清底。

第四，在槽段开挖结束后，灌注槽段混凝土前，应进行槽段的清底换浆工作，以清除槽底沉渣，置换出槽内稠泥浆，直至沉渣厚度、槽内泥浆指标符合设计要求为止。清底换浆时，应注意保持槽内始终充满泥浆，以维持槽壁的稳定。

第五，清底应自底部抽吸并及时补浆，清底后的槽底泥浆比重不应大于 1.15，沉淀物淤积厚度不应大于 100mm。

（7）老黄土地层、古土壤底核层盾构掘进施工

老黄土地层盾构掘进时，在保证刀盘刚度及强度的前提下，增加开口率，让渣土顺利进入土仓；加强地质预测和泥土管理，密切注意地质情况和刀盘的工作状态，及时进行调整；增加刀盘前部中心部位泡沫注入量，减少渣土的粘附性，降低泥饼产生的概率；通过黏性较大地段时，螺旋输送机内也要加入泡沫，以增加碴土的流动性，利于渣土排出。

古土壤层盾构掘进施工时，因土壤较密实，结核较多，在购买盾构机时应要求制造厂商对刀具进行特殊的处理和加强；更换刀具要提前做好准备；对开挖面预先进行注浆加固处理，待开挖面的土体能直立时，再让人员进入密封仓内进行刀具更换；防水工程要首先做好混凝土结构自防水，其次加强施工缝、变形缝、盾构隧道与暗挖隧道接口、明挖与暗挖接口等的防水。施工中把好原材料关，严格控制操作工艺，保证车站、区间结构防水达到规范要求。

4）成都地铁

（1）油气田区长大高瓦斯隧道暗挖施工

18 号线工程穿越龙泉山高瓦斯地区，龙泉山隧道全长 9.7km，为国内最长地铁山岭高瓦斯隧道，隧道 100% 为瓦斯区段，其中高瓦斯区段长度占比高达 49.4%。油气田地层瓦斯具有不可预见性和突发性，施工风险大、风险高，为成都市特别重大风险源。

根据油气田区高瓦斯隧道的特点，从油气田区瓦斯生成、赋存机制与地质预报方法，特长高瓦斯隧道智能通风技术，高瓦斯隧道瓦斯自动报警，控制爆破，机械设备防爆改装等方面开展研究。通过科技攻关形成了新技术，龙泉山隧道已双线洞通，施工中未发生瓦斯事故。

（2）低瓦斯隧道盾构掘进

6号线三期工程全线含8个低瓦斯盾构区间，施工安全风险高。施工过程中对瓦斯监测，通风控制等措施若做不到位，导致瓦斯浓度升高，将可能造成巨大的灾难和损失。为确保瓦斯隧道的施工安全，一是积极组织参建单位开展现场观摩学习、瓦检培训、盾构掘进交流，充分做好技术保障；二是针对特殊地质盾构施工，对盾构机选型充分论证，对盾构刀盘、螺旋机、瓦斯防爆等重要部件进行针对性设计；三是严控瓦斯隧道施工安全管理，如实施双重门禁管理，采用瓦斯自动监测和人工检测相结合进行瓦斯检测，采取双风机配置（一备一用），配备自动切换的应急发电机，保证隧道内通风不间断等措施，确保了低瓦斯盾构区间安全洞通。

（3）下穿既有运营线

成都轨道交通8号线一期先后5次下穿既有运营线路，下穿段采用矿山法暗挖后盾构通过，其中倪家桥站穿越1号线，东大路站穿越2号线为零距离下穿。

穿越上部运营线路，环境控制要求非常高，若控制不到位，将造成不可估量的损失和影响。通过反复研究、优化施工方案，细化安全技术措施，自动化监测数据实时共享，共同联动，成功完成5处下穿既有运营线节点工程，确保了既有线路运营安全。

5）厦门地铁

（1）地铁4号线涉铁段

涉铁段暗挖区间下穿厦门北站动走一线和动走二线，结构顶距铁路竖向距离最高不到25m，还穿越多个富水断裂带，能否安全贯通，直接影响着既有线高铁的正常运行。

下穿厦门北站动走一、二线采用矿山法控制爆破加静态裂解配合机械开挖工法施工，其中正跨段（距铁路平面距离50m范围内）采用静态裂解配合机械开挖，施工按振动加速度不得大于1cm/s；影响段（距铁路平面距离50~100m范围内）采用数码电子雷管精准爆破；其他段（距铁路平面距离100m范围以外）采用聚能管水压光面爆破。

涉铁段成功穿越的施工工法将对后续轨道交通建设穿越高速、铁路起到积极推动和指导作用。

（2）地铁4号线下穿沈海高速

首开段风井暗挖区间需下穿沈海高速，该路段为双向8车道，每日车流量较大，且多为重载车辆。隧道结构顶距离沈海高速路面距离约34.8m。此区间隧道等级较差（Ⅴ级），为散体状强风化花岗岩，岩体多风化成砂土状、碎块状，此类土开挖暴露后具有泡水易软化、崩解，强度急剧降低的不良特性，易失稳发生掉块、坍塌等现象，风险等级较高，施工难度较大。为了保证施工安全与质量，项目多次组织召开专家论证会，最终决定风井暗挖区间隧道施工采用短台阶法开挖（环形开挖预留核心土＋双层超前小导管＋上台阶设置临时仰拱）、强风化岩层帷幕注浆，每日加强洞内及高速路面沉降监测，最终保证了暗挖隧道安全顺利通过沈海高速。

6）南昌地铁

（1）南昌地铁单体多，布局分散，战线长，施工组织管理难度大

本工程共计14栋单体建筑及室外、站场工程，车辆段内各单体建筑分布也较为分散，施工过程中组织管理难度较大。如何按照每栋单体的设计要求和现场实际情况，在满足合同工期的要求下，合理、经济、科学、有序地组织劳动力、机械及材料进场施工；如何面对多个工号同时开工，有效地组织项目管理人员对各个工号的质量、进度及安全进行有效把控是本工程保质保量按期完成的关键点。

针对工程难点采取的相应对策与措施如下。

①选派经验丰富的现场管理人员和施工技术人员组织施工。

②加强施工组织和管理，保证人员、设备、资金的投入。

③每周召开施工进度协调会议，解决施工中各专业工程出现的各种矛盾、问题。

（2）各专业之间组织协调难度大

标段内专业涉及土建、房建、装修、绿化、轨道、供电及接触网、厨房设备、机电采购及安装等专业。各专业间需交叉作业，必然存在着各专业之间的相互干扰，需要进行内部协调，精心策划，周密部署，统一指挥。

本工程通信、信号等专业不在合同范围内，属于业主PPP项目，现已进场施工，但房建装饰装修已基本完成，后续存在大量的凿除墙面及拆除吊顶的现象，影响观感效果，同时影响装饰装修分部验收，建议进场施工黄金时间为砌体施工阶段。

针对工程重难点采取的相应对策与措施如下。

①项目经理部成立组织协调和接口管理领导小组，对需要接口配合的内容进行逐项清点列表，提前做好配合准备和衔接工作，做到按期按质地完成接口

搭接工程项目。

②对各专业接口协调工作要有预见性，对专业接口的问题要提前处理。

③经理部定期召开施工协调会议，解决施工中各专业工程出现的各种矛盾、问题。

④服从业主和监理工程师对各专业施工的接口安排，树立局部服从整体的观念。

（3）场区土方平衡难度大

考虑到房建基础、站场路基及道路、绿化、出入段线等专业涉及土方回填，根据工程自身特点合理调配场区内的土方平衡，其中应该考虑是否受征地拆迁、树木移植、坟地的影响，而无法调配场区内的土方。

针对工程重难点采取的相应对策与措施如下。

①加大与业主、政府沟通力度。

②对车辆段内施工用地，优先征迁土方影响大、存在大量土方的用地。

③针对场区的土方分区域分段测量，保持对现场土方量的了解，合理利用土方。

（4）涉及深基坑、高支模施工安全风险较大

车辆段房建除了办公及住宿之外，其他单体的特点就是高，基本都是1层、局部2层辅房。大部分建筑单体净高、梁的截面都达到危大高支模的标准；而出入段线开挖深度大于5m，属危大深基坑范畴，临近出地面段采用放坡开挖，安全危险大，施工安全风险较高，对基坑支护、基坑监测要求高，施工前需要深基坑、高支模需编制专项施工方案并组织专家进行方案评审。

针对业主及相关部门下发的关于关键节点施工前条件核查（验收）的管理规定，根据文件中关键节点清单梳理本工程有哪些属于关键节点，且编制验收计划，建立台账。

针对工程重难点采取的相应对策与措施如下。

①进场后首先根据地勘报告及单体结构情况编制合理的专项施工方案，并经专家评审后实施。

②土方开挖根据场地情况，采取"开槽支撑、先撑后挖、分层开挖、严禁超挖"的原则，同时进行基坑外降水、基坑内排水及基坑监测数据的采集措施。

③高支模架体搭设注意地基承载力情况，对架体立杆、横杆、剪刀撑、顶托、扣件等间距大小、步距大小、搭设长度、扣件扭矩力大小及外观质量、顶托伸出长度进行全面检查，通过多方单位验收合格后方可进行下道工序施工。

7）宁波地铁——四明中路站 A2 号通道顶管近距离穿越已运营盾构区间

四明中路站 A2 号通道出入口受前期政策处理制约，开工较晚，导致顶管施工滞后于项目运营。该顶管截面 7.5m×4.3m，采用土压平衡式矩形顶管。上穿已运营的盾构区间，最近净距不足 1m。为确保施工期间顺利穿越，从组织管理、技术措施及应急管理等各方面采取了一系列措施。

①成立了穿越施工的组织管理结构，由建设、运营单位相关部门，设计，勘察，监理，施工，监测监控等的相关人员组成；全程指挥、监管、指导现场的穿越施工。

②编制了专门的穿越施工的技术方案及监测监控专项方案，并组织了专家评审。

③开展了全程自动化监测，确保了整个穿越过程顶管机、周边环境、盾构管片等实时受控。

8）温州地铁——温州市域铁路 S2 线 SG3 标

（1）地质情况复杂，同一承台下岩面变化较大，端承桩斜面入岩，孔桩质量难以控制

①对策措施

在施工中，针对斜面入岩，采用在钻进至斜面处时，回填高强度片石，利用高强度片石代替低强度的斜面处土层，以提高其强度，平衡冲锤对桩底各部分的冲击力，可有效防止锤头偏心受力过大而导致孔桩偏位。同时经过施工实践，不断调试，改进回填的片石级配，同时在片石分层回填中加入黏土，增强片石间凝结力。在冲击锤边缘焊接齿块，能有效加快钻进效率。

②案例：温州市域铁路 S2 线 SG3 标 A11 号墩孔桩施工

该墩设计共 12 根 ϕ1.5m 端承桩，为 3×4 矩形布置，其入岩标高分别为 -62.5、-73.72、-69.85，为典型的斜面入岩孔桩。在钻进至斜面时冲锤有明显摆动，若不采取措施继续按常规施工，钻头将发生明显偏位现象，孔桩垂直度无法得到保证。针对此问题，在钻进至斜岩时，停止钻机施工，加大泥浆稠度，采用 15～45cm 大小的高强度片石回填，回填 2m 厚左右继续钻进，发生偏位时再次回填、复钻，直至不再发生偏位。钻进效果正常，按此对策处理成功可行。

（2）线路占用既有道路，采用全封闭施工审批困难、交通疏解困难等

根据业主组织施工单位与当地相关部门多次协调、沟通，最终确定施工方案。翁垟北站—翁垟站沿经二路线路长 2.1km 段位于经二路中央绿化带中央，施工方案根据乐清市铁办 2019 年 1 号会议纪要暂定该段为分段施工。第一阶

段封闭施工共 650m 长。最大困难是第二阶段封闭施工，里程为 DK41+460（B25#）~ DK42+810（B63#）共 1350m 长。为了交通疏解车辆，需对 3m 机耕路进行拓宽，拓宽机耕路尺寸为长 600m，宽 3m，达到 6m 行车宽度。目前机耕路拓宽用地为永久农田，且涉及后桥、三屿、前桥、后盐 4 个村，受用地手续审批问题、村民不愿借地影响，机耕路借地困难，影响第二、三段封闭，因此，此段施工重中之重在于机耕路是否可以完成借地。最终双方达成协议，村民同意借用土地，第二段、三段均已完成封路。

（3）高压线迁改审批流程慢，每年只有 1 次断电割接机会，迁改困难

施工单位进场立马进行高压线迁改报批手续，派专人办理和盯控，时刻掌握电力部门审批信息，有困难及时汇报，采用市政府资源进行协调，争取最大机会纳入当年迁改计划中。

（4）房屋拆迁困难

针对此难点，施工单位多次与当地村镇协调，借助政府政策最大化满足村民需求，尽早解决村民安置房问题，提早完成拆迁。

9）南宁地铁

（1）那洪立交站 2 号风亭开挖

南宁轨道交通南宁市轨道交通 4 号线一期工程那洪立交站 2 号风亭位于已贯通 5 号线区间隧道上方，区间隧道与 2 号风亭底板距离 1.8m，隧道管片内径 5.4m，管片厚度 0.3m，环宽 1.5m。

该工程难点在于，基坑开挖施工时，由于土体大量卸载，坑底土体应力释放，产生坑底隆起。土体卸载，竖向自重应力减少，隧道上部受力减小，导致隧道收到向上的附加应力，产生竖向隆起，同时横截面产生收敛变形。

处理措施如下。

①隧道两侧采取钢筋混凝土隔离桩，并在风亭开挖范围沿隧道方向两侧布设降水井。

②盾构区间上方 2 号风亭冠梁以下土方开挖前，应在盾构区间洞内采用 6 根 10 号槽纵向拉紧，钢材强度等级为 Q235，盾构区间拉紧范围为基坑南扩 6m 范围（共 42 环，63m），纵向每 1.5m 设置一个钢板焊接紧固点。

③为加强土方开挖边界点位置盾构刚度，在每个界面位置的盾构片增加设置使用工 20a 工字钢制作钢门架，外侧用 10mm 厚 200mm 宽钢环分散内撑架作用在管片的压力，框架中间设置 10 号槽钢栏杆。分段开挖的每个界面设置 3 ~ 4 道门架加钢环，每环一道，门架之间使用 4 根 20 号工字钢纵向拉结为一体，以加强整体性（图 6-8）。

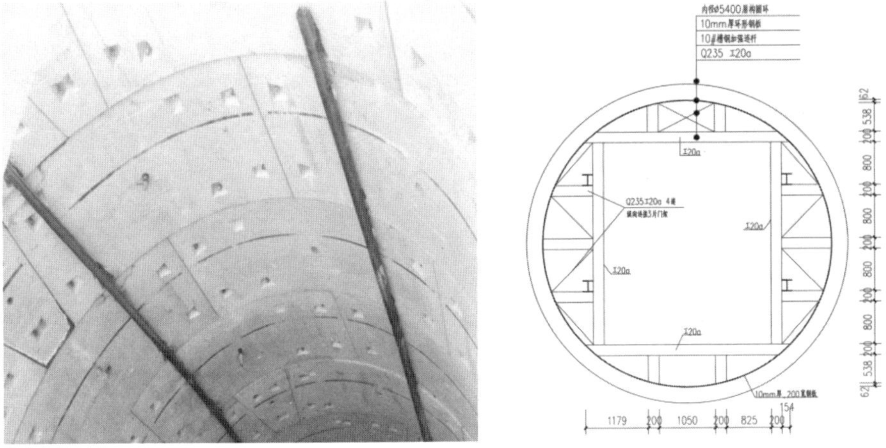

图 6-8　槽钢纵向拉紧与门字支撑架

④风亭开挖影响范围内隧道采用碎石对载。碎石粉材料堆载前,应该先铺设一层麻布作为保护层,以保护盾构管片质量。第一次堆载为冠梁以下土方开挖前,该次堆载重量按卸除距冠梁底部标高 3m 以上土方考虑,堆载高度为0.861m(4t/m)。在盾构上方土方开挖至冠梁底部 3m 标高后,立即增加第二级堆载,本次荷载累计堆载至 15t/m,本次累计堆载高度 2.209m。堆载到位后,即可继续往下台阶倒退开挖至基底。

(2)南宁轨道交通 5 号线

五一立交站至新秀公园站区间,下穿自行车总厂居民楼、新福鞋料市场、五一中路小学、丽江花园小区、三元小区、地宝小区等密集建筑群后,然后再穿越邕江、侧穿中兴大桥后到达区间风井,通过区间风井后沿明秀西路向北行进到新秀公园站接收吊出,区间隧道左线长度为 2091m,右线长度 2098m。

针对南宁地铁 5 号线"五新"区间的地面施工条件以及地质和水文特点,设计制造了国内首台气垫式直排双模盾构机,用于"五新"区间右线施工,该盾构机既具备在粉细砂、圆砾复合地层中下穿建筑物采用泥水模式沉降控制精准的特点,又能发挥在全断面泥岩地层中采用土压模式排碴能力强、掘进效率高的优点。

"五新"区间右线经过泥水模式—土压模式—泥水模式—土压模式的反复模式切换和功能性验证后,双模盾构的功能性和可靠性都得到了充分验证,中铁685 号双模盾构已经完成掘进 950 环,顺利完成了土压模式穿越邕江泥岩段掘进任务。应用效果如下。

①在下穿邕江段泥岩地层切换成土压模式后掘进时间由原先泥水模式90min 缩短至 30min,每环节约用电 3400kWh。

图 6-9 吴中路车站施工现场

②双模盾构单日最高掘进 25.5m，平均每天日掘进 10.3m，掘进效率较 2、3 号线多 5.2m/ 天，工效提高了 1 倍，双模盾构穿越邕江累计用时仅 44d，较 2 号线、3 号线单一泥水模式盾构穿越邕江时间节省 50%。

③为了更好地了解掌握双模转换程序，双模盾构目前已经完成掘进模式转换 13 次，两种模式切换 2h 内完成，真正实现双模转换的快速切换。

双模盾构的选型在本区间具有良好适应性，通过合理掘进模式选择有效地解决了复杂多变地层及周边环境复杂区域掘进要求。在前期复合地层中采用泥水模式下穿越老旧建筑群，实现了建筑物沉降控制在规范允许范围，建筑物累计沉降最大仅 6mm。

6.1.3 各城市轨道交通建设四新技术应用情况和案例

1）上海地铁——吴中路无柱预制拱形顶板车站施工

上海轨道交通 15 号线土建 13 标工程吴中路站位于徐汇区桂林路吴中路口，呈南北走向，车站为地下二层岛式车站，车站主体呈"喇叭状"，长度为 170m，最窄宽度为 20m，基坑开挖深度为 20m 左右。车站共设 4 组出入口，2 组风井。

为了充分利用地下车站公共空间以及车站空间多元化表现的需要，上海轨道交通 15 号线吴中路车站率先尝试无柱预制拱形顶板车站施工。通过大量研究和试验，创新性地把"预制 + 现浇叠合"工艺和无柱拱形顶板工艺有机结合，这种国内首创的新工艺，不仅拥有预制装配式建筑的效率高、精度高、质量高、绿色环保等优点，还最大限度地解决了中心城区工地施工场地狭小和大型预制构件吊装难的问题，为今后中心城区地铁施工提供了高效解决方案（图 6-9）。

吴中路车站为国内首座采用"预制 + 现浇叠合"拱形结构工艺进行施工的

地铁车站。车站顶板平面布置呈一端大、一端小的不等跨结构，采用无柱大跨结构的长度约93.7m，北端内净宽度19.28m，南端内净宽度为21.58m。"预制＋现浇叠合"拱壳工艺是指采用工厂预制混凝土拱板，运输至现场组成三铰拱底模，然后在其上进行钢筋绑扎和混凝土浇筑，从而形成无铰叠合拱壳结构的专项技术。

"预制＋现浇叠合"拱壳工艺为地铁车站大跨度拱壳结构施工向装配式建筑的发展提供了新的工艺和选择。

该工艺既提高工厂预制构件在结构中的比例，又可取消现场支模的繁重工作，简化现场施工工序，提高施工效率；同时预制构件的制作精度高，外观质量好，易于实现清水混凝土的感官效果。此外，在地铁车站中采用此工艺，由于没有中柱的遮挡，可使车站内部空间更为开阔，能创造出地下车站的大空间效果，降低人处于地下空间的压抑感，提高舒适感、空间感。

2）深圳地铁

为了更好地推进建设"科技地铁"工作，通过完善组织架构和人员分工调整，深圳地铁成立了总工室，配合技术委员会完成技术审查、科研管理及公司奖项申报、技术期刊创办等工作。搭建多元化的交流学习平台，组织各参建单位走出去参观学习，引进精品样板工程先进工艺。

立柱免装修清水混凝土工艺、"真空降水"工艺、数码电子雷管＋水压爆破、地铁预埋滑槽固定器实用型专利发明、国内最大顶管结构施工、焊接机器人、双动力头强力多功能钻机、浅埋暗挖采用钢管超前支护工法等新工艺和新技术已应用于在建工程中，轨道工程高速线路轨道弹条扣件组织攻关已取得成果将全面推广。深圳地铁四期工程中全面推进全自动驾驶技术建设，关键设备系统推进智慧运维研究，全面推进实施5G、生物识别＋AFC、大数据、云平台技术在地铁的创新应用。积极参与深圳城市轨道交通BIM总体管理与技术应用研究、双模盾构应用研究、深圳地铁混凝土浇筑施工工艺研究、岩溶处理等新课题研究。积极争优创先，加强科技创新，为建设"科技地铁"夯实基础。四期工程还计划投入14台土压/TBM双模盾构，穿越的地层复杂，隧道范围内土层和硬岩层交错，采用EPB/TBM双模式盾构掘进，在土层中采用EPB模式，硬岩层采用TBM模式，保证在不同土层中均尽可能快速、经济地掘进。

通过建立工作机制、制定实施方案、落实配套制度践行绿色发展理念，通过抑尘降噪技术、节能减排举措、充分利用资源、应用装配式构件等系列举措，深化科技节能，加强技术创新，为生态文明建设、绿色发展助力。四期线路盾构渣土资源化利用设施在部分试点后全面铺开，将盾构渣土和施工泥浆进行泥水分离，将有害的污染物转化为可直接排放的清水和可回收利用的砂、土。按目前进展，部分线路盾构渣土设施投产后，可满足全线盾构渣土资源化利用的要求，有效解决城市弃土外运难的困局。

深圳地铁四新技术应用如下。

①传统固定式侧墙钢模优化改进成可行走导向侧墙钢模，节约侧墙模板倒运安装时间，降低侧墙大钢模吊装风险。

②主体结构全面采用盘扣式脚手架，局部车站推广液压台车模板体系，通过技术论证和现场实践，其在工期、安全、质量上较普通模板体系优势明显，既加快施工进度，又安全稳定易拆装；保障主体结构施工安全质量。

③基坑自动化监测，提高监测数据频率，初步实现基坑稳定性动态实时监测。

④盾构渣土改良：运用中交疏浚渣土筛分及压滤装置对盾构渣土深加工，降低盾构渣土外运成本。

⑤13 号线后海站拟采用喷涂速凝橡胶沥青防水涂料与高密度聚乙烯片材（HDPE）复合柔性防水层"皮肤式"防水工艺，提高防水层的防水性能。

⑥钢筋原材加工。

采用 RMES 管理软件生产系统，建立了原材进场、验收、加工、检验、配送全流程封闭环节，从需求计划录入，钢筋加工翻样，生产任务下达，完成产量统计，车辆配送等环节实现了舌区信息化操作。全自动钢筋笼滚焊机可将钢筋笼一次成型，设备运转的同步性和协调性得到极大程度的改善与传统人工焊接设备相比，焊接速度快、焊点质量高。

⑦围护结构施工——部分咬合桩施工采取全套筒辅助成孔。

为保证施工质量，14 号线部分咬合桩施工采取全套筒辅助成孔，成孔过程中用墙体垂直度检测仪检测并及时调整钻机，使桩体垂直度和咬合度控制在合理范围内，围护结构施工质量得到最大提升，避免后续侵限和漏水等问题的发生。

⑧盾构设备增加空调水冷系统。

盾构区间特别是大长区间作业环境较差，在 14 号线等盾构机建造过程中即考虑了隧道内通风制冷系统，通过在新造盾构机上增加空调水冷系统的设计，可实现盾构施工作业区温度控制在 27℃左右，这大大改善了洞内作业环境。同时，通过接入安全管理平台实现盾构数据云存储，通过大数据分析，帮助区间进行掘进纠偏和风险预警。

⑨6 号线光伏发电项目。

6 号线高架站分布式光伏发电系统工程项目为在 6 号线 12 个高架车站采用分布式太阳能光伏发电技术，在地铁站台钢结构屋面上均安装了高光电转换效率的单晶硅光伏发电板，与光伏逆变器等设备组成分布式光伏发电系统，就地并网于地铁车站 400V 低压侧，即发即用，在轨道交通地铁车站大规模应用光伏发电技术在国内城市轨道交通中尚属首例。

近三年该项目已完成施工设计、上芬站首站分布式光伏发电系统工程安装验收，其他站正在进行安装调试，目前已并网发电成功。

6 号线高架站分布式光伏发电系统平均每年发电量约 234 万度，可满足高架车站约 30% 的动力照明用电需求。25 年设计寿命期内预计可发电 5856 万度，减排 225872t，实现纯经济收益（扣除前期投资及运营维护成本后）约 5047 万元。

⑩ 6 号线长圳车辆段海绵城市项目。

长圳车辆段位于深圳市光明新区。北起十七号公路，西侧紧邻东长路，东端紧邻规划科裕路，总用地面积约 25hm^2。车辆段内设置维修库、列检库、综合楼办公楼、员工公寓等建筑。根据不同的用地性质共分为 5 个区，分别为咽喉区（出入段）、物资存放区、生态厂区、屋顶活动区、综合办公区。

海绵城市设施有雨水花园、绿色屋顶、高位花坛、透水铺装及生态停车场、生态滞留带、生态调蓄池等。本项目为国内首个大规模、整体性地将海绵城市技术与轨道交通建设相结合，并应用于地铁车辆段的工程。以绿色可持续发展为核心，针对地铁、海绵城市的特点，创新性地将海绵城市建设理念应用于地铁工程中。长圳车辆段成为将海绵城市建设理念应用于地铁建设的样板工程。

根据长圳车辆段的实际情况和深圳市海绵城市建设要求，利用容积法和 SWMM 模型分别对产品方案进行测算和验证，年径流总量控制率 72.1%，总调蓄容积为 5215m^3，污染物削减率可达 61.3%，其他指引性指标也均达标。

其商业价值在于，实现部分雨水及污水的回收利用，降低污水处理费、水费。

社会贡献在于：减少雨期城市径流量值，降低城市洪涝风险；在一个高密度建筑物群中，为员工提供更多的休闲生态场所；建设示范工程，带动周边建设模式；降低工程建设对生态环境的破坏，落实了"绿水青山就是金山银山"的理念。

应用前景包括：减轻城市负担、促进城市化发展及改善城市环境；应用于地铁项目，促进低碳生态地铁的发展。

3）西安地铁

（1）"智慧车站"项目

车站是地铁运营管理体系中的最基本单元，是地铁服务于城市发展和市民的直接窗口。既有地铁线路现有车站的运营仍以人工处理为主，缺乏自动化、智能化的技术手段。西安地铁在正在建设的 5 号线一期、6 号线一期工程中，各选取一座试点车站，开展"智慧车站"项目的实施。本项目于 2019 年 6 月正式开工建设，预计 2020 年底投入运行。

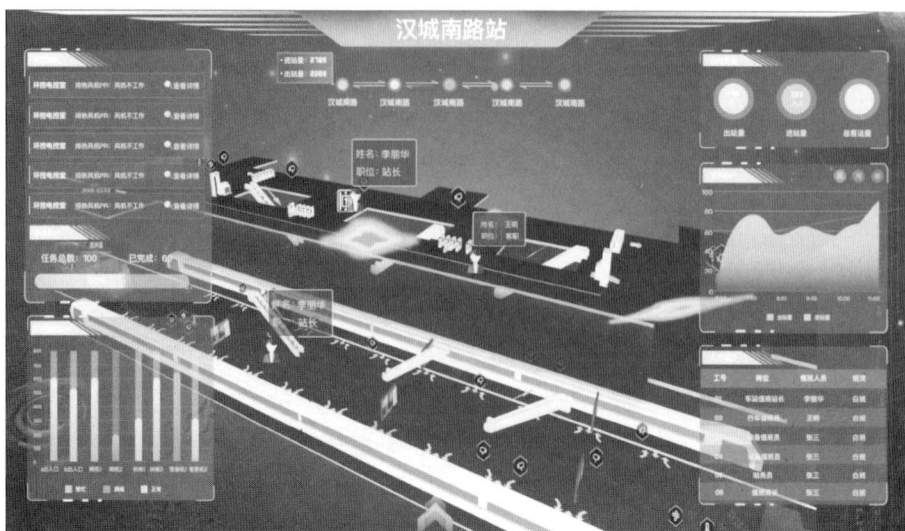

图 6-10　车站综合运管平台示意图

车站级运营的面向对象可划分为四部分主要业务，分别是客运组织、设备运管、乘客服务、人员管理。所谓"智慧车站"相比常规车站的主要演进也应体现在这几个方面。

客运组织方面，智慧车站新增车站综合运管平台，实现基于场景的智能联动功能、精准化客流实时采集及分析功能。

设备运管方面，新增车站管家功能、智能水务、能源管理、风水联动的节能控制、单兵维保系统等功能。

乘客服务方面，新增乘客咨询终端、乘客自助终端、一体化智能票亭、移动式客服终端等功能。

人员管理方面，新增车站工作人员管理、委外人员管理、巡更管理、智能安防平台等功能（图 6-10）。

（2）施工信息化

地铁 6 号线纺二路站—纺织城站区间，参建单位为中交第一公路工程局有限公司施工，该项目在信息化技术应用方面有以下几点值得借鉴。

①钢筋加工信息化、自动化技术。本工程钢筋下料借助广联达钢筋翻样等计算机软件进行钢筋翻样、优化下料、统计算量等，以达到下料精准、减少钢筋损耗的目的。钢筋加工棚内配备智能化钢筋加工设备，无需操作人员监控，可解放劳动力，减小加工误差。

②计算机技术应用。应用"梦龙"项目管理软件，对项目的材料、工序、人工、机械设备等资源进行优化，对主要分部分项工程进行重点调控，达到确保总工

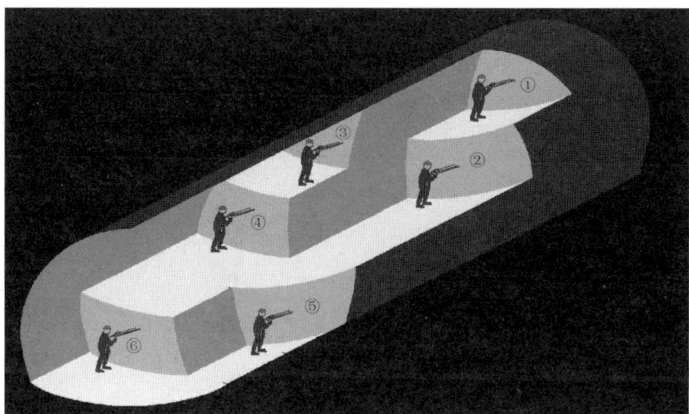

图 6-11 纺二路站—纺织城站区间采用 BIM 可视化交底技术

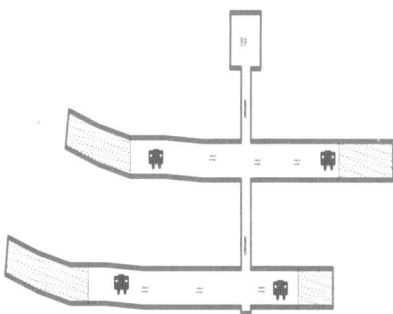

图 6-12 暗挖隧道开挖运输系统平面图

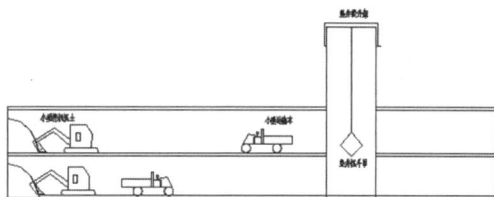

图 6-13 暗挖隧道开挖运输系统纵剖面图

期的目的。

③智能监控系统应用。现场设置 6 个监控探头，其中 4 个探头为球形探头，可 360° 旋转，可以无死角地观察施工现场。项目部设置智能工地监控中心，可对监控影像实时查看，并与业主及公司视频中心联网，支持手机 APP 查看，实现远程遥控施工。

④扬尘监控联动系统应用。利用扬尘监控与雾炮机联动控制系统，对施工现场进行实时监测，当扬尘超标（达到 $100\mu g/m^3$）后雾炮机可以自动打开进行喷淋降尘（图 6-11）。

（3）立体双层运输系统搭设

6 号线万寿南路站—卫星测控中心站区间，参建单位为中铁上海局集团有限公司，该区间暗挖隧道开挖前，在洞内利用工字钢和钢板架设双层运输通道，与 CRD 隧道临时仰拱及横通道连通，利用扒渣机装渣，小型电动三轮车运渣、运钢架、运喷混料，上下左右四个导洞同时作业，避免相互干扰，解决了狭窄空间物料运输难题，提高了暗挖隧道施工效率（图 6-12、图 6-13）。

图 6-14　特殊变形缝环梁先浇法施工

（4）地裂缝特殊变形缝环梁盾构空推前先浇法施工

传统的特殊环梁均是在盾构空推后再进行施工，不仅工效慢影响工期，而且与盾构施工交叉作业，安全风险较大。本标段特殊环梁先浇法在保证盾构能够空推的条件下，既节约工期又避免了交叉作业风险，在西安地铁工程中尚属首例（图 6-14）。

4）成都地铁

（1）轨道交通工程 BIM 全生命周期平台开发及 BIM 技术应用

成都轨道交通 18 号线在"一个平台、一个模型、一个数据架构"的核心思想指导下，以项目信息为中心，从设计、施工、运维 3 个阶段，进行 BIM 技术及数字化协同平台建设及应用，包括以下 4 个方面。

①轨道交通 BIM 应用标准体系编制

建立了以技术标准（《轨道交通工程 BIM 模型技术标准》《轨道交通工程 BIM 数据对象编码标准》）为主体，管理标准和工作标准（《轨道交通工程 BIM 工程实施管理办法》《轨道交通工程 BIM 协同管理标准》《轨道交通工程 BIM 数字化移交管理标准》）相配套的 BIM 应用标准体系，贯穿设计、施工、运营阶段，指导了平台架构设计、业务系统开发与 BIM 应用实施，推动了轨道交通工程全生命周期整体解决方案的标准化应用。

②轨道交通 BIM 数字化正向协同设计

从正向设计环境、设计工具、设计流程、设计管理等 4 个方面着手，开展对全专业三维协同设计环境定制、协同设计效率工具集应用、跨阶段正向设计应用流程以及三维协同设计设计管理体系等 4 个方面开展研究及应用。

③轨道交通 BIM 精细化建设管理

利用数字信息技术，特别是利用工程三维数字化设计技术打造工程全信息三维模型，从进度、安全、质量、成本 4 个模块着手，搭建轨道交通 BIM 精细化建设管理平台，把瞬息万变的数据信息传递给企业管理层，实现"在线管理"，快速反应，解决问题。

④轨道交通 BIM 智能化运维管理

通过数字化移交系统将设计、施工阶段积累的数据完整、准确地传递到 BIM 运维管理平台。在平台上实现数字化资产移交、资产管理、数字化文档管理、地铁保护、应急管理，实现现有信息管理系统与 BIM 数字化系统的有机结合，提高效率。

（2）主变电所新型封堵技术

成都轨道交通 6 号线一、二期工程主所 B 标 110kV 琉璃场地下主所为成都地铁第一座地下主变电所，规模大、施工难度高、运行环境复杂、运行可靠性要求高。变电所位于地下，由于成都地下水丰富，出现倒灌、高湿度、渗水等情况的概率极高；变电站运行的防火要求高，已多次出现变电站火灾导致大面积停电的安全事故；地下小动物（老鼠等）活动频繁，严重威胁变电所运行安全。面对该问题，施工单位在建设过程中多次组织设计、监理、施工针对琉璃场地下主所通道封堵进行专项讨论，研究总结出采用模块化可变径三元乙丙橡胶密封系统，利用三元乙丙橡胶弹性好、寿命长、可塑性强等优良特性，以期达到：提升防护等级；实现 A 级防火；提升防水性能，解决变电所防渗漏、防倒灌、防凝露的技术要求；有效防止小动物对变电所的渗透及破坏，提高运行安全性；提升密封部位使用寿命，减少维护工作量；模块化、可撕层设计提高现场施工灵活性，提升后续扩容方便性；模块化的标准设计，规范电缆敷设的标准化，改变变电所电缆敷设杂乱无序的情况，达到规范美观的效果。该新型封堵技术的成功采用为后期主变电所以及地铁站后工程提供了参考和借鉴。

（3）主所装配式围墙施工工艺

地铁主变电所围墙一般采用页岩砖砌筑施工工法，该施工方法存在施工工艺不统一，围墙本体墙体开裂，压顶、滴水线设置不规范，围墙反碱等问题。为避免以上问题，2018 年主所专业统筹管理，抓好主所设计龙头关，统一要在后期 10 号线二期，5 号线一、二期，6 号线一、二期全线地铁主所推广实施装配式围墙。

本工艺选用定型钢模板，工厂化预制加工制作围墙抗风柱、墙板、压顶等，节能、节材、低碳、无污染、临时占地少，符合"绿色环保"的要求。

围墙抗风柱、墙板、压顶等均采用定型模板，工厂化加工预制，蒸汽养护，确保实体质量，外观达到清水混凝土质量标准，避免裂纹、龟裂等质量通病现象。

地铁主所涉及土建和电气，可谓是五脏俱全，只有从细节出发才能更好地做好现场施工管理。主所专业从技术上讨论研究、开拓创新、优化施工组织方案，采取使用装配式围墙工艺统一地铁主所围墙施工标准，有效避免围墙反碱质量通病，提高工作效率（工期比常规砖砌围墙提高 50%）。同时，也有效响应了地方工业建筑装配率，节能环保，整体美观实用。

（4）接触网可视化接地系统

成都地铁 5 号线一、二期和 10 号线二期供电系统增加了场段接触网可视化接地系统，在车辆检修股道两端增加接地装置，接地装置可以实现远方和就地分合接地刀闸，同时具备自动检测、验电、放电、闭锁功能，代替人工拆挂接地线；在车辆调度中心具备监控功能。

可视化接地装置代替了以往的人工接触网拆挂接地线，减少了因人工拆挂接地线时杂散电流对人体可能造成伤害的隐患，更便于车辆检修；同时为后续线路全线采用调度端集中监控的接触网可视化接地系统推广运用奠定基础，为运营停电检修带来便利。

5）厦门地铁

（1）白海豚保护

为了使海洋不受污染，保护白海豚的生存环境，跨同安湾海桥梁段研究出了"海上钻孔桩施工泥浆多孔同步循环回收绿色施工工法"，在海上主桥桩基施工时采用自行设计制造的海上钻孔桩施工泥浆多孔同步循环系统，对桩基施工过程中产生的泥浆进行分离净化，将泥渣存放在泥浆钢箱中集中处置，对分离后的泥浆进行重复利用，确保泥浆不外溢、零排放，切实保护海洋生态环境。

（2）攻克下穿地质最复杂海底隧道

项目对"海域复杂环境地质条件下海底地铁盾构隧道施工技术研究与应用"进行了系统研究，包括泥浆"零排放"、盾构机人仓升级改造、横盾泥应用、海上孤石爆破、洞内孤石处理、盾构刀具磨损预测模型等成果，取得专利多项。

国家最高科学技术奖获得者、中国工程院院士钱七虎对此评价："厦门地铁2 号线穿海隧道地质极其复杂，它的成功修建极其震撼，取得的创新成果极其珍贵，总体上达到国际领先水平，这对我国隧道建设具有里程碑式的历史意义。"

（3）非电数码雷管岩石城市控制爆破

湖滨东路站车站基坑石方开挖工程量大、工期较紧，因此采用钻爆法较合理。车站基坑周边约 30m 范围内存在多栋楼房，基坑内有立柱桩、横支撑梁等，外加该车站位于人流车流大的湖滨东路城市主干道上，以及这些道路下存在各

图 6-15　爆破前与爆破后的现场影像

种市政管线等诸多不利因素，项目部邀请多方专家论证，该石方开挖采用非电数码雷管岩石爆破。在硬岩作业中，针对炮孔比较多，同时又受到最大段药量限制的情况，采用孔外延时起爆网路。结合孔底起爆方式、分层装药延时起爆方式有效降低爆破振速。该工艺有效地解决了市中心区的大体积基坑石方开挖，提高了基坑开挖工效（图 6-15）。

（4）自拼式移动式模板发明技术

在地铁车站施工中，常规隔墙施工采用木模对拉螺杆固定施工，大型机械设备辅助进行吊装作业，施工速度快，且模板稳定性及刚度较好，但对于部分半盖挖与盖挖车站，大型设备吊装无法到位，常规隔墙施工方法不宜采用，为此，经多次讨论研究决定采用自拼式移动式模板进行施工，人工进行辅助作业。自拼式移动式模板即将支架及模板整体拼装，底部设置托盘，采用钢管作为滑轮进行整体式移动的方法。改进后的方案，可代替组合钢模在盖挖或半盖挖车站灵活应用；模板可根据结构高度或宽度进行调整，保证结构尺寸；模板及支架一次性安装完成，较常规施工需拆除架体及模板省人工更为节约成本，同时加快了施工进度。该工艺有效地解决了湖里法院站 300m 站内间隔墙的施工难题，该实用新型专利已得到国家知识产权局的专利授权（图 6-16、图 6-17）。

6）南昌地铁

（1）柱式检修地沟模板支撑体系

柱式检修地沟在车辆段已成不可缺少的施工工艺，本项目部采用新工艺、新工法："无拉杆固定内撑 + 固定的门式卡扣框架"组合体系，便于施工操作和管理，经济合理，可提高工作效率、成型质量及防水效果（图 6-18 ~ 图 6-20）。

（2）减少耐磨地面色差产生

通过对水平面控制、撒料控制、混凝土平整度及振捣、地面抛光等施工工

图 6-16　自拼移动模板浇筑后隔墙效果

图 6-17　实用新型专利授权书（发明专利已进入实质性审查阶段）

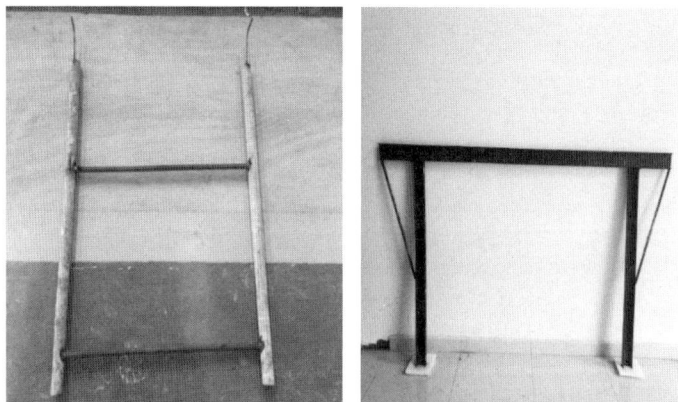

图 6-18　内外撑

图 6-19　模板支撑体系

图 6-20　拆模后成型质量　　　　图 6-21　抛光机对地面进行抛光处理、喷混凝土密封固化剂后成型效果

图 6-22　CFG 桩桩帽钢筋网片绑扎定型模具　　图 6-23　直螺纹套丝机与切割机固定

艺的规范化，以及对整个施工工艺流程进行旁站指导及监督，减少了耐磨地面色差的产生（图 6-21）。

（3）微创微改

①桩帽钢筋绑扎制作定型模具：功效快，钢筋摆放过程不需要对尺寸进行校核；成型质量好，间距均匀；成本较低，耗费工时较少（图 6-22）。

②直螺纹套丝机与切割机固定：将切割机焊接在套丝机上，在钢筋进行套丝

图 6-24　固定内支撑及固定的门式卡扣外支撑加固施工

图 6-25　拆模后成型效果

前可以直接进行端头切除，一次完成；减少一次钢筋的倒运，提高功效，不需要人工和起重机械进行运输，减少成本（图 6-23）。

（4）车辆段柱式检修地沟无拉杆固定支撑施工工法

采用传统的对拉螺杆，结合钢管方木作为临时支撑，内外对拉组合，以及立柱混凝土浇筑运输。混凝土成型线形受人为施工影响大，地沟侧壁留有螺杆眼，后期对拉螺杆需要做防水处理，且影响混凝土感观质量，整体费工费时，同时也浪费混凝土。为了加快施工进度、减少混凝土的浪费、保证检修地沟成型质量，项目部从多方面考虑，采用无拉杆固定支撑施工工法。

柱式检修地沟采用无拉杆的固定支撑体系是通过采用"无拉杆固定内撑 + 固定的门式卡扣框架"组合体系，对检修地沟侧壁进行内外侧同时加固，使侧壁定型不受混凝土侧向压力影响，使成型线形好，同时达到不使用对拉拉杆的目的，增强防水效果（图 6-24、图 6-25）。

（5）一种用于检修地沟立柱混凝土浇筑运输的轨道车（专利）

为了解决无施工道路混凝土运输的问题，大幅度提高工作效率，同时减少

图 6-26　检修地沟立柱混凝土运输轨道车实物图

图 6-27　检修地沟立柱混
凝土轨道运输车浇筑施工

混凝土的浪费，需要一种用于检修地沟立柱混凝土浇筑运输的轨道车，以解决现有技术中混凝土运输困难以及混凝土浪费的问题，如图 6-26 所示。

　　检修地沟立柱混凝土浇筑采用实用新型专利自制的一种轨道混凝土运输车。混凝土装入轨道车料仓后，通过轨道轮将轨道车移动到检修地沟混凝土浇筑点，到达浇筑点时，向上移动盖板打开出料口，此时混凝土受自身重力作用会沿三角斜坡滑下，然后从出料口落下，当该浇筑点完成后，向下移动盖板关闭出料口。

　　该轨道车可直接运送混凝土至每个浇筑点位置，一次性施工完成，中途不需要人力用手推车进行混凝土浇筑，同时人员也不需要进行两次混凝土倒运，既节约大量劳动力及施工时间，又避免混凝土浪费。施工过程中可全部利用扶手移动轨道车，节省大量劳动力（图6-27）。

7）温州地铁

（1）桥梁工程的新技术推广应用

①新型C-O型锁扣钢管桩围堰

在深水基础施工中采用C-O型锁扣钢管桩围堰较传统双壁钢围堰具有加工制作简单快速、施工工期短、整体刚度大、材料回收利用率高、安全系数高等优点。采用该方法，可大大提高施工速度，减少人工作业量，提高材料利用率，增加施工安全储备，保证施工进度及施工安全。

②悬臂浇筑连续梁全封闭挂篮施工

全封闭挂篮是委托有资质专业厂家加工的液压轻型挂篮，主要由主桁架、行走及锚固系统、吊杆系统、底平台系统、模系统五大部分组成，由于连续梁上跨高速公路（市域铁路），此挂篮增加了封闭系统，主桁架结构简单，受力明确，承载能力和刚度大，重量轻，操作方便快捷，安全可靠。

③墩身自动喷淋养护系统

利用PVC管制作墩身自动喷淋养护系统，将PVC面向墩身侧的半圆面利用热熔设备进行梅花式布眼，孔间距为5～15cm，PVC管与PVC管之间利用90°弯头连接，形成环向闭合回路，其中一端竖向与地面水泵连接进行抽水。环向PVC管采用铁丝固定于墩顶，该喷淋设备装拆方便，易于操作。该方法解决了墩身混凝土后期养护问题，使墩身混凝土能得到及时全方位养护，有效保证了墩身养护质量。

（2）暗挖隧道的新技术推广应用

①一体化栈桥式仰拱台车

一体式栈桥仰拱台车采用液压控制，具备前、后、左、右移动功能，行走采用电控专用小车，整个栈桥就位无需人工铺轨，自动化程度及安全性较高。栈桥前引桥下可进行仰拱混凝土施工，车辆可从填充层通过栈桥直达下台阶。该设备可配合各类台阶法开挖方式下的仰拱（底板）混凝土施工，实现早封闭、早成环的施工要求。同时该设备能确保仰拱与填充层分开浇筑，施工规范，有效保证仰拱施工质量及施工步距安全。

②隧道衬砌液位继电器防空洞装置

防空洞装置的原理是将预埋电线线头紧贴拱顶防水板，当衬砌混凝土浇筑至拱顶时，因混凝土为带水导电材料，电路连通，液位继电器工作，声光报警器开启。由于外接线头为拱顶最高点，只有当最高点填满混凝土时，声光报警

图 6-28 隧道喷淋养护台车

图 6-29 隧道除尘雾炮机

器才会进行声光报警，提醒作业人员采取对应措施。出现报警后，由专人在台车堵头观察口观察混凝土端头填满情况，若基本填满即可再泵送 1 ～ 2 次后停止泵送，断开报警器。该工艺将传统的隧道后期缺陷修补转变为前期质量通病预防，大大降低了衬砌后空洞出现的概率，极大地提高了拱顶混凝土密实程度。

③隧道衬砌喷淋养护台车

喷淋养护台车依据隧道断面尺寸利用镀锌钢管自制而成。镀锌钢管迎面对着衬砌混凝土一侧，采用钻眼的方式，按梅花形布置孔眼，孔眼间距为 10 ～ 15cm，各钢管之间采用 90° 弯头或三通连接，使上部养护区的钢管间形成流水通道，水源使用水泵抽水。喷淋养护台车底部设置四个滑轮，方便作业人员推行养护施工，无需借助机械，节约时间与成本，保证隧道二衬能得到及时有效的养护（图 6-28）。

④隧道衬砌雾炮机降尘、降温技术

除尘雾炮机能水平 360° 自由旋转和垂直 −10° ～ 45° 上下俯仰调节，达到 360° 全覆盖、无死角喷洒，确保除尘全过程无死角，操作简单，维护方便。除尘雾炮机在隧道内，每天定时进行喷雾降尘，可起到有效降尘、降温作用，改善隧道作业环境，保护作业人员身体健康（图 6-29）。

（3）盾构隧道的新技术推广应用

①抓铣结合地下连续墙开挖技术

瓯江北口隧道江南工作井地下连续墙深入岩层，待液压抓斗成槽机施工至岩层（约地面以下 52m）时，采用铣槽机进行入岩部分的铣槽施工。槽段终孔并验收合格后，即采用液压铣槽机进行泵吸法清孔换浆。将铣削头置入孔底并保持铣轮旋转，铣头中的泥浆泵将孔底的泥浆输送至地面上的泥浆分离器，由振动筛除去大颗粒钻渣后，进入旋流器分离泥浆中的粉细砂。经净化后的泥浆流回到槽孔内,如此循环往复,直至回浆达到"混凝土浇筑前槽内泥浆"的标准后,再置换新鲜泥浆。在清孔过程中,可根据槽内浆面和泥浆性能状况,加入适量的新浆以补充和改善孔内泥浆。

②地下连续墙施工采用橡胶止水接头板

橡胶止水接头板在浇筑的过程中,如同放置的钢模板,不用担心发生混凝土的绕灌、坍塌、埋管的问题,橡胶止水接头板的背面紧贴未开挖的原土,受力合理。一期槽在开挖完成并进行清孔换浆后,下放钢筋笼、浇注混凝土,完成此槽段的施工,在施工下一幅相邻槽段前不用取出橡胶止水接头板。继续用抓斗施工相邻二期槽段,在开挖的时候,不用取出橡胶止水接头板,因此也不会影响已经完成的一期槽的混凝土的质量。在二期槽开挖完成并清孔后用专门用于剥离橡胶止水接头板的重凿,将橡胶止水接头板从侧壁上剥离下来,也可配合千斤顶和履带吊将橡胶止水接头板取出,此时原有的橡胶止水带被凝固的混凝土固定在已完成的一期槽的侧壁上。突起的部分将在浇筑二期槽段的混凝土时埋入混凝土中,实现止水密封的作用。橡胶止水带有良好的弹性,在连续墙接缝处当混凝土凝固收缩时,橡胶止水带会有非常好的密合性和止水效果。其次,橡胶止水接头板在相邻槽开挖完成后才剥除,新鲜且完整的混凝土面绝非一般工法事后清理所能比拟。且开挖完成后立即开始清孔换浆,将膨润土泥浆全部换成新鲜泥浆,使泥皮附着在接缝的机会近乎为零,这对于地下墙完成后的品质有绝对正面意义,也就是说,橡胶止水接头系统的地下连续墙拥有绝佳的防水效果和完整性。

③越江隧道江底高水压下盾尾防渗漏技术

市域铁路 S2 线下穿瓯江,盾构将面临江底高承压水风险,最大切口压强为 5.97bar,高水压容易击穿盾尾,造成江水倒灌,因此盾尾密封性能显得尤为重要。为此盾构机的盾尾密封装置中设置了四道盾尾钢丝刷及一道钢板刷。为了应对复杂多变的地质情况,盾尾设置了应急冰冻管,紧急情况下可对盾尾土体进行冻结,从而达到江底更换钢丝刷的条件,保障越江盾构施工安全(图 6-30)。

④富含沼气软土地层沼气探测技术

在现有气体勘探及探测技术的基础上,在隧址地层软土含气相关性能研究(包括渗气性、气体渗透规律等)的基础上,利用电磁波、地震波及超声波等物探及信号分析手段,通过现场试验,研究获得适于隧址软土地层及盾构施工的气体特性探测技术,以期能够相对准确预测盾构推进影响范围内的气体赋存状态(包括赋存形式、存量及气体压力等),为准确合理进行施工范围内气体泄压及优化泄压处置技术经济性提供支撑。同时,结合盾构隧道的施工工艺和机械条件,研究适于盾构隧道施工工艺的隧道内部气体探测技术。

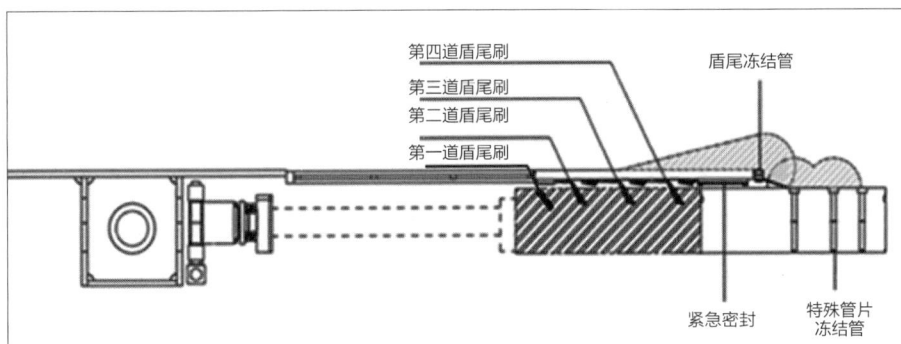

图 6-30 更换盾尾钢丝刷示意图

⑤盾构施工的深厚软土地层沼气处置技术

在沼气赋存状态探测研究的基础上，结合土体相关含气性能、盾构施工地层影响范围、盾构推进速度、隧道走向与地层赋存气体的相对空间关系等，研究适于隧址地层的气体释放技术，包括放气孔孔位布置、放气孔深度、放气时间、气体压力控制等，并进行放气方案优化，提高方案的经济性。同时，结合盾构隧道的施工工艺，研究隧道内部土体残留气体的处置方案。

（4）轨道工程的新技术推广应用

①CPⅢ轨道基础控制网的应用

铺轨基标在道床浇筑后大都被破坏，利用基标由人工手持道尺、弦线等工具进行轨道精调，铺轨测量精度不高。

为提高轨道的平顺度，带动轨道施工质量的整体提升，提高乘客的舒适度，减少后期运营维护的工作与成本，轨道施工测量舍弃了以往的铺轨基标方案，采用 CPⅢ轨道精密测控技术。

②双块式轨枕的应用

桁架双块式轨枕整体在工厂内预制，施工质量容易控制，且由于两轨枕块之间用钢筋桁梁连接，轨距保持稳定，通过特制的带坡度承轨台的支撑架将轨排进行调整，能够较好地减少轨道状态的调整量，加快施工进度，降低工程造价。

双块式轨枕结合了短轨枕和长轨枕施工各自的优点，避免了短轨枕施工轨底坡控制难和长轨枕容易出现枕下空洞等问题。

作为铺轨专用的起重机械，摒弃以往的旧式轨排铺架机，与供应厂家进行交流将目前采用的轨排铺架机采用液压式，并且针对不同结构断面形式，铺架机高度、跨度变化自由方便，操作简便，使得铺轨工效进一步提高（图 6-31）。

轨道车上线，采用新型固定式安全车挡，防止轨道车发生滑溜等安全事故（图 6-32）。

图 6-31　旧式铺架机（左）与新型铺架机（右）

图 6-32　固定式车挡

8）南宁地铁——地下车站喷膜防水材料的应用

为提高车站外包防水的质量，南宁轨道交通 5 号线决定将新型防水材料——丙稀盐酸防水材料投入到施工当中。相比以前传统的防水材料，丙稀盐酸防水材料具有使用寿命长、耐腐蚀性强、环保阻燃效果好、后期维护费用低等多种优势。在 5 号线金凯路站进行试点，效果显著。

6.1.4　各城市水文地质特点及对地下工程施工的不良影响

1）深圳地铁

深圳市地处广东省沿海地区，东临大鹏湾，西连珠江口，南与香港新界接壤，北靠东莞、惠州两市，地势东南高，西北低，多为低丘陵地，间以平缓的台地，西部沿海一带是滨海平原。深圳地下水的赋存特征与地层岩性、地质构造、地形地貌等密切相关。

根据地下水赋存介质的差异，将深圳市地下水类型分为松散岩类孔隙水、基岩裂隙水及岩溶水。

松散岩类孔隙水主要赋存于海积及冲洪积的淤泥质砂层、砂层（粉细砂、中粗砂、砾砂）、圆砾层、卵石层中。砂、卵石层孔隙率高，孔隙大，有利于地下水的赋存与径流，水量较丰富。

轨道交通地下车站基坑底板若位于砂层中，基坑开挖时易产生流沙、管涌现象，基坑降水时由于岩土层的有效应力增加，会发生固结沉降，易导致地面塌陷。砂层一般上覆淤泥或黏性土，下部为黏性土或残积层，黏性土相对砂层为隔水层，砂层中的水具有承压性，如基坑底板离砂层顶板距离不大，基坑开挖过程中易产生突涌。

轨道交通地下区间，若盾构处在承压水砂层中，由于正面压力设定不够高，缺少必要的砂土改良措施以及盾尾密封失效，而引起正面及盾尾涌砂涌水导致盾构突沉、隧道损坏；如盾构上部为硬黏土、下部为承压水砂层时，由于硬黏土过硬很难顶进，而承压水砂层则因受压不足不能疏干而发生液化流失导致盾构突沉；另因过硬黏土卡住密封舱搅拌棒使黏土与砂土不能拌合排出，致使盾构下部砂土液化由螺旋器流出，导致盾构底部脱空下沉；地表河流下一般分布淤泥及砂层，当盾构处于饱和含水砂层中可能发生涌水突沉引起上方江底沉陷，产生涌水裂隙，致使大量河水由盾尾或开挖的缺陷处涌入而淹没隧道。

基岩裂隙水受含水层岩性、地质构造、地貌条件、基岩风化程度的影响。总体上，基岩裂隙水发育具非均一性，基岩裂隙水主要赋存于岩石强、中等风化带及断层破碎带中。大部分基岩裂隙水具有一定的承压性，如果基坑底板离承压水顶板过近，基坑开挖时可能会产生突涌。断裂带岩体破碎，富水性好，对 TBM 施工影响较大。

岩溶水主要赋存于白云质灰岩、灰岩及大理岩中，岩溶水受岩性分布和地质构造等因素影响，岩溶孔隙及裂隙发育极不均匀，导致该含水层富水性极不均匀，富水地段单井涌水量达 $500 \sim 1000 \mathrm{m}^3/\mathrm{d}$，对轨道交通工程施工影响很大。

深圳地下水位埋深浅，海积、冲洪积平原区，地下水埋深一般为 $1 \sim 2\mathrm{m}$，滨海区雨季地下水位埋深小于 $1\mathrm{m}$，轨道交通地下车站（特别是换乘站）基坑底板埋深较深，地下水对坑底的浮托力很大，需要布置大量的抗拔桩。

深圳市西部沿海地区普遍存在海水入侵趋势。宝安区和南山区大部分沿海地区，其地下水矿化度为 $3.2 \sim 4.9\mathrm{g/L}$，说明海水入侵地下水问题比较突出，地下水多为半咸水；在福田区、罗湖区的沿海地带，地下水矿化度为 $2 \sim 3\mathrm{g/L}$，说明该地区地下水为微咸水，有海水入侵趋势。宝安区和南山区大部分沿海地区地下水中氯离子浓度严重超标，均超过了 250mg/L，个别地点甚至达到了 28000mg/L，大部分地段地下水对混凝土具有中等腐蚀性，局部地段具有强腐蚀性。

深圳各区地质条件复杂，存在多类别岩土层。花岗岩、变粒岩，不良地层众多，填块石、淤泥、砂层对基坑开挖和支护影响大，围护结构受力及变形大；部分区间范围存在孤石、基岩凸起情况，盾构区间的掘进困难；部分矿山法区间在残积层、强风化花岗岩层施工，地下水渗透性强，遇水扰动后强度降低，风险高，施工过程要做好应对措施，降低工程风险和对周边环境的影响是难点。

2）西安地铁

西安市位于关中平原中部，自南至北地形呈"凹"形，南北高出平缓，中间平坦，地貌单元依次为黄土塬区、黄土梁洼区、冲洪积平原区、黄土塬区。目前地铁工程涉及范围内均为第四系孔隙潜水。黄土塬区地下水位埋深一般为 30～50m，含水层主要为老黄土；黄土梁洼区地下水位埋深 10～30m，含水层为黄土层及冲积砂层；冲洪积平原区地下水位埋深 10～25m，其中河谷、漫滩区地下水位埋深一般小于 10m，含水层以砂层为主，含水层厚度大于 50m。

黄土梁洼区及冲洪积平原区含水层多以粉质黏土与砂层互层、厚层粉质黏土层中分布有砂层透镜体，分布的不规律性对地下水控制及暗挖法施工影响较大，粉质黏土与砂层互层区段降水难于疏干且易在粉质黏土层顶面形成层间滞水，开挖时易产生层间出水和砂层流失。

3）成都地铁

成都市地貌主要分为三级阶地，分别为一级阶地、二级阶地、三级阶地（台地）。其中岩土类型、地层结构及工程性质相应对应以上三级阶地。岩土主要类型有杂填土、素填土、新近沉积土。一级阶地上组：褐色黏土、灰黄色粉质黏土、粉土、灰黄—灰色砂土。一级阶地下组：灰白—灰褐色卵石土、黏性土、常有砂薄层或渗透体，一般可分为砂层、圆砾、松散、稍密、中密、密实等亚层。二级阶地上组：黄—褐黄色黏土、粉质黏土、粉土、砂土、黏性土，含铁锰质结核及钙质结核、裂隙发育，黏土可具胀缩性。二级阶地下组：灰黄色卵石土、泥沙及黏性土、有砂薄层或渗透体、个别卵石已强风化，一般可分为砂层、圆砾、松散、稍密、中密、密实等亚层，密度划分及其强度和变形指标同一阶地卵石。三级阶地上组：褐黄—棕红色间有黄、灰白色黏土、粉质黏土，含铁锰质结核及钙质结核、裂隙发育、具胀缩性。三级阶地下组：该层简称"雅安砾石层"，褐黄—

红棕色黏土质卵石，大部分卵石已强风化，呈泥质胶结状。

一级阶地全新积砂卵石层中的孔隙潜水，水量丰富，含水层渗透系数 K=20 ~ 30m/d。孔隙潜水一般为淡水、中性水、硬水或极硬水，水化学类型多为重碳酸钙型。二级阶地上更新统冲洪积层黏性土中的孔隙、裂隙中局部存在上层滞水，水量一般较小。上更新统冲洪积卵石层中的孔隙滞水，水量一般较为丰富，含水层 K=10 ~ 20m/d。三级阶地中下更新统冰水堆积层黏性土中的孔隙，裂隙中局部存在上层滞水，水量一般较小。"雅安砾石层"渗透性较差，水量小，一般采用基坑明抽排水。

第四系孔隙水主要赋存于全新统冲洪积层（Q4al+pl）的砂、卵石和上更新统冲洪积层（Q3al+pl）的砂、卵石中，水量极其丰富，根据已有勘察资料，含水层有效厚度一般为 7.5 ~ 40m，为孔隙潜水，局部地段由于地形和上覆黏性土层控制，具微承压性。根据成都地区水文地质资料显示，该层砂、卵石综合含水层渗透系数 K 约为 18 ~ 25m/d，为强透水层，地下车站受第四系孔隙潜水影响大。

此外，成都市存在的主要不良地质为砂土液化、有害气体、地面沉降，特殊岩土为人工填筑土、膨胀土、膨胀岩，部分地层为复合地层，对地下车站围护结构施工、基坑开挖、桥梁桩基、隧道暗挖、盾构掘进等均存在不良影响。

4）厦门地铁

我国东南沿海地区地质条件为典型的花岗岩复合地层，厦门地区尤其具有代表性，地铁盾构在施工过程中经常受孤石、飘石、基岩突起影响，个别地段抗压强度高达 160MPa，盾构在穿越微风化基岩突起花岗岩时平均一天掘进不到一环，且 10 环左右就要换刀，每次换刀时间都要 10 天以上，严重影响施工进度，增加施工成本。

厦门海平面低，地下水位高，从已经运营的几条线路来看，结构渗漏对运营带来了非常大的负面影响，所以应从设计、施工、原材料入手，做好防水施工质量，尽可能地减少对后期运营的影响。

5）宁波地铁

宁波是浙江省八大水系之一，河流有余姚江、奉化江、甬江，余姚江、奉化江在市区"三江口"汇成甬江，流向东北经招宝山入东海。宁波沿海潮汐属不正规半日期潮型，一天有两个高潮和两个低潮。平均高潮为吴淞零点以上 3.14m，最高潮位 4.86m，平均低潮位 1.47m，最低潮位为 0.31m。据宁波潮位站 1951 ~ 1984 年的观测资料，历年最高潮位 2.98m，高出市区平均地面，平均高潮位 1.15m，历年最低潮位 –1.72m，平均低潮位 0.51m，历年最大潮差 3.62m，平均潮差 1.66m。地表水水位涨落受大气降水、甬江和奉化江等的潮汐影响而有变化。

根据地下水含水空间介质、水动力特征及赋存条件，宁波市地下水主要为第四系松散浅层孔隙潜水类型、深部粉（砂）性土和松散岩类孔隙承压水。工作区地下水按含水空隙介质及埋藏条件等，可分为松散岩类孔隙潜水、孔隙承压水及基岩裂隙水三大类。其中主要含水层有全新统冲积—冲洪积卵（砾）石、砾砂、砂孔隙潜水含水层，上更新统冲海积、冲积孔隙承压含水组（Ⅰ），中更新统冲洪积、冲积孔隙承压含水组（Ⅱ）。本场地地表水、地下水和土对Ⅱ类场地环境中混凝土结构无腐蚀性，对长期浸水条件下混凝土结构中钢筋无腐蚀性，对干湿交替条件下钢筋混凝土结构中钢筋具弱腐蚀性，对钢结构具弱腐蚀性。

宁波地区广泛分布有饱和软土，厚度达 30 ~ 40m，主要为淤泥质粉质黏土、淤泥质黏土、淤泥，软土具有含水量高、孔隙比大、压缩性高、抗剪强度低、灵敏度高、极易发生蠕动和扰动的特点，稍受外力作用就会发生扰动、变形，且强度显著下降；同时软土还有低渗透性、触变性和流变性等特点。这种土层，不仅盾构掘进中保持开挖面的稳定极为困难，而且会引发前期沉降及盾构通过后沉降长期不收敛，即沉降持续时间特别长。直接用作隧道围岩、地基持力层、基坑边坡危险性较大。工程建成后，软土引起的工后沉降往往较大，对工程的安全运营影响很大；同时在上部荷载和震动的长期作用下，软土的触变特点往往会使其强度降低，从而进一步加大构筑物的变形量。故拟建工程沿线分布的黏性土是影响工程的主要软土层，应引起重视。

6）温州地铁

温州地处浙东南沿海，属亚热带海洋性季风气候，冬短夏长，四季分明，雨水充沛。多年平均气温为 17.9℃，无霜期 272 天，年极端最高气温 39.3℃，极端最低气温为 –4.5℃。

温州全年雨水充沛，降水成因主要是锋面雨、台风雨。雨量的多少与台风活动及梅雨期的长短密切相关。4 ~ 6 月为梅雨期，降水量占全年的 36% ~ 44%，是该地区主要汛期，雨量多，常造成较大的内涝灾害。其次为 7 ~ 10 月的台风、暴雨期，雨量大，强度大，降水量占全年的 20% ~ 28%。温州年降水量 1400 ~ 1800mm，平均 1695mm，最大日降水量 355.9mm（1981 年）。早春常有低温阴雨天气，降雨主要集中在 4 ~ 6 月份的梅雨期和 7 ~ 9 月份的台风暴雨期，汛期降雨量占全年降水量的 65% ~ 70%。

温州轨道交通工程所经区域属于冲海积平原区，周边以住宅、厂房、农田为主，地面保护要求高，河网发育，不具备放坡开挖条件。明挖隧道主要采用矩形结构和框架结构等，主要地层为人工填土、粉砂淤泥、黏土等。工程区内大范围分布深厚层软土，其具有易触变性、高压缩性、强度低等特性，工程性质差。围护结构采用地下连续墙、TRD 工法搅拌墙、搅拌桩等。采用明挖法施工时，土体开挖后，可能出现基坑边坡变形、坑底土体隆起、坑外土体变形等问题。

7）南宁地铁

4 号线区间有全断面硅质岩层，根据勘察资料揭示该地层风化程度较高，岩芯呈层状、碎散、岩质性脆，易受外力扰动影响而破碎。且该区间距离邕江较近，约 850 ~ 1600m，地下水补给丰富。对盾构机掘进及刀具配置要求较高。

4 号线一期工程东段位于浅部岩溶带，灰岩段岩溶遇洞率在 40% 左右，其中飞体区间遇洞率高达 72.2%，区间岩溶率达到 50%，属于岩溶强烈发育地区。经统计全线有 16.2km 处于岩溶区，岩溶区施工占比达到 64%，为南宁在建线路岩溶区最长，岩溶最为发育的一条地铁线路，同时灰岩的强度也呈现了强度不均，强度 30 ~ 120MPa 不等，软硬岩交替的地质也给盾构的掘进和联络通道的开挖造成了很大的困难。

6.2 城轨建设智慧工地

6.2.1 上海地铁

1）封浜车辆段

上海轨道交通 14 号线 22 标封浜车辆段采用的智慧工地管理云平台，以现场实际施工及管理经验为依托，针对工地现场痛点，组织相关单位研发攻关出模块化、一体化工地综合管理平台。系统主要依托于工地现场人员定位系统、监控安防系统、人员实名制多维考勤管理系统、特种设备监控信息中的一项或者多项来实现对数据采集。通过现场控制系统返回给现场指挥中心。同时数据通过互联网上传至云平台，通过云平台对数据进行整理挖掘，同时通过对所有工地数据的大数据分析，发现深层次的信息，实现对工地施工以及人员的预警，预判并完成众多子系统的统一管理和控制。平台系统汇集人员管理、安全质量管理、现场管理及其他四大板块；人员管理包含劳务实名制系统、人员定位系统、劳务薪资系统及门禁系统；安全质量管理包含监控中心、视频监控系统、智能安全帽管理系统及安全教育系统；现场管理包含问题上报系统、移动执法系统、工地巡更系统、智能广播系统、任务积分系统及施工日志系统；其他包含物资管理系统、审批系统及环境系统。

2）下南路站

基于 BIM 的软硬件一体化智慧工地管理平台包括以下内容。

（1）软件系统

① PIP 项目一站式集成管理平台

②考勤后台管理系统

③视频监控系统

④人员机械定位、电子围栏系统

⑤智慧安全帽对讲系统

⑥基坑与周边环境监测系统

⑦渗水监测系统

⑧视频会议系统

⑨集团远程监测管理系统对接

（2）硬件配置

①现场基础网络设施

②门禁闸机、人脸／指纹考勤机

③道闸及车辆牌照识别装置

④智能安全帽（人员定位、嗡鸣器）

⑤机械定位机贴（芯片）

⑥视频摄像头、现场流媒体服务器及存储服务器

⑦监控室大屏

3）智慧工地关键技术及创新点

①多终端数据共享：实现电脑网页版、手机移动端等多终端的联网联合及数据共享。

②BIM 超轻量化技术：大型 BIM 模型在移动端（手机）流程运行，快捷应用。

③多平台信息集成技术：与工程管理系统、基坑监测系统、人员监控、环境监测、视频监控系统等多系统信息准确对接、高度集成、信息高速流转。

④电子围栏技术：通过人员定位系统设置电子围栏，人员进入危险区域时通过智能安全帽嗡鸣器报警。对重要部位或安全风险较大区域实施智能管控。

⑤图像识别：通过视频摄像头，对危险动作进行图像识别抓取。

后续优化升级主要从人员认证与培训系统、智能摄像头升级、智能安全帽

升级、完善物料管理系统及 BIM 轻量化系统着手。

通过"智慧工地"系统的搭建，将现场人员、设备、材料、环境监控集成到建设管理系统 PIP 中，实现远程化、可视化、集成化管理，可对工程现场进行全方位、全过程管理，"一管到底，将个人管控转变为全员管控"。

通过基于 BIM 的智慧平台应用，能够更好地沟通与协作，使得施工项目可视化，建设更安全的建筑工地，保证更好的构建与质量，加强设施管理和项目移交，从而通过全面的资产移交为运维提供保障，实现项目的全生命周期管理，全面提升城市轨道交通的建设水平，践行智慧建造、绿色建造，提升管理效益，减少返工浪费。

6.2.2 深圳地铁

深铁建设对深圳地铁所有在建线路推行信息化管理，基于 BIM 和 IoT 物联网等信息化技术，已逐步实现施工现场人员管理、盾构机推进状态管控、现场作业视频监控、施工方项目管理平台等智慧工地应用，在深圳地铁四期 6 号线支线、12 号线、13 号线、14 号线、16 号线建设中均已开始推广应用，对施工进度、安全、材料等现场工作进行管理，取得了一定的管控效果。

为推进深圳地铁建设信息化，深圳地铁目前已发布《深圳地铁中长期发展战略规划 2019—2030》《深圳地铁信息化规划》《深圳地铁 BIM 应用发展总体规划》等政策文件，着手编制并部分发布了《深圳地铁 BIM 技术标准体系》《地铁数字工地数据标准》等标准化文件，以统一对参建方的技术要求。深圳地铁相关一体化项目管理、安全管理、BIM 管理平台也初步与施工方项目管理平台进行了对接。

信息化建设情况如下。

（1）一体化工程项目管理平台

平台包括 14 个业务模块，涵盖地铁建设规划、设计、征拆、前期、土建、站后、验收、移交全过程，实现投资、计划、质量管理信息化，将线下流程转为线上流程，借助信息化实现业务规范化，提升管理效能及水平，实现以下目标。

①创新管理模式。由"人管"过渡到"技管"，实现深圳地铁工程项目管控视图一体化、业务协同一体化、资料管理一体化、数据标准一体化、模型仓库一体化总体管控模式，促进地铁工程项目管理规范化、标准化、信息化、科学化。

②整合地铁行业最佳实践。提炼深圳地铁建设先进经验，构建以"投资控、计划云、机电通、安质保、M-CIM 地铁公共信息模型、D-EPM 数字化项目管理中心、问题池"为核心的"新四控两管一协调"工程项目管理体系。

③打通业务与部门之间壁垒。给深圳地铁与各参建单位提供统一业务对接的集成入口，全面提高深圳地铁与各单位业务办理效率，消除信息孤岛，横向打通、纵向集成业务信息流，在地铁集团信息化集中管控下，实现互联互通。

④规范化、标准化管理：编制具备可行性和可操作性的作业大纲，用于规范建设单位和各个参建方在地铁工程项目协作过程中各自的管理职能和具体管理要求，并能够通过信息化工具落实到实际的生产环节中进行标准化、可量化和信息化管理。

平台下一步计划积极深化应用，有序变革原来业务线下处理的方式，全面转向线上，实现数字化工程建设管理，提高管理效率，提升管理水平，打造国内地铁建设行业，"数字化决策、全局化管控、一体化协调、规范化实施"的新型地铁公司先行示范。

（2）安全管理平台

安全管理平台主要包括隐患排查治理、安全风险管理、盾构施工实时监控三个模块，各模块均支持 PC 端、移动端，实现将风险、隐患、盾构三大模块深度融合到一个平台。

安全管理平台以"分级管控、动态监控、风险隐患、双重预防"为目标，按照"关口前移、精准管理、源头治理、科学预防"的原则构建风险、隐患双重预防机制体系，通过业主及各参建单位的共同参与，实施全过程、动态安全风险管理及隐患排查治理、全线网盾构施工实时监控，实现工程建设安全风险、隐患、盾构施工管理的规范化、标准化及信息化。

安全风险管理模块主要针对地质、环境和结构等重大风险源，进行风险源辨识与分级评估、监测数据、预警数据等过程管理。实现风险源的标准化录入、动态评估，预警的自动发布。

安全隐患排查治理模块即可通过 PC 端、移动端的方式，进行施工现场的隐患排查、响应及治理，通过将标准的隐患排查项及响应、整改要求固化在系统中，跟踪记录现场隐患排查的处置过程。

盾构施工实时监控即将盾构机接入平台，自动采集大量数据和信息。一方面可实时查看盾构机施工停工状态、盾构进度、掘进参数；另一方面当盾构掘进参数出现异常时，平台将立即给参建各方推送预警信息。可实现实时掌握盾构机地理位置；成型管片质量一目了然；姿态预警信息实时推送，避免施工单位瞒报等。

安全管理平台的上线，全方位促进了工程现场安全生产管理水平的提高，管理行为的标准化、规范化；强化了安全风险动态管控；使盾构施工一目了然，信息化、数字化与传统土建工程有机融合；提高了参建各方人员的安全意识、专业技能和责任心，最大限度地减少或规避了深圳地铁工程建设中的安全隐患，减少了隐患事故。

（3）深铁建设工程数字化管理中心（CDMC）项目

CDMC 包含数据可视化、视频管理及 AI 分析、辅助管理 / 决策支持、三维数字沙盘功能。

数据可视化即与一体化工程项目管理平台、安全管理平台、BIM 平台、数字地铁互联互通，监管工程建设中的综合概况、投资、进度、参建单位、安全、质量、人员、设备、绿色施工等情况。将地铁建设数据和智慧工地数据进行多维度统计与展示，打造"多维度、可联动、数据全"的工程数字化管理中心。

视频管理 /AI 分析可实现"未戴安全帽、未穿反光衣、翻越行为、电子围栏、现场吸烟、烟雾明火"6 个违规场景 AI 分析并实时报警，减少数据手工录入，辅助管理，在云端训练本地部署，持续提升 AI 分析能力。

辅助管理 / 决策支持即"按照情况描述（发生了什么）→问题诊断（为什么会发生）→事件预测（可能发生什么）→方案指导（我需要做什么）"的思路，结合大数据、云计算技术辅助工程管理。

应急管理可实现应急指挥全局总览，统一指挥。集团指挥中心快速汇聚事件、现场、任务等信息，以及周边救援物资、装备、队伍等应急资源，为指挥长、现场指挥部辅助决策提供数据支撑；基于数字预案生成可视化指挥体系架构和响应任务，以及任务一键下发，确保事件详情以及任务第一时间送达各责任单位。

数字沙盘可三维可视化呈现盾构施工关键节点的实时参数、地质数据、风险源数据、安全监测数据；预警信息动态提示，预警详情与三维模型联动展示；通过"AR 眼镜 +5G"、远程可视巡检、盾构机视频回传，实现线上、线下协同工作。

深铁建设工程数字化管理中心项目借助数字沙盘轻量化引擎、物联网、智能感知、云、大数据、AI 人工智能等先进信息化技术对建设工程全过程重大质量及风险源进行及时感知及数据分析评估，整合海量多源异构数据，通过数据融合等手段，实现深铁建设工程安全数据共享。通过时间、施工单位、线路、工区、工点等维度的数据纵向、横向对比，可实现核心数据可视可管，为建设工程的辅助管理和决策支持，提供强有力的支持。

（4）后续发展计划

根据深圳地铁集团对信息化工作和 BIM 技术应用工作的整体部署和企业规划，在深圳地铁四期建设阶段，将继续重点推动施工单位开展智慧工地等的建设与运用，设计施工一体化应用，通过 IoT 结合 BIM 实现对施工现场"人、机、料、法、环"信息的泛感知，如盾构机推进监测、现场人员管理、视频监控、预制构件运输及安装管理等，推进现场施工方智慧工地建设，加快建设方的智慧地铁建设管控平台建设，做好多平台的数据融合与数据互通，满足深圳地铁和施工单位进度、质量、安全、成本、数据管理的需要，推动形成基于"BIM+物联网"并适应深圳地铁建设模式的智能工地管理体系，为深圳地铁建设阶段管理提供现场抓手。

基于此目标，对深圳地铁智慧工地建设的发展，整体建设计划见表6-1。

深圳地铁智慧工地计划

表6-1

序号	工作事项	进度安排	备注
1	深圳地铁相关《BIM技术标准体系》《智慧工地数据标准》等发布	—2020年6月	初版，标准优化更新将持续进行
2	技术研讨、标准宣讲及参建方人员培训	2020年4月—	持续进行
3	深圳地铁相关管理平台开发及优化	2020年4月—2024年6月	均已部分投入使用、迭代优化
	深圳地铁参建方管理平台开发及优化		
	多平台数据接口及互通		
	"智慧工地"现场IoT设备分阶段应用		

6.2.3 西安地铁——8号线智慧工地管控平台

1）平台介绍

西安市轨道建设智慧工地管控平台是以西安市地铁8号线为试点，组织实施的智慧工地项目。本项目的建设主要是为了适应新形势下安全管理要求，探索新的管理模式，根据前期调研成果，通过分阶段建设实现"以点带线，以线带面"。通过本项目实施建立西安城市轨道交通建设项目智慧工地建设标准。

西安市轨道建设智慧工地管控平台的建设围绕西安市轨道建设智慧工地管控平台建设总体目标，充分运用云计算、大数据、物联网、人工智能等现代信息技术，按照"实际、实用、实效"的要求，建设"一个监管中心、十类系统集成接口、一个管控平台、两个支撑服务"。"一中心建设"是指西安地铁智慧工地综合监管中心，针对整条地铁线路，汇总所有项目部人员管控、项目设备管控、施工状态管控、进度管控、视频管控等数据，通过大数据清洗、交换以及融合，形成业务数据仓库，然后进行数据汇总和分析，通过横向对比使业主可以快速、准确地掌握整个线路现场施工进度、质量以及安全，实现智能预警，把握好整个线路的整体态势。"一管控平台建设"是以现场实际施工及管理经验为依托，针对工地现场痛点，实现项目部人员、机械设备、施工工法、工地环境、施工进度、安全质量、风险管控等方面的数据资源管理、汇总、统计以及分析。平台主要依托工地现场已实施的智能人员管理系统、监控安防系统、盾构远程智能监控系统、智能检测系统等多个系统实现数据采集对接。通过平台提供的十类系统标准规范接口将数据实时推送到平台，在平台实现多系统数据打通以及协同。同时，平台整合线下手工业务数据，形成对业务数据从产生、统计、分析到应用的全生命周期追踪。建设统一的施工管控集成平台。"十类系统集成接口"主要是指平台在集成项目部现场信息化系统所定义规范出的标准接口。"两个支撑服务"包含了西安地铁大数据服务以及云计算服务。

2）平台功能

①劳务人员智能管控系统

②施工全过程视频监控智能管控系统

③暗挖隧道智能管控系统

④盾构施工智能管控系统

⑤VR 体验智能管控系统

⑥商品混凝土智能管控系统盾构质量管理系统

⑦关键工序、隐蔽工程全程留痕智能管控系统

⑧BIM 技术可视化技术交底

⑨试验室智能管控系统

⑩商品混凝土智能管控系统盾构质量管理系统

3）关键技术

①大数据交换融合。通过 Hadoop 大数据处理框架对结构化数据、非结构化数据以及半结构化数据进行数据清洗、数据交换以及数据汇总。

②GIS 可视化。在 Web 端通过 GIS 方式对施工现场进行实时展现，对于人员、设备、工区、进度等信息通过可视化集成在 GIS 系统中。

③大数据分析。基于海量施工数据进行数据建模分析，通过不断地调整数据挖掘算法和优化模型，提高数据分析结果质量。主要用于盾构施工分析、刀盘磨损分析。

④人工智能识别。通过智能视频摄像头，对危险动作进行图像识别抓取，智能识别出人员信息以及危险动作级别，发送预警。

⑤BIM 可视化。通过 BIM 可视化帮助作业人员迅速了解工程设计中钢结构构件空间立体布置，通过提前碰撞校核，可对方案进行优化，有效解决施工图中的设计缺陷，提升施工质量，减少后期修改变更，避免人力、物力浪费，达

到降本增效的效果。

⑥物联平台。提供一站式的设备接入、设备管理、监控运维、数据流转、数据存储等服务，数据按照实例维度隔离，可根据业务规模灵活提升规格，具备高可用性、高并发、高性价比的特性，解决项目部智能设备高频次数据采集上传问题。

⑦多终端数据共享。实现电脑网页版、手机移动端等多终端的联网联合及数据共享。

通过西安市轨道建设智慧工地管控平台搭建，可实现将现场人员信息、设备信息、工法资料、环境监控、进度管理、质量管理、安全管理以及视频监控集成到智慧工地管控平台中，实现远程化监管、可视化统计、移动化办公、智能化预警、快速化响应，可对工程现场进行全方位、全过程管理，从数据生产上报到现场关键工序留痕，再到进度统计汇报，实现人人管控、全员协同。

6.2.4 成都地铁

成都地铁基于"互联网+"的思维理念，以移动互联网和网络传输为基础，结合人员实名制考勤、高清视频监控、扬尘在线监测等自动化监控监测手段，综合利用物联网、"Web GIS"及大数据分析等多种技术，开发了智慧工地一体化综合管理平台。

系统有效地实现了不同类型工程数据的集成、分析和自动预警，并与原有的成都轨道建设安全风险管理系统进行了整合，进而实现了工程管理干系人与工程施工现场的整合，助力轨道建设风险管控工作实现科技化、高效化、智能化。

智能工地管理平台对建设工程现场的各类监控监测数据进行实时接收和采集，并经互联网上传至云平台，最终通过平台的大数据分析及数据挖掘技术，实现对现场存在工程本身及人员风险隐患的及时预警。该系统目前主要包含实名考勤、起重吊装、视频监控、环境监测和非道路移动机械等5个功能模块。实名考勤模块集成人员信息采集、人员考勤统计分析和人员结构统计分析等功能；起重吊装模块集成吊装作业实时监控和历史作业数据统计、司机信息以及作业令等功能；视频监控模块集成云台控制和截图等功能；环境监测模块集成测点定位、监测数据实时分析预警等功能；非道路移动机械模块集成车辆识别、冲洗识别统计、渣土覆盖识别统计等多个功能。

科学技术是安全生产的重要基础和保障，成都地铁后续将继续践行"科技创新驱动安全发展"战略，高度重视和加强安全生产科技创新工作，将在现有智慧工地管理平台的基础上继续完善和发展，尤其要结合新技术、新方法探索开发施工过程的智慧管理手段，最终实现人、机、物和环境等的智能化管理。

6.2.5 厦门地铁

基于 BIM 的机电施工管理平台包括以下内容。

1）软件系统
①机电设备监造管理
②机电施工形象进度管理
③机电分类问题管理
④机电设备首件安装管理
⑤机电设备安装管理
⑥单系统调试管理
⑦综合支吊架管理
⑧数字化交付管理

2）智慧工地关键技术及创新点
①多终端数据共享。实现电脑网页版、手机移动端等多终端的联网联合及数据共享。

② BIM 超轻量化技术。大型 BIM 模型在移动端（手机）流程运行，快捷应用。

③离线技术。通过离线技术实现在无移动网络环境下机电施工进度以及机电分类问题处理。

后续优化升级主要从移动端 BIM 模型查看编辑性着手。

通过"机电施工管理"系统的搭建，将机电设备监造过程集中在机电设备监造管理模块中，结合 BIM 模型实现机电设备从设计联络到最终安装交付的远程化、可视化管理，可对机电设备监造过程进行全方位、全过程管理。

通过基于机电安装辅助平台应用，能够更好地沟通与协作，实现机电施工进度的可视化管理，结合 BIM 模型实现机电施工现场问题全过程管理，并最终形成基于 BIM 模型的机电施工过程材料归集，从而通过全面的资产移交为运维提供保障，实现项目的全生命周期管理，全面提升城市轨道交通的建设水平，践行智慧建造、绿色建造，提升管理效益。

3）工程案例——机电施工管理平台

建设单位和参建单位用户开发机电设备监造管理模块，实现参建各方通过机电设备监造管理模块处理甲供/甲控乙供及乙供设备的监造全过程，同时基于 BIM 模型实现设备的可视化管理和数字化交付。通过基于 BIM 的机电施工管理系统的使用，施工单位对地铁车站的机电施工进行有序组织，相关管理人员对地铁车站机电施工的进度、质量进行有效管控，机电施工的过程数据和资料与 BIM 模型形成对应关联，在竣工时为运营部门移交满足《厦门轨道交通工程建设阶段 BIM 模型交付标准》的机电系统运维 BIM 模型和数据。

当前已完成开发。目前实施情况为机电设备监造模块完成 3 号线甲供设备导入设备监造系统工作；机电安装辅助模块、后村站进度填报、机电分类问题管理以及单系统调试正在 3 号线全线推广使用。

6.3 问题与建议

6.3.1 问题

我国经济高速发展，各城市轨道交通同时快速建设。由于我国轨道交通发展起步较晚，现阶段又是采取跨越式发展方式，所以在轨道交通快速建设中逐渐暴露出一些问题。一是在网络化建设中，环境制约是建设难度及风险的重要来源。在房屋和市政隧道的近接施工方面，当前工艺技术已经较为成熟，但由于环境制约导致的特殊工法所造成的施工风险，仍然是各城市轨道交通建设的重难点。二是文明施工仍需进一步优化，对城市的影响仍是轨道交通建设的重要矛盾，空气污染、噪声污染、光污染直接对居民的生活造成不同程度的影响，管线切改、土方工程、混凝土工程、夜间施工、大型设备运转等如何有效降低影响值得深究。

6.3.2 建议

根据当前的建设形势，建议着重推动轨道交通智能建造发展，加快施工自动化技术的研发，增强现场感知能力。通过对自动化数据的集成分析，有效利用信息资源，推动城市轨道交通建设智能化、智能化发展，促进轨道交通建设高质量发展。

在管理方面，信息化管理逐步形成趋势，各类平台系统层出不穷。但由于管理平台数量多、操作复杂的问题，导致其在各层面的推广应用效果不佳。尤其在现场层面，过多的系统数量与复杂的操作，让很多初衷很好的管理系统的应用只流于流程，无法真正地发挥作用。信息平台整合及手持终端的轻量化方面，仍有较长的路要走。

　　轨道交通施工规范主要分为国家标准、地方标准和企业标准三个层面。由于地下工程施工情况与建设当地水文地质情况息息相关，国家规范很难对其进行统一要求，而同一地区的地方规范之间，存在标准不统一，甚至有冲突的情况。企业规范也应与时俱进，根据施工技术的发展现状及时更新企业规范。只有在各层面文件规范真正具有指导意义的情况下，施工质量才能得到稳步提升，从而促进行业整体发展。

7 竣工验收篇

7.1 概述

本篇根据福州、南昌、南宁、宁波、温州、西安六个城市反馈的竣工验收调研报告，统计出六大城市的轨道交通竣工验收情况。

1）福州

已完成竣工验收的线路见表7-1。

福州已完成竣工验收线路统计表　　　　　　　　表7-1

线路	长度（km）	车站（个）	竣工验收时间
1号线一期	24.89	21	2017年1月6日

正在试运营的线路见表7-2。

福州正在试运营线路统计表　　　　　　　　表7-2

线路	长度（km）	车站（个）	试运营时间
2号线	29.349	22	2019年4月26日

2）南昌

已完成竣工验收的线路见表7-3。

南昌已完成竣工验收的线路　　　　　　　　表7-3

线路	长度（km）	车站（个）	竣工验收时间
1号线	28	24	2015年11月23日

正在试运营的线路见表 7-4。

南昌正在试运营的线路 表 7-4

线路	长度（km）	车站（个）	试运营时间
2 号线	23.8	21	2019 年 6 月 30 日

正在组织准备的竣工验收见表 7-5。

南昌正在组织准备的竣工验收线路 表 7-5

线路	长度（km）	车站（个）	计划验收时间
3 号线	28.5	22	2020 年 9 月

3）南宁

已完成竣工验收的线路见表 7-6。

南宁已完成竣工验收的线路 表 7-6

线路名称	线路里程（km）	车站（个）	初期运营时间	备注
1 号线	32.1	25	2016 年 12 月 28 日	2020 年 12 月 30 日拟竣工验收
2 号线	21.0	18	2017 年 12 月 28 日	—
3 号线	27.9	23	2019 年 6 月 6 日	—

4）温州

已完成竣工验收的线路见表 7-7。

温州已完成竣工验收的线路 表 7-7

序号	线路	长度（km）	车站（个）	验收时间	试运营时间
1	铁路 S1 线一期工程西段	34.38	12	2018 年 12 月 6 日	2019 年 1 月 23 日
2	铁路 S1 线一期工程东段	19.127	6 车站，2 工作井，1 主变电站、1 区间变电所	2019 年 8 月 30 日	2019 年 9 月 28 日

准备竣工验收线路见表 7-8。

温州准备竣工验收的线路 表 7-8

序号	线路	长度（km）	车站（个）	竣工验收时间
1	铁路 S2 线一期	63.63	20[地下站 1 座（机场站），其余均为高架站]	2022 年 12 月

5）宁波

目前正在试运营的线路有 1 号线一期和二期、2 号线一期、3 号线一期、宁奉线首通段。运营线路均已完成竣工验收。

正准备组织竣工验收的线路有 2 号线二期首通段、宁奉线后通段和 4 号线，计划验收时间分别为 4 月、8 月、10 月。

6）西安

已完成竣工验收的线路见表 7-9。

西安已完成竣工验收的线路   表 7-9

线路	长度（km）	车站（个）	试运行时间	竣工验收时间
1 号线二期	6.09	4	2019 年 9 月 26 日	2019 年 9 月 15 日

准备竣工验收线路见表 7-10。

西安准备竣工验收的线路   表 7-10

序号	线路	长度（km）	车站（个）	计划验收时间
1	5 号线一期	21.7	18	2020 年 12 月
2	6 号线一期	15.6	13	2020 年 12 月

7.2 验收制度建设

城市轨道交通竣工验收管理办法起源于住房和城乡建设部组织制定的《关于印发〈2009 年工程建设标准规范制定、修订计划〉的通知》（建标[2009]88 号），2009 年规范制定计划中第 88 项"城市轨道交通建设项目管理规范"，明确了其主要内容、主编部门、主编单位、参编单位、起止时间和进度要求等。

2011 年 10 月，住房和城乡建设部发布公告，批准《城市轨道交通建设项目管理规范》为国家标准，编号为 GB 50722-2011，自 2012 年 6 月 1 日起实施。

规范内容共分 19 章，其中第十九章包含了"验收及移交管理"，明确验收及移交管理的主要原则和要求，明确工程质量验收的划分和条件，规范工程质量验收的程序与组织管理、工程移交的程序与组织管理、专项验收管理、项目竣工验收管理的措施和要求。

《城市轨道交通建设项目管理规范》是针对整改城市轨道交通建设项目管理

的，重点体现了质量验收的组织与程序管理，而对城市轨道交通竣工验收的其他验收无具体要求。

为规范城市轨道交通建设工程验收工作，提高城市轨道交通建设工程质量安全水平，住房城乡建设部于 2014 年 3 月 27 日以建质 [2014]42 号印发《城市轨道交通建设工程验收管理暂行办法》。该《办法》分总则、单位工程验收、项目工程验收、竣工验收、附则 5 章 26 条，自颁布之日起施行。该管理办法更进一步具体细化了城市轨道交通工程验收管理，明确了验收内容和程序。

《城市轨道交通建设项目管理规范》《城市轨道交通建设工程验收管理暂行办法》是目前城市轨道交通竣工验收的主要依据。

7.2.1 已完成竣工验收城市的经验分享

根据参与调研的 6 个城市反馈的数据显示，其中有 20% 的城市尚未进行轨道交通工程竣工验收，未统计的城市当中仍有大部分城市无相关的竣工验收经验，现将已顺利开展竣工验收工作的重点城市相关验收程序和总结体会经验进行总结，希望能给后续开展轨道交通竣工验收的城市提供帮助和借鉴。

1）南宁
南宁轨道交通集团协助南宁市交通运输局、上海市交通运输行业协会开展《南宁市轨道交通初期运营安全评估实施指南》的编制，旨在按国务院和交通运输部的要求，精心组织、开展初期运营前的安全评估，确保评估内容全面、评估程序严格，评估结论独立、公正，找出隐患，提出整改措施，督促整改落实；确保土建、车辆、设施设备、消防、环保等专项验收达到初期运营的基本要求；确保南宁市轨道交通初期运营安全。

2）温州
一是验收工作涉及十多个专项验收、专项工作，关联部门多，单靠建设单位推动该项工作往往力不从心，需要地方政府给予大力支持，应成立市级政府层面的领导机构推进验收工作；二是验收主体责权应统一，谁建设谁组织验收，有利于验收工作顺利推进。

3）宁波
竣工验收工作顺利开展的前提是制定合理的工程统筹计划和扎实地做好前期单位工程验收及项目工程验收工作。

7.2.2 工程建设验收及移交管理程序

1）福州

（1）施工单位做单位（子单位）工程质量自评报告，介绍工程概况、单位工程预验收检查问题的整改情况、自检自评质量情况，目前遗留工程情况，本次验交工作要移交的工程实体范围、设备清单，施工合同履行情况。

（2）设计单位做设计工作质量报告，明确施工单位的施工是否满足设计要求及存在的问题、设计变更手续是否完善、设计合同履行情况，对照初步设计的未完工程等。

（3）监理单位做单位（子单位）工程质量评估报告，介绍工程监理情况、整改问题复查情况、质量等级核定情况、目前遗留问题、监理合同履行情况。

（4）土建单位（子单位）工程验收时，勘察单位做勘察工作质量报告，介绍工程施工中地质变化情况，阐明实际地质情况与原地质报告的差异，工程施工对持力层是否满足要求等。

（5）建设单位业主代表做工程合同完成情况报告（附书面报告）。

（6）与会人员分组检查（各检查组由主持人指定专人负责）。

2）南昌

为做好南昌轨道交通工程验收管理工作，依据《建设工程质量管理条例》（2000 年国务院令第 279 号）、《房屋建筑工程和市政基础设施工程竣工验收备案管理暂行办法》（2000 年建设部令第 78 号）、《城市轨道交通建设工程验收管理暂行办法》（建质 [2014]42 号）、《建筑工程施工质量验收统一标准》GB 50300-2013 及《南昌轨道交通建设工程验收管理办法》等，已制定《南昌轨道交通建设工程验收移交实施细则（试行）》。工程质量验收划分为单位（子单位）工程、分部（子分部）工程、分项工程和检验批验收。

工程质量验收程序及组织分为以下 11 项。

（1）样板工程。验收主要工序需通过样板工序验收后才可全面展开。按设计和施工技术标准完成的重点部位或重点环节的施工主要工序，作为样板工程验收。样板工程的验收应由监理单位组织，总监理工程师主持，建设单位授权或代表人、勘察单位项目负责人（基槽样板验收时）、设计单位项目负责人、施工单位项目技术负责人参加。

（2）检验批验收。根据检验项目的特点在抽样方案中进行选择，对于检验项目的计量、计数检验，可分为全数检验和抽样检验两大类。对于重要的检验项目，且可采用简易快速的非破损检验方法时，宜选用全数检验。检验批应由监理工程师组织施工单位项目专业质量（技术）负责人等进行验收。验收前，施工单位先填好"检验批质量验收记录"（有关监理记录和结论不填），并由项目专业质量检验员和项目专业技术负责人分别在检验批质量检验记录中相关栏目签字，然后由监理工程师组织，严格按规定程序进行验收。

（3）分项工程验收。分项工程所含的检验批均应符合质量合格的要求；分项工程所含的检验批的质量验收记录应完整；分项工程的质量验收应在检验批验收合格的基础上进行，检验的部位、区段应覆盖分项工程的全部范围，构成分项工程的各检验批的验收资料文件应完整并均已验收合格；分项工程的验收应由监理单位组织进行，验收合格后方可进行下一工序施工。若需要进行中间验收监督管理的分项工程，按分部工程验收的工作步骤操作。

（4）分部工程验收。在检验批及分项工程验收合格的情况下进行，分部（子分部）工程所含分项工程的质量均应验收合格；质量控制资料应完整；地基与基础、主体结构和设备安装等分部工程有关安全及功能的检验和检测结果应符合有关规定；观感质量验收应符合要求。

（5）交接验收。在上道工序的承包单位向下道工序的承包单位移交工程实体的验收，原则上上道工序的承包单位须在单位（子单位）工程验收合格后，以单位（子单位）工程为整体办理交接验收。单位（子单位）工程未全部验收、后续工程需要进场施工的，分部工程验收合格的也可办理交接验收，交接各方应确认交接工程实体的完成情况和现状，在交接验收过程中存在遗留问题的，须记录清楚，并责成上道工序的承包单位在限定期限内整改到位；交接验收由建设单位对应的上道工序管理部负责组织，建设单位对应的项目负责人主持，下道工序的建设单位项目经理、承包单位项目负责人、监理单位项目负责人参加。

（6）单位（子单位）工程预验收。检查各分部工程整改完成情况、工程实体现状质量、资料整理情况及有关单位执行《城市轨道交通建设工程验收管理暂行办法》（建质 [2014]42 号）所做的准备工作，为单位工程正式验收做好充分准备。

（7）单位（子单位）工程验收。在单位（子单位）工程完工后，检查工程设计文件和合同约定内容的执行情况，评价单位工程是否符合有关法律法规和工程技术标准，是否符合设计文件及合同要求，对各参建单位的质量管理进行评价。

（8）项目工程验收。在各项单位工程验收后、试运行之前，确认建设项目工程是否达到设计文件及标准要求，是否满足城市轨道交通试运行要求。

（9）竣工验收。在项目工程验收合格后、试运营之前，结合试运行效果，确认建设项目是否达到设计目标及标准要求。项目管理分公司质安部制定验收方案（验收方案的内容应包括验收委员会人员组成、验收内容及方法等）并报集团质安部审查后，在竣工验收前 7 个工作日将验收的时间、地点及验收方案书面报送工程质量监督机构。

（10）试运营基本条件评审。在竣工验收合格后、试运营之前，根据《城市轨道交通试运营基本条件》GB/T 30013-2013，检查城市轨道交通工程是否符合试运营基本条件。城市轨道交通工程所有设施设备验收合格，整体系统可用性、安全性和可靠性经过试运行检验合格后，方可组织试运营。应按照《城市轨道交通试运营基本条件》GB/T 30013-2013 相关要求进行，试运营的基础条件、限界、土建工程、车辆和车辆基地、运营设备系统、人员、运营组织、应急与演练和系统测试检验等方面应达到规定的基本要求。

（11）最终验收。为在城市轨道交通工程试运营一段时间后，由国家相关主管部门组织的验收。最终验收对促进建设项目（工程）及时投产、发挥投资效果、总结建设经验有重要作用。验收条件为试运营满一年，集团公司整理并提供以下完整资料：项目前期工作的包括项目立项审批、工程概算总投资额审批、项目资金来源和融资、前期征地拆迁等情况；工程建设的包括工程情况，客流预测和运输能力，主要设计、施工和监理单位，科研成果的应用，项目管理等资料；工程验收（包括所有的专项验收）和工程决算、审计资料；项目运营情况。

3）南宁

南宁轨道交通集团已制定了《南宁轨道交通工程建设项目竣工验收管理办法（试行）》《南宁轨道交通集团有限责任公司轨道交通建设工程验收管理办法（试行）》《南宁轨道交通工程质量验收实施细则（试行）》《南宁市轨道交通 1、2、3 号线一期工程三权移交工作方案》等管理程序文件，指导验收及移交管理工作。

4）温州

2018 年 8 月 29 日，温州市通运输局《关于印发〈温州市市域铁路建设工程质量验收管理规定（试行）的通知》，明确温州市市域铁路建设工程质量验收分为单位工程质量验收和项目工程质量验收两个阶段，并对验收条件、要求、程序进行了明确。项目工程质量验收由建设单位组织，各参建单位项目负责人以及运营单位、负责专项验收的市政府有关部门代表参加，组成验收组。项目验收应具备以下条件：项目所含单位工程均已完成设计及合同约定的内容，并通过了单位工程质量验收；对不影响运营安全及使用功能的缓建、缓验项目已经有关部门同意；单位工程质量验收提出的遗留问题、市交通工程质量监督机构责令整改的问题已全部整改完毕；已通过对试运行有影响的相关专项验收。

验收程序：①建设单位代表向验收组汇报工程合同履约情况和在工程建设各个环节执行法律、法规和工程建设强制性标准的情况；②各验收小组实地查验工程质量，复查单位工程质量验收遗留问题的整改情况，审阅建设、勘察、设计、监理、施工单位的工程档案和各项功能性检测、监测资料；③验收组对工程勘察、设计、施工、监理、设备安装质量等方面进行评价，审查对试运行有影响的相关专项验收情况；审查系统设备联合调试情况，签署项目工程质量验收意见；④建设单位形成项目工程质量验收纪要和项目工程质量验收报告；建设、监理单位负责跟踪检查存在问题的整改闭合。

工程移交管理：单位工程验收后，单位工程质量验收提出的遗留问题和影响运营安全及功能使用的问题整改完成后，办理移交手续，移交运营单位调试。

5）西安

西安市轨道交通集团已建立轨道交通工程建设验收及移交管理程序。验收工作主要依据《建筑工程施工质量验收统一标准》GB 50300-2013、《地下铁道工程施工质量验收标准》GB/T50299-2018 和《城市轨道交通建设工程验收管理暂行办法》（建质 [2014]42 号），在此基础上制定了《西安市轨道交通集团有限公司城市轨道交通建设工程验收管理办法（暂行）》和《西安市轨道交通集团有限公司工程质量验收实施细则》，及时组织开展单位工程、项目工程及工程竣工验收。公司运营及建设公司在各自职责范围内按照双方约定进行工程移交。

7.3 建议

目前城市轨道交通工程的国家竣工验收缺少相应政策和文件，地方主管部门没有依据推进工作。建议出台相关政策和实施指南意见。

竣工验收在全国范围内尚未有统一概念，交通运输部《城市轨道交通初期运营前安全评估管理暂行办法》（交运规 [2019]1 号）规定了"城市轨道交通工程项目未经竣工验收合格不得开展初期运营前安全评估交通竣工验收"。也就是说，竣工验收要在初期运营安全评估之前完成，或者说要在初期运营之前完成竣工验收，但是发改系统认为工程竣工验收是在项目投入使用一年之后由国家（政府）组织的验收，因此建议在全国形成统一的工程竣工验收标准。

建议交通部门加快研究建立轨道交通项目建设、验收相关管理制度，进一步明确统一工程验收标准、程序以及相关责任主体。

8 新技术篇

2019 年是中华人民共和国成立 70 周年，也是我国地铁开通运营 50 周年。从 1969 年 10 月 1 日北京地铁 1 号线试运营为肇始，中国城市轨道交通行业经历了从无到有、从小到大、从完全依赖进口到核心部件国产化的过程，时至今日已经站在了从"城轨大国"迈向"城轨强国"的关键历史节点。

我国城市轨道交通事业已经取得了巨大进步，基础设施网络规模及运输服务能力都名列世界前茅，但要实现从交通大国向交通强国的转变，仍需要在区域发展的均衡性、科技创新、管理水平、核心装备研发及国际市场占有率等方面继续努力。

8.1 城轨科技创新大事记及热点

8.1.1《交通强国建设纲要》发布

2019 年 9 月中共中央、国务院印发了《交通强国建设纲要》（后简称《纲要》），旨在推动交通发展由追求速度规模向更加注重质量效益转变，由各种交通方式相对独立发展向更加注重一体化融合发展转变，由依靠传统要素驱动向更加注重创新驱动转变，构建安全、便捷、高效、绿色、经济的现代化综合交通体系。

《纲要》提出，为实现到 2035 年基本建成交通强国的目标，必须构建布局完善、立体互联的现代化高素质综合立体交通网络；必须加强新型载运工具的研发，推进装备技术升级；必须打造便捷舒适、经济高效、大容量高品质的运输服务；必须依靠科技创新提高行业活力、国际竞争力和影响力；必须推进低碳环保、绿色发展，做到节约集约；必须提升交通设施安全水平，完善管理体系，强化应急救援能力。其中与科技创新相关的发展目标和措施有以下五点。

（1）强化前沿关键科技研发。瞄准新一代信息技术、人工智能、智能制造、新材料、新能源等世界科技前沿，加强对可能引发交通产业变革的前瞻性、颠覆性技术的研究。

（2）大力发展智能交通。推动大数据、互联网、人工智能、区块链、超级计算等新技术与交通行业深度融合。

（3）完善科技创新机制。建立以企业为主体、产学研用深度融合的技术创新机制，鼓励交通行业各类创新主体建立创新联盟，建立关键核心技术攻关机制。建设一批具有国际影响力的实验室、试验基地、技术创新中心等创新平台，加大资源开放共享力度，优化科研资金投入机制。构建适应交通高质量发展的标准体系，加强重点领域标准有效供给。

（4）推进装备技术升级。推广新能源、清洁能源、智能化、数字化、轻量化、环保型交通装备及成套技术装备。广泛应用智能高铁、智能道路、智能航运、自动化码头、数字管网、智能仓储和分拣系统等新型装备设施，开发新一代智能交通管理系统。推广应用交通装备的智能检测监测和运维技术。加速淘汰落后技术和高耗低效交通装备。

（5）优化交通能源结构，推进新能源、清洁能源应用，促进节能减排，推动城市公共交通工具和城市物流配送车辆全部实现电动化、新能源化和清洁化。

8.1.2 总书记视察轨道交通北京大兴国际机场线

2019年9月25日上午，中共中央总书记、国家主席、中共中央军委主席习近平乘坐由北京市轨道交通建设管理有限公司建设运营的北京大兴国际机场线前往北京大兴国际机场，参加北京大兴国际机场投运仪式。途中，习近平总书记在听取大兴机场线及在建线路建设情况的汇报后，勉励大家一定要把首都的轨道交通建设好、发展好，走智能发展的道路，走交通强国的道路。

习近平强调，城市轨道交通是现代大城市交通的发展方向；发展轨道交通是解决大城市病的有效途径，也是建设绿色城市、智能城市的有效途径；北京要继续大力发展轨道交通，构建综合、绿色、安全、智能的立体化现代化城市交通系统，始终保持国际最先进水平，打造现代化国际大都市。

北京大兴国际机场线于2019年9月26日与北京大兴国际机场同步开通运营。线路南起大兴区新机场，北至中心城草桥站，全长约41km。大兴国际机场线是北京市轨道交通"十三五"规划中连接中心城与新机场的骨干线路，是落实北京城市总规、促进京津冀协同发展的重要组成部分，也是北京大兴

图 8-1 北京新机场线科技创新：全自动运行系统（左）及公铁共构（右）

国际机场"五纵两横"配套交通工程中的快速、直达、大运量、高品质航空专线。新机场线的建成将对加速京津冀地区经济融合、助力新引擎建设起到积极推进作用。该工程在协调建设管理、投融资模式上创新多、标准高，在设计、建造、设备、运营等方面都采用了大量前沿新技术和高新标准，尤其是在全自动运行、智能化设计、人性化服务等方面有着丰富应用。该工程创造了多个北京市乃至全国第一，是北京市城市轨道交通建设具有里程碑意义的项目（图 8-1）。

8.1.3 城市借力科技创新迈入城轨时代

2019 年先后有温州、济南、常州、徐州和呼和浩特五城市首次投运城市轨道交通线路，应用了大量的新方法、新技术。

4 月 1 日，济南轨道交通 1 号线正式开通试运营，地铁与泉水从此共生，这离不开科技创新的功劳。为了在地铁施工过程中保护泉城的地下水系统，济南轨道交通在施工中应用了富水地层基坑工程降水回灌一体化装置及配套关键技术，施工中抽出的地下水 80% 可以回灌到地下（图 8-2）。同时，运营中采用了轨道交通人脸识别支付系统，是国内首条全线采用 3D 人脸识别闸机的地铁线路。

12 月 29 日，呼和浩特市轨道交通 1 号线投入初期运营，成为我国第 40 个开通城市轨道交通的城市。呼和浩特 1 号线采取了"投资＋总包＋运营"的模式，是全国第一个全生命周期的地铁 PPP 示范项目。另外，呼和浩特地铁也是全球首个使用"城轨云"解决方案的地铁项目，致力于将 5G、云计算、大数据等尖端技术综合应用于城市轨道交通行业（图 8-3）。

图 8-2 济南轨道交通降水回灌设备

图 8-3 呼和浩特轨道交通"城轨云"(一)

图 8-4 呼和浩特轨道交通"城轨云"(二)

8.1.4 5G 和城轨云平台

7 月 25 日至 27 日,由中国城市轨道交通协会主办的"2019 北京国际城市轨道交通展览会"在北京中国国际展览中心举办。会上,华为、中兴等企业聚焦 5G 技术创新和应用,重点展示 5G 与城市轨道交通创新融合解决方案、城市轨道交通行业数字化转型及 LTE 综合承载等前沿解决方案、向观众生动展示了智能城轨交通的新未来。

通过 LTE-M、5G 等先进技术,以城轨云平台为底座,横向融合云、AI、IoT、大数据、融合通信、视频、GIS 等新 ICT 技术,纵向打通端、边、网、云,从而打通城轨的生产、管理、服务的各业务子系统,实现业务数据的全面融合,帮助城轨业主敏捷创新(图 8-4)。

8.1.5 行业创新热点

通过对我国城市轨道交通行业在 2019 年的发展状况分析,再结合大量文献调查、网上调研、行业技术骨干座谈、专家咨询等工作,可以发现 2019 年中国城市轨道行业科技创新热点较 2018 年并没有太大变化,主要有下面几个方向:①智慧地铁;②绿色化、机械化建造新技术;③信息化综合集成开发技术;④综合节能、基于全生命周期理念的可持续发展新技术、新材料。

这几个需求环环相扣、有机结合，从不同方面体现了在城市轨道交通行业发展中"以人为本"的原则。其中安全可靠及风险可控是建设城市轨道交通行业的根本问题，已经成为政府和社会关心的焦点，会直接影响到城市轨道交通建设的顺利实施。绿色化、机械化、标准化建造及智能化、信息化集成技术是行业整体水平提升及产业升级的方法和着力点。综合节能技术的研究满足了国家和行业在节能减排、环保可持续发展方面的需要。而各种不同轨道制式的互补及科学稳定发展是实现我国"新型城镇化"战略、区域协同发展模式的有效保障。

8.2 智慧地铁

智能地铁是指在城市轨道交通领域应用最新的信息化、自动化技术，通过对大数据、人工智能和地铁三元交叉领域的研究，以大数据技术为基础、人工智能为核心而建立的"高效、环保、安全、舒适、先进"的智能交通与客运体系。通过对智慧地铁技术的应用，可以大幅度提高城市轨道交通系统的管理水平和运行效率，降低运营成本，提升安全防控能力，同时为出行者提供全方位的交通信息服务和便利高效、以人为本的城市轨道交通客运服务。

智慧地铁的核心特征在于"智慧"，亦即以"信息、互动、智能、创新"为要素的"4I"特征。其中，建立广泛覆盖的信息网络、深度互联的信息体系（信息）是智慧地铁的前提；构建协同的信息共享机制、实现信息真正实时化传递（互动）是智慧地铁的保证；在获取大数据后对信息进行智能分析、处理及反馈（智能）是实现智慧地铁的手段；而拓展信息的开放应用、科创平台的建立（创新）又为更高层次的智能化提供需求和发展方向（图 8-5）。

8.2.1 5G 技术

1）《5G+ 智慧地铁白皮书（2019）》

2019 年 11 月，在第二届中国国际进口博览会最后冲刺之际，上海市经济和信息化委员会、上海申通地铁集团、中国电信上海公司（上海电信）在进博会的核心车站 2 号线徐泾东站共同发布《5G+ 智慧地铁白皮书（2019）》。同时，由上海地铁联合上海电信、卡斯柯、华为、上海通服、比亚迪等合作伙伴共同打造的"进博会 5G+ 智慧地铁平台"也正式上线，助力第二届进博会，更优、更好地提供智能化轨道交通服务保障。

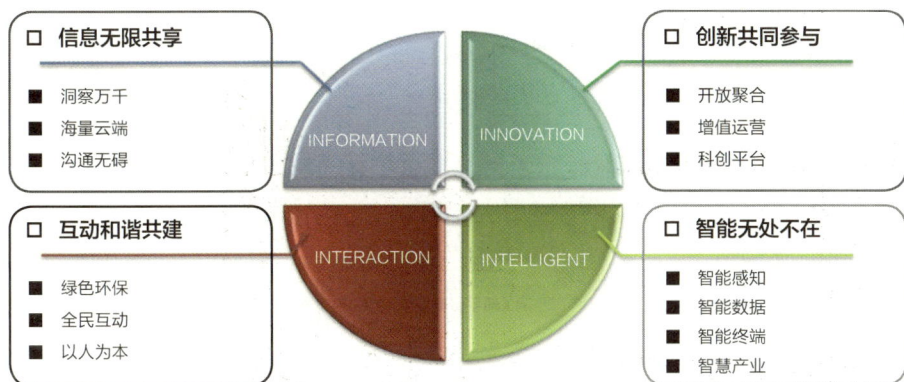

图 8-5 智慧地铁 "4I" 特征示意图

《5G+ 智慧地铁白皮书（2019）》主要展现了智慧运营、智慧服务、智慧维保三大 5G 应用场景。

（1）5G+ 智慧运营

主要基于大数据技术对客流态势、客流疏导、客流联动等客流管理实现各种智能化应用。通过这些应用，地铁运营方能够实现对地铁站厅、站台客流量的即时分析和感知预警，并依托 5G 高带宽网络实现高清移动视频、高清对讲等服务应用，从而保障运营方在大客流场景下执行应急预案（包括列车实时调度、相关区域指挥联动、客流疏散引导通知等）。

（2）5G+ 智慧服务

主要基于地铁站内 5G 网络的覆盖，实现为地铁乘客提供地标性地点的最佳地铁路径和通行时间的智能导引等服务。5G 网络在地铁站内的全覆盖包括站厅、站台、出入口等区域，未来将使每一位进入地铁站的乘客都能享受 5G 网络的高速上网服务。依托 5G 高速网络的智能地铁客服机器人也可实现自动售票、自动导引、智能援助等与地铁乘客的交互式智能化服务。

（3）5G+ 智慧维保

主要基于 5G 的大带宽、低时延、广连接等技术特点提升维护保障能力。"5G+AR 远程协作"可通过 5G-AR 眼镜，对车站工作人员的巡检工作提供支持；"5G+ 工业机器人"可实现对地铁线路、地铁隧道、供电设备和其他设备的自动巡检；"5G+ 车地高速通信"则通过 5G 大带宽网络建立起的车地通信高速通路，打破车地间的传输鸿沟，帮助业主对车厢内的突发事件、违法行为实现即时响应，提升轨道交通的公共安全。

图 8-6　进博会 5G+ 智慧地铁平台

2）进博会 5G+ 智慧地铁平台

作为响应"白皮书"的首个落地项目，由上海申通地铁集团联合上海电信、卡斯柯、华为、上海通服、比亚迪等合作伙伴共同打造的"5G+ 智慧地铁平台"在上海地铁徐泾东站正式上线。

为了保障进博会交通安全有序，申通地铁集团联手合作伙伴卡斯柯共同开发了基于上海电信 5G 技术的智慧地铁平台，该平台基于对 5G 高速网络的应用，可实现上海地铁 2 号线、10 号线、17 号线"进博三线"之间的运营协调，以及徐泾东站、虹桥火车站站、诸光路站"进博三站"之间的联动指挥，从而形成进博会相关"三线三站"的区域化联合指挥体系，大幅提升地铁行车组织、客运组织以及维护保障等服务能力（图 8-6）。

在"进博会 5G+ 智慧地铁平台"的支持下，运营方依托 5G 高速网络可实现在客流管理、站点管理、运维管理等多个方面的效率提升。

在客流管理方面，该平台能够实时监测"三线三站"的客流信息和进博会场馆的客流数据，并结合历史数据进行分析预测，准确预测未来 15 分钟的客流情况（如预测排队时间），让指挥人员可以更有效地判断当日运营组织和工作计划，必要时提前启动客流应急管理预案（如提前通知乘客更换乘车路线）。值得一提的是，"进博会 5G+ 智慧地铁平台"不仅能够获取"人"的信息，还能实时获取车辆称重信息，从而计算列车运能，当客流与运能不匹配时，及时给出黄色、橙色、红色三色预警，并给出开启疏散通道建议、闸机或电扶梯等设备运行方式建议、出入口开启关闭建议以及地面客流疏散引导建议等。

此外，地铁工作人员的管理也将呈现全新的数字化模式。如利用定位手环，站务员可实时同步到位布岗情况；利用移动终端，站务员可与指挥室实现可视对讲；通过部署更多的移动摄像头，可有效弥补既有视频监控的盲区；通过 AR 眼

图 8-7　上海地铁徐泾东站站务员利用移动终端与指挥室进行可视对讲

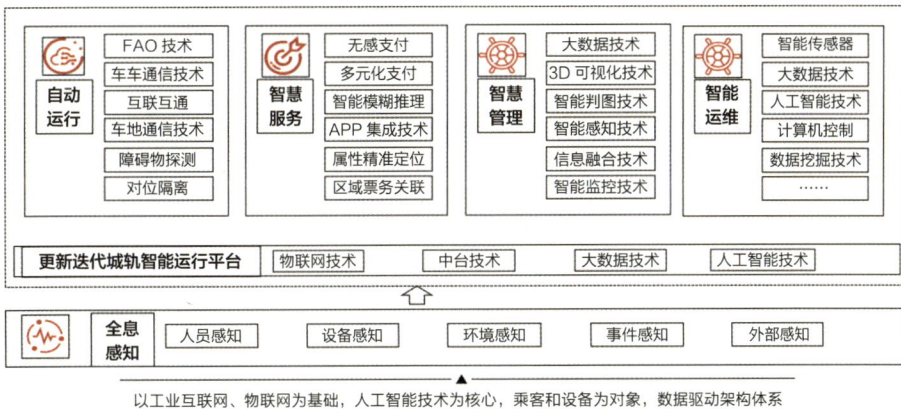

以工业互联网、物联网为基础，人工智能技术为核心，乘客和设备为对象，数据驱动架构体系

图 8-8　智能云平台技术路线

镜，指挥室人员可通过第一视角指导站务人员处理突发情况。而在运维管理方面，该平台也新增了维护保障人员待命状态、基于 AR 的远程排故、维保人员值班信息等，后续还将根据多专业运维平台的建设，实时监视设备故障情况，实现运营与运维的智能联动，高效排除故障（图 8-7）。

本次"进博会 5G+ 智慧地铁平台"还首次实现了 5G 网络的民用化，通过将 5G 网络转换为 WiFi 热点，打破了 5G 网络使用的设备壁垒，乘客无需更换手机，即有机会在徐泾东站体验 5G 网络的高速流畅，实现 1 秒免费下载"Metro 大都会"APP，方便参展观展乘客快速扫码进出车站。

8.2.2　智能云平台和沃土数字平台

1）智能云平台

深圳市轨道交通智能地铁的建设情况主要体现在智能云平台的建设，将全自动运行、智慧服务、智慧管理、智能运维以及绿色节能等方面前沿技术有机综合运用（图 8-8）。

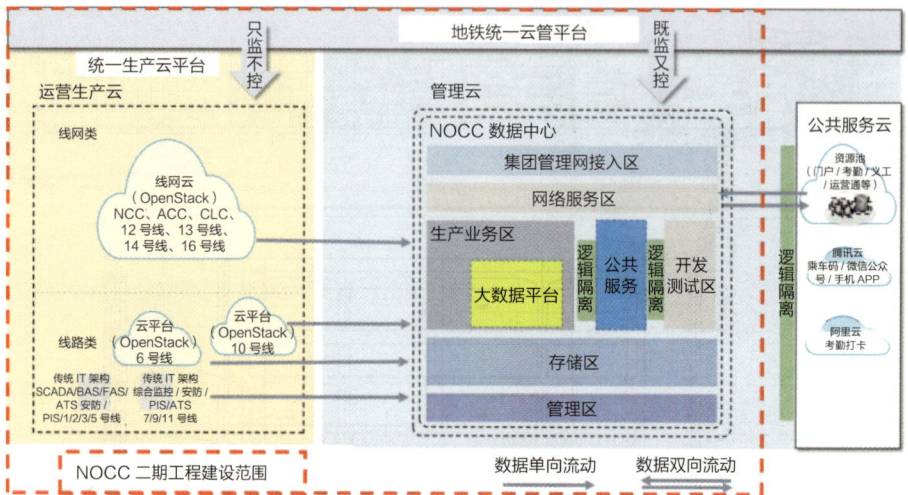

图 8-9　深圳地铁云总体规划示意图

（1）线路生产云平台建设

深圳地铁在建的 6 号线、10 号线搭建了线路级的生产业务云平台，承载的地铁业务系统包括 ATS、ISCS、CCTV、门禁、办公自动化、PIS、AFC、数字化 PA、通信集中网管及各子系统网管系统。

（2）线网生产云平台建设

深圳地铁正在 NOCC 二期工程中，同步建设轨道交通线网智能生产云，包含四期线路 12、13、14、16 号线的云平台及 NCC、ACC、CLC 云平台。线网云平台承载线网内各线路生产业务系统，如线路综合监控系统、安防系统、乘客信息系统等（图 8-9）。

（3）基于云平台的地铁大脑的应用

地铁大脑在深圳地铁集团数字平台上采用云架构进行构建。地铁大脑与既有的 ERP 系统、NCC 系统、安全管理平台、智慧工地及物业管理系统等进行了对接，并结合大数据平台及 AI 平台的支撑为地铁提供全方位、多维度的决策辅助，应急指挥等服务（图 8-10）。

2）基于沃土数字平台的应用开发

2019 年 9 月，华为联合深圳地铁集团展示沃土数字平台在轨道交通行业全球首个应用。沃土数字平台打破了烟囱式的 IT 架构，将关键业务场景与新兴技术深度融合，使深铁集团 IT 资源利用率提升了 50%，安全性提升了 80%。华为首创 AirFlash5G 车地转储解决方案，通过 ICT 技术融合，可实现超过 1.5Gbps 的高速无线通信，效率提升 13 倍，且全程无需人工干预，全面提升了设备运行

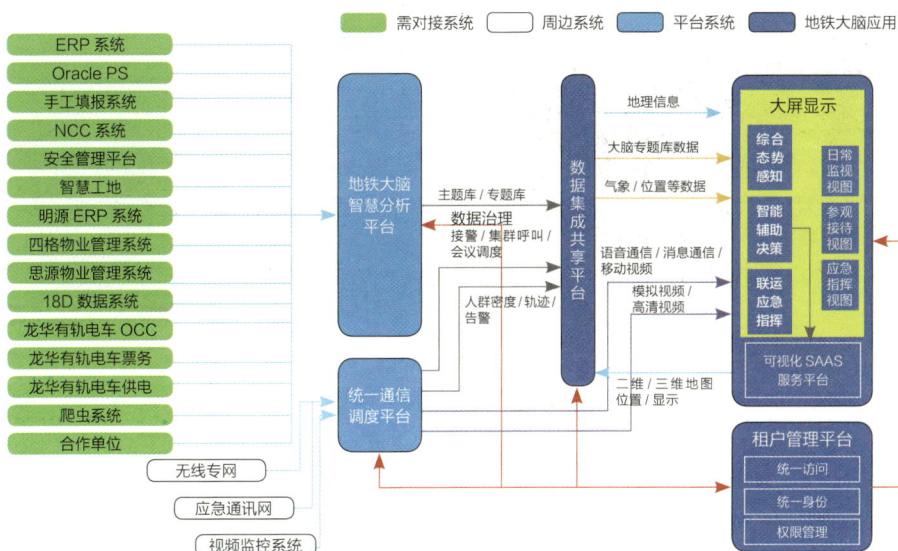

图 8-10　地铁大脑平台及应用架构

图 8-11　地铁大脑平台及应用架构

安全和生产效率。有了无处不在的联接和数字平台作为底座，上层智能场景应用可以快速叠加，新业务上线周期大幅度缩减，极大提升运营效率。例如，通过对 BIM、视频监控、工程信息的数据融合及 AI 智能识别，快速实现对地铁建设过程的智能管控以及对风险的实时预警。深铁集团还联合华为公司开发了全球首个基于沃土数字平台的城轨 IOC，涵盖工程建设、运营服务、商业经营、物业管理等多个领域，通过这个综合分析与展示平台，地铁集团可以实现全要素、全流程、全场景的数字化，从全局视角掌握集团整体运行情况，实现联动指挥（图 8-11）。

图 8-12　视频分析技术应用

8.2.3　智能视屏分析技术

1）西安地铁智能主动预警

西安地铁在 5、6 号线中（2019 年在建）进行智慧车站试点，智慧车站中对视频分析技术进行了应用。

智能视频分析首先将场景中背景和目标分离，识别出真正的目标，去除背景干扰，进而分析并追踪在摄像机场景内出现的目标行为。使用智能分析技术，用户可以根据实际应用，在不同摄像机的场景中预设不同的报警规则，一旦目标在场景中出现了违反预定义规则的行为，系统会自动发出报警。报警信息有多种形式，包括本地驱动报警设备和向后端监控中心发送报警数据，由监控工作站控制，以弹出视频、自动弹出报警信息、驱动报警设备等形式报警（图 8-12）。

2）深圳地铁机器视觉和智能巡检机器人

深圳地铁在多个地铁在建的工程项目工地借助机器视觉、5G 技术和物联网实现远程监控、实时响应。如发生工人未佩戴安全帽、物料违规摆放、无关人员进入工地等违规情况，系统会自动及时响应，最大限度地降低人力、提高工作效率、缩短反应时间、减小事故发生概率。同时使用巡检机器人基于高速的5G 网络和机器视觉，在站内巡逻监视，实时发现站内的异常情况并反馈。未来可以实现大大减少安保人员的人数，解放人力（图 8-13）。

3）全自动运行技术

2019 年 8 月 9 日，上海地铁 10 号线全自动运行系统运营五周年。上海地铁 10 号线是我国第一条自动化等级达到 GoA4 级（最高级）的全自动运行

图 8-13　机器视觉和智能巡检机器人

图 8-14　上海地铁 10 号线

线路，现有 31 座车站（换乘站 11 座），途径新天地、豫园、南京路等城市商业旅游中心，被誉为上海的"白金线路"。从 2014 年 8 月开通全自动驾驶模式运营以来，10 号线不但经受住了日均客流近百万的运营强度考验，而且较其他人工线路，运维成本整体大幅度降低，运营安全性、可靠性及运营效率均得到显著提高，获得了建筑界诺贝尔奖（FIDIC 奖）及上海市科技进步一等奖等荣誉，其中：①平均准点率达到 99.9%；②平均旅行速度提升 8.8%；③每公里配员减少 13 人；④出入库时间减少 50%；⑤列车折返时间节省 10%；⑥平均跑车速度提升 7.8%（图 8-14）。

在此基础上，为上海轨道交通 10 号线提供信号系统的卡斯柯信号公司推出面向智慧地铁的"全自动运行 2.0 系统"；同时上海轨道交通无人驾驶列控工程技术研究中心在上海宣布建成，这是国内首个聚焦全自动无人驾驶地铁技术的

图 8-15　上海轨交无人驾驶列控工程技术研究中心

图 8-16　上海地铁 14 号线全自动运行列车

研发公共平台（图 8-15）。

上海地铁 14、15、18 号线均按照全自动驾驶标准 EN 62290：2014 中最高等级 GoA4 进行设计，3 条线路均计划于 2020 年 12 月底开通运营。其正线采用基于无线通信的列车控制系统（CBTC），由列车自动防护系统（ATP）、列车自动运行系统（ATO）、列车自动监控系统（ATS）、数据通信系统（DCS）及计算机联锁设备（CI）组成，并取消正线点式 ATP 级降级运用方案。车辆段及停车场纳入正线 ATC 集中控制，ATS 监控段 / 场内自动运行区域，不配置点式 ATP 级降级运用方案。信号系统车地通信方案采用 LTE 方案，正线、上盖的场段及库线均采用漏缆覆盖，车场敞开的咽喉区采用 AP 天线覆盖方案。全线采用计轴作为辅助列车占用检测设备（图 8-16、图 8-17）。

图 8-17　上海地铁 15 号线全自动运行列车

新一代的大运量全自动无人驾驶智慧列车实现了高度的智慧化，突破传统设计，在实现列车自动唤醒 / 休眠、自检、自动出入停车场、自动清洗、自动正线运行、自动停车、开关门控制、故障情况下自动恢复等功能基础上，进一步增加列车车门对位隔离、跳跃停车、远程控制、微断复位等功能，真正全面实现无人干预的"自己出、自己跑、自己回"，实现了新一代大运量全自动无人驾驶智慧列车的革新，同时具备"安全可靠、降本增效"的优势。

8.2.4 绿色化、机械化建造新技术

绿色施工是指工程建设中，在保证质量、安全等基本要求的前提下，通过科学管理和技术进步，最大限度地节约资源与减少对环境负面影响的施工活动。需要发展的绿色建造新技术有很多，包括装配式建造技术、减振降噪技术、封闭降水及水收集技术、建筑垃圾减量及回收再利用技术、施工扬尘控制技术等。主要发展的方向有：

①如何利用先进的建造技术取代传统的劳动密集型的建造方式，使城市轨道交通工程向工业化、机械化方向发展，为解决我国劳动力相对紧缺问题做出贡献；

②如何提升设计和施工理念，依靠现代化的施工技术、装备及组织管理方法，更安全、更经济、更高效、更节约地进行城市轨道交通工程的建造；

③绿色建造新材料的研发、应用与推广；

④如何减少城市轨道交通工程对现有建（构）筑物或周边环境带来的不利影响，努力实现"四节一环保"。

1）预制拼装技术

预制拼装技术是指将结构的部分或全部构件在预制工厂生产完成，然后运

图 8-18　无锡地铁现场施工照片

输至现场，并采用可靠的连接方式组装成一个满足设计要求及使用功能的建 / 构筑物整体的设计施工技术。从建筑材料划分，预制拼装结构可分为装配式钢结构和装配式混凝土结构，但一般是指装配式预制混凝土构件。

相对现浇混凝土结构，预制拼装技术一般有以下优点：

①现场工作量及施工人员数量比现浇作业大大减少；

②构件在工厂内生产有利于质量控制及标准化；

③构件越标准，生产效率越高，相应的构件成本就会下降，配合工厂的数字化管理，整个装配式建筑的性价比会越来越高；

④节能环保，符合绿色建筑的要求。

近年来，预制拼装技术已经在上盖结构方面得到了大力推广，但在地下工程领域应用仍在起步摸索阶段，各城市根据各自所在地区地层及行业技术发展情况做出了有益的尝试。

2）无锡高浪东路站二次结构全预制装配工艺

为顺应工业化发展转型的需求，无锡地铁 3 号线于 2019 年在高浪东路站对地铁车站内部二次结构全预制装配工艺进行了研究和试点应用，通过创新设计与安装工艺，提高了工程质量与施工效率。

本技术借鉴了地上建筑的装配式工法，分别选取了公共区直跑楼梯、公共区站台板及轨顶风道作为研究对象，将原来传统的现浇方式，优化成标准化、机械化程度高的装配式工艺，不仅可以提高工程质量，还可以提高施工效率、缩短工期并降低施工成本，同时还可以有效改善地下工程内的施工环境（图 8-18）。

3）济南演马庄西站深基坑大尺寸预制叠合结构施工工法

演马庄西站，位于齐鲁大道与聊城路、青岛路交口之间，南北向布置，为

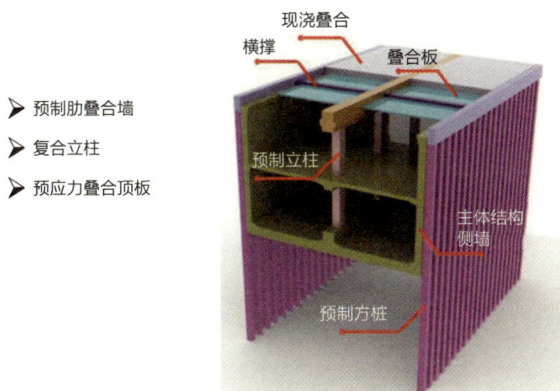

图 8-19　演马庄站结构安排示意图

预制肋叠合墙
复合立柱
预应力叠合顶板

横撑　现浇叠合　叠合板
预制立柱
主体结构侧墙
预制方桩

图 8-20　演马庄站现场施工照片

R1 线一期工程终点站。演马庄西站结构形式为地下两层 11m 单柱双跨岛式车站，总长 359.6m，标准段总宽 19.7m，总建筑面积 18796m²。车站中心里程顶板覆土约 2.5m，车站两端各设一端头井（用于盾构机始发和接收用），端头井内净平面尺寸为 22.4m×13m，车站盾构井段底板埋深 18.2m，标准段底板埋深 16.5m。

深基坑大尺寸预制叠合结构施工工法基于支护结构与主体结构相结合和地下工程产业化两大设计理念，包含预制肋叠合墙、复合立柱和预应力叠合顶板三项关键技术。

预制肋叠合墙工艺和复合立柱工艺，使得主体外墙厚度由传统工法的 700mm 减薄为 500mm，止水帷幕工程量减少 1/3 以上，人工凿除桩顶浮浆，拆除临时混凝土横撑和临时钢格构柱等临时构件替换为永久支撑，不用拆除。预应力叠合顶板工艺施工过程中，预制板兼作模板，淘汰了传统施工方法中的满堂支架和模板。据统计，与传统工法相比，该工艺在施工过程中可节水 50%，节约钢材 10%，木材 80%，混凝土 40%，水泥 60%，每 100 根预制桩自身消耗渣土 1000m³，每平方米基坑减少建筑垃圾 30～40t（图 8-19、图 8-20）。

4）上海新型地铁盾构隧道管片拼装连接

2019 年 8 月 6 日中铁一局上海轨道交通 18 号线沈梅路站—工作井区间入场线盾构隧道顺利贯通，国内首条采用"新型地铁盾构隧道管片拼装连接"新技术施工的试验段取得圆满成功。

为有效解决软土地层通缝拼装施工易出现隧道渗漏水（较难处理）、变形等问题，经过对国外同类管片拼装连接方式进行研究和创新改进，设计出一种"新型地铁盾构隧道管片拼装连接方式"，即管片拼装环向采用插销式连接，纵向采用插入式连接，改变了国内传统的管片螺栓连接方式和管片结构，同时具备与传统的错缝拼装方式不同的特点：一是管片的整体性更好，具有更强的刚度，提高了管片的耐久性和盾构隧道的防水性能；二是可以大大减少盾构隧道的后期变形，提高盾构隧道质量，降低后期运营维护成本；三是应用施工方便，因管片自身结构形式及拼装质量的提高，省去了手孔和嵌缝施工工序。

申通地铁集团选择 18 号线沈梅路站—工作井区间入场线作为试验段。试验段全长 1082.9m，共 903 环管片。试验段全部完成，施工质量控制良好，成型隧道干净整洁，无渗漏水现象。管片无破损，环纵缝张开量均小于 1mm，管片错台均小于 2mm，上浮量均小于 20mm，收敛变形均小于 12mm。管片拼装质量及成型隧道质量均有大幅度提高。

5）上海 TRD 工法负载试验（世界最大深度）

上海张江硬 X 射线自由电子激光装置项目 5 号井施工现场成功进行了世界最大深度的 TRD 工法负载试验，施工长度 10m，围护结构深度达 86m，墙宽 900 ～ 1100mm。

硬 X 射线项目的地墙深度达 90m，5 号井基坑开挖深度达 45.45m。由于在开挖期间需要降第二、第三承压水层，而且必须实现"零渗漏"，给施工带来很大的难度。为此施工方上海隧道在地墙外设置了一道总长 360m、厚 900mm、深 69m 的一圈止水墙，通过双墙间降低承压水压差来保护基坑安全，该道止水墙采用 TRD 工法施工。目前，五号井的 TRD 成墙已经完成，取芯结果显示墙体均匀，强度和抗渗指标均满足设计要求。TRD-80E 设备在原来 TRD-D（60m 级）基础上从结构和动力等方面进行了一系列有针对性的"浅地墙、深止水"的创新突破，以实现能够施工 80m 深度防渗墙的目的：①优化了切割箱体的结构和连接方式，显著提高了箱体的整体刚度和悬臂切割的能力；②提升了油缸顶升能力，降低了拔出箱体时的风险；③增加了横推油缸的推力，增加了侧向切割土体的能力；④设备整体构件加强，提高了设备施工的稳定性（图 8-21）。

6）八达岭站深大隧道群暗挖技术

八达岭站位于八达岭景区滚天沟内，总建筑面积 4.95 万 m^2，其中地下站 3.985 万 m^2。全站总长 470m，车站最大埋深 102m，旅客提升高度 62m，为埋深及提升高度最大的地下高铁站。

车站分别设站台层、进出站层和设备层三层，为三层三纵群洞布局，各类洞室 78 个，断面形式 88 种，最小水平间距仅 2.27m，最小竖向间距 4.55m，是目前全球车站层次最多、开挖洞室数量大、洞型构成最复杂的暗挖洞群车站。

图 8-21　硬 X 射线项目 69m TRD 工法止　图 8-22　八达岭站深大隧道群暗挖建模
水帷幕顺利完成

车站两端渡线段单洞开挖跨度达 32.7m，高 19.5m，是目前国内单拱跨度
最大的暗挖铁路隧道。采用超大跨度围岩承载拱构件设计方法，通过采用预应
力锚杆锚索，提高表层围岩的延性，形成刚柔并济的共同承载体系，采用"品"
字形开挖工法及大型机械化配套施工技术（图 8-22）。

8.2.5　信息化综合集成开发技术

随着万物互联时代的到来，各种数字化模拟技术、自动化监测及控制技术
出现，令城市轨道交通系统整体智能化、信息化变为可能。尤其是基于最先进
的三维数据设计和工程软件所构建的"可视化" BIM 数字建筑模型，为建设单位、
设计单位、施工单位及运营单位等各环节人员提供了统一科学协作的平台，能
有效地节省能源和成本、降低污染和提高效率。主要发展方向有：基于 BIM 的
轨道交通一体化全生命周期多专业综合协同设计，以及基于三维数据设计的轨
道交通及场站综合体（TOD）综合开发技术。

1）BIM 技术与城市轨道交通全生命周期协同设计

BIM 技术作为一种现代信息化数字建造技术，是以三维数字技术为基础，
集成了建设工程项目各种相关信息的多维数据模型，是对工程项目物理特征和
功能性特征信息的数字化承载和可视化表达。BIM 技术能够很好地实现项目的
可视化、协同性、优化性、可模拟性等功能，实现城市轨道交通工程全生命周
期各个参与方在同一多维建筑信息模型基础上的数据共享，为建设项目全生命
周期的方案优化和科学决策提供可靠的技术支持（图 8-23）。

BIM 带来的不仅是先进的技术工具，更带来了项目全生命周期参与方共同
协作的先进理念。BIM 模型作为全生命周期的数据载体，通过 BIM 模型在全生

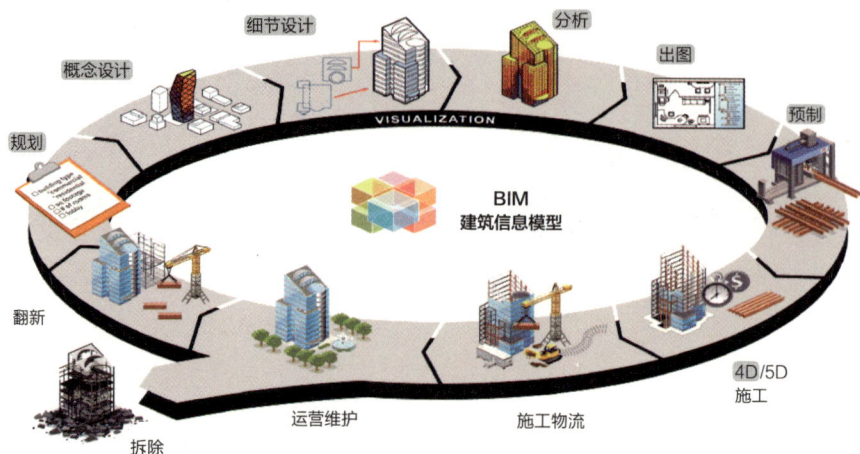

图 8-23　全生命周期协同设计概念

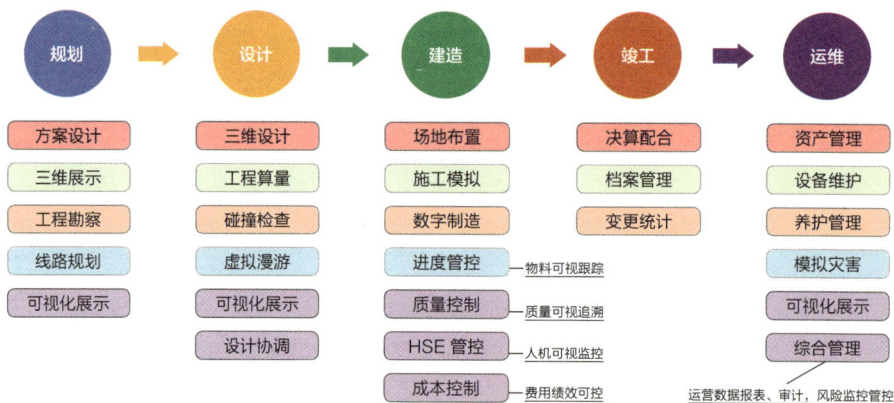

图 8-24　全生命周期协同设计流程

命周期的流转应用，BIM 模型数据在各个阶段各个环节不断地更新和叠加，从而实现全生命周期的数据互联互通（图 8-24）。

在项目规划决策阶段，建设单位、咨询单位和设计单位等各相关方可通过 BIM 虚拟实现技术直观了解拟建项目的总体情况，针对项目建设方案进行分析、模拟，开展全生命周期成本分析及各备选方案的全面预测评价，结合 BIM 历史数据库中相似工程信息选择合适的评估模型估算全生命周期成本，从而为整个项目的建设降低成本、缩短工期并提高质量。

在设计阶段可为各专业设计提供共享操作平台，便于各专业沟通协调，并且可提前发现各专业的设计碰撞问题，杜绝图纸问题引起的资源浪费与损失。BIM 技术在设计阶段的主要应用为协同设计、碰撞检查及管线综合。

施工阶段，在 BIM 模型的基础上结合施工组织设计信息，可以进行施工方案的模拟、施工深化设计；对预制构件和设备，通过完整的构件设备几何和非几何信息，可以实现构件预制加工、道路运输、现场安装的流水化作业；结合施工现场的实际施工信息，可以进行准确的工程量统计工作，辅助项目投资监理精确复核工程量，从而实现虚拟进度和实际进度比对、人员设备材料等资源管理、质量与安全管理、施工监测三维可视化等，辅助实现施工阶段的精细化管理。在施工模型的基础上，考虑施工变更因素，附件相关施工验收资料等信息，构建最终的竣工模型，在竣工验收时统一交付业主，为后期运维阶段提供基础信息。

城市轨道交通运营阶段是城市轨道交通建设的最后阶段，也是规划、设计、施工阶段的最终体现。城市轨道交通的运营管理包括城市轨道交通运行组织管理、维护管理和经营管理三方面。其中城市轨道交通运行组织管理是指在一定的设备条件下，设计出良好的运输计划，满足乘客在出行安全、距离、速度、舒适性和准点性等方面的要求。在运营阶段，可以向城市轨道交通的 BIM 模型注入客流数据、车辆的运行记录、维修记录、财务状况等信息。依据人流密度的变化，可以调整车辆的组织运行方案；对财务信息的提取加工，可以进行运营成本分析；通过维修记录和监控数据，能迅速发现运营中的隐患，并能够快速找到发生故障的位置进行维护，保障运营的安全等。

城市轨道交通全生命周期的信息量大，来源广泛，涉及多个专业、多个环节、多种渠道，信息管理十分复杂。传统的信息管理方式凌乱无序，通过 BIM 将不同阶段、不同参与方之间的信息有效地集成起来，真正实现轨道交通项目全生命周期的信息管理。

通过基于 BIM 城市轨道交通的全生命周期一体化平台，利用云计算、大数据分析技术，用 BIM 模型与 BIM 模型信息打通全生命周期的项目管理、设计管理、施工管理、运维管理等各个环节，实现各个环节的数据互联互通，实现基于 BIM 模型数据的应用。通过 BIM 轻量化平台在各个阶段实现模型的浏览和轻便的模型操作。同时打通档案管理系统、合同管理系统、知识管理系统等各个业务系统，实现在项目过程中各类数据实时进入各个业务系统，真正达到生产与管理相结合，BIM 与先进信息化技术相结合。

2）基于 BIM 技术的全生命周期设计应用

依托广州市轨道交通 18 号线工程番禺广场站及番禺广场站—南村万博站区间（番南区间，下同）项目，广州地铁在基于 BIM 技术的全生命周期设计上做出了有益的尝试。番禺广场站为 18 号线、22 号线、3 号线及远期 17 号线四线换乘站，同时预留远期番禺广场衔接中山或顺德支线的条件。车站主体长

图 8-25　番禺广场站整体效果图

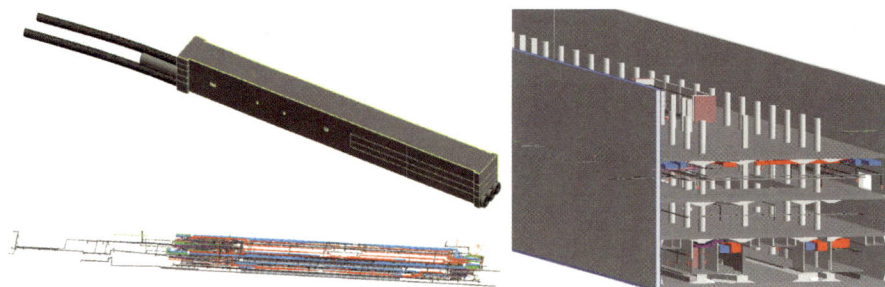

图 8-26　番禺广场站建筑、结构、管线模型叠合图

540m，标准段宽 52.25m。建筑总面积 134785m²。番南区间南起番禺广场站，线路出番禺广场站后，向西北方行进，下穿番禺区政府、沙圩村房屋群、华盛新村房屋群、蔡二村房屋群、龙美村房屋群后，进入番禺大道，在汉溪大道东路口处至南村万博站（图 8-25、图 8-26）。

（1）工程设计的特点

①车站空间、功能复杂

地下站房安装工程涉及专业多、管线密集、施工空间小、工期紧张、工程复杂程度高。此外，地铁项目各专业接口多，数据庞大，各专业之间的协同工作需提高管理效率。

②隧道断面大、区间长、线路长

广州地铁 18 号线定位为南北快线，是国内首批可以实现地铁服务水平的全地下市域快线之一；是目前广州市最大直径 8.8m、时速 160km 的盾构隧道，穿

◆ 制定标准：

《广州地铁 BIM 建模设计统一规定》	《广州地铁 BIM 设备设施编码》	《广州地铁 BIM 模型交付标准》

◆ 组织培训：

1）《PW 与 Revit 集成操作说明》

2）《BIM 实施建筑专业使用手册》

3）《BIM 实施结构专业使用手册》

4）《BIM 实施 MEP 专业使用手册》

◆ 管理办法：

1）《族管理办法》

2）《员工 BIM 技能考核办法》

图 8-27　广州地铁 BIM 知识管理系统

越地层复杂、重要建（构）筑物众多的大直径高风险盾构隧道之一。番禺广场站—南村万博站区间为全地下敷设，长度约 8980m。

③施工难度大，区间工法复杂

正线设置 1 座中间风井、2 座盾构井、1 座矿山法隧道施工竖井和 16 个联络通道。采用"盾构法 + 矿山法 + 明挖法"施工，周边环境、地质状况复杂。同时为满足工期要求方案多次进行优化，设计施工需要在很短的时间内适应调整。

（2）全生命周期 BIM 技术应用逻辑思路及流程

①搭建有效的协同平台

项目协同管理平台 PW 结合当前常用的建模软件 Revit，实现协同作业管理、设计模型及文档管理、权限管理等功能，固化 BIM 应用标准体系以确保标准落地，整合设施设备构件库以确保数据统一，集中管理项目数据源以确保数据源唯一。支撑并规范建设期的提资、设计、校审、发布等业务流程，加强各参与方的协同作业，提高轨道交通建设项目管理质量和效率。

②制定 BIM 技术实施方案

针对本项目实施的重难点制定 BIM 技术实施方案，旨在提供项目实施的方法论和具体应用点，制定准确化、标准化的 BIM 模型标准以及相关技术标准、培训手册及管理办法（图 8-27）。

③车站参数化建模

番禺广场站的出入口较多，出入口方案变化次数多。基于 Revit 的平台开发出入口快速建模插件，方便设计人员快速建模。将出入口分为平直段、人防段、爬坡段等模块，设计时根据需要快速创建出入口方案，通过调整数据即可快速修改方案（图 8-28）。

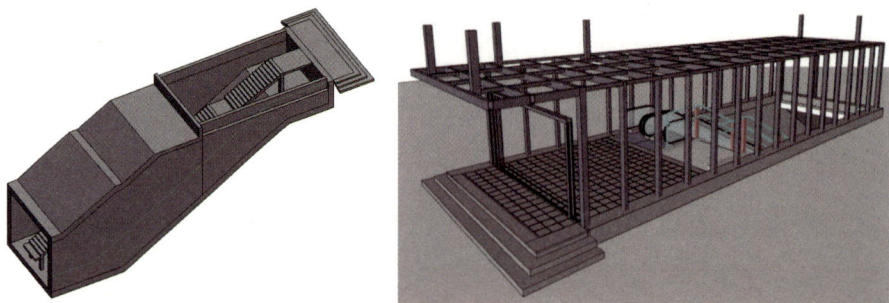

图 8-28 车站出入口模块化设计

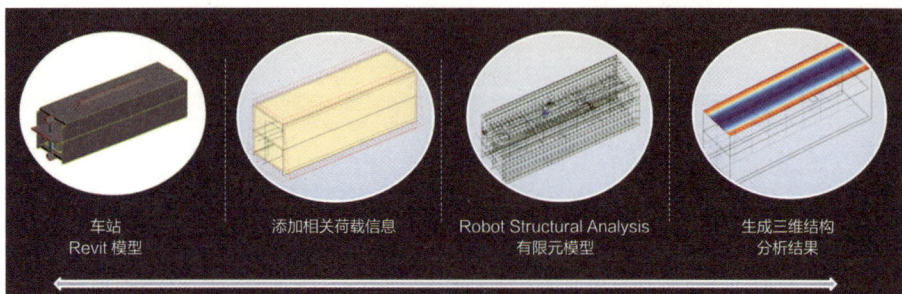

图 8-29 车站有限元分析流程

④ BIM 结构分析

对地铁车站的 BIM 模型进行支座检查、物理 / 分析模型的一致性检查和碰撞检查完善 BIM 模型。使用 Revit Extensions 将完善后的 BIM 模型发送到 Robot Structure Analysis Professional，在发送过程中可以对模型进行基本和附加选项的设置，包含杆端释放、自重工况、材料、模型转换等，最后得到地铁车站 Robot 结构分析模型。由于 Robot 和 Revit 具有很好的兼容性，在 Revit 中关于模型材质、荷载、荷载组合、支座、弹簧约束等的定义均能被 Robot 识别和使用，不需要重新进行设置，同时 Robot Structure 可以将分析结果反馈给 Revit，实现结构信息的双向对接（图 8-29）。

通过设计参数集成结合二次开发，如图 8-31 所示，将内力计算和配筋计算整合在结构计算软件中，BIM 模型和结构计算软件之间数据互通，这种模式下的结构计算，软件只需要建模出图软件和结构计算软件，且二者之间不再需要人工提取和录入数据，信息联动，大大减少了结构设计师的工作量，同时也避免了人工提取和录入数据可能导致的错误（图 8-30）。

⑤管线碰撞检查

轨道交通车站设计虽不像高层建筑那样体量庞大，但是依然有许多较为复

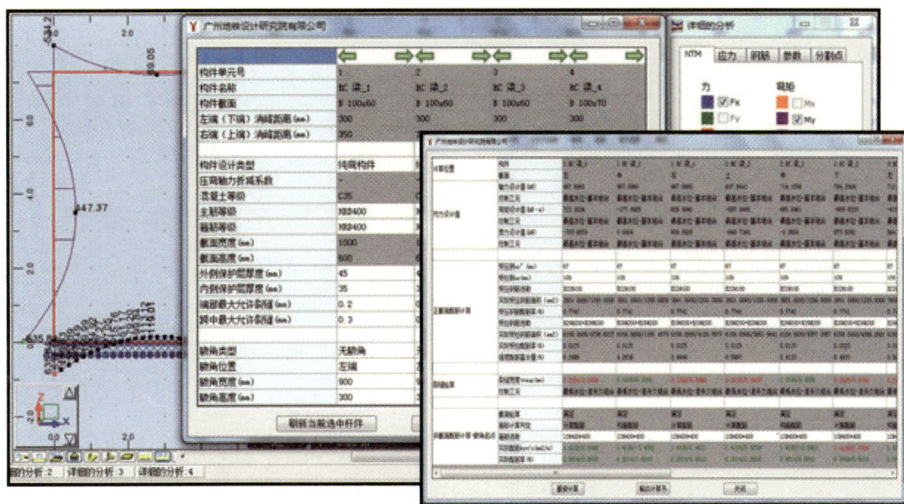

图 8-30　结构配筋计算插件界面

图 8-31　管线碰撞及优化

杂的空间设计，其中综合管线布置是最让设计师与业主头疼的部分之一。传统的二维图纸经常会出现错漏碰撞的情况，不仅影响施工进度，还会造成较大的经济损失。基于 BIM 协同平台之后，各专业基于相同的三维模型展开设计，可以直观地看到自己的管线与土建结构以及其他管线的关系，再结合传统的设计原则与设计经验，可以避免大部分的碰撞。在所有的管线设计完成之后，再进行管线碰撞检查并进行修改，循环重复直到管线零碰撞，再出图或者指导施工（图 8-31）。

⑥三维出图

基于 BIM 的出图可以保证各专业图纸的一致性。根据设计师掌握 BIM 技术的水平的不同，出图内容与深度也各不相同。结构、机电等专业可在 BIM 模型导出的图纸基础上，深化出图，目前车站主体平面图、剖面图、综合管线图基本可达到施工图深度（图 8-32、图 8-33）。

⑦基于 BIM 的防灾模拟分析

地铁车站是人员集散的重要场所，经常会出现车辆到站后瞬间集聚大量客

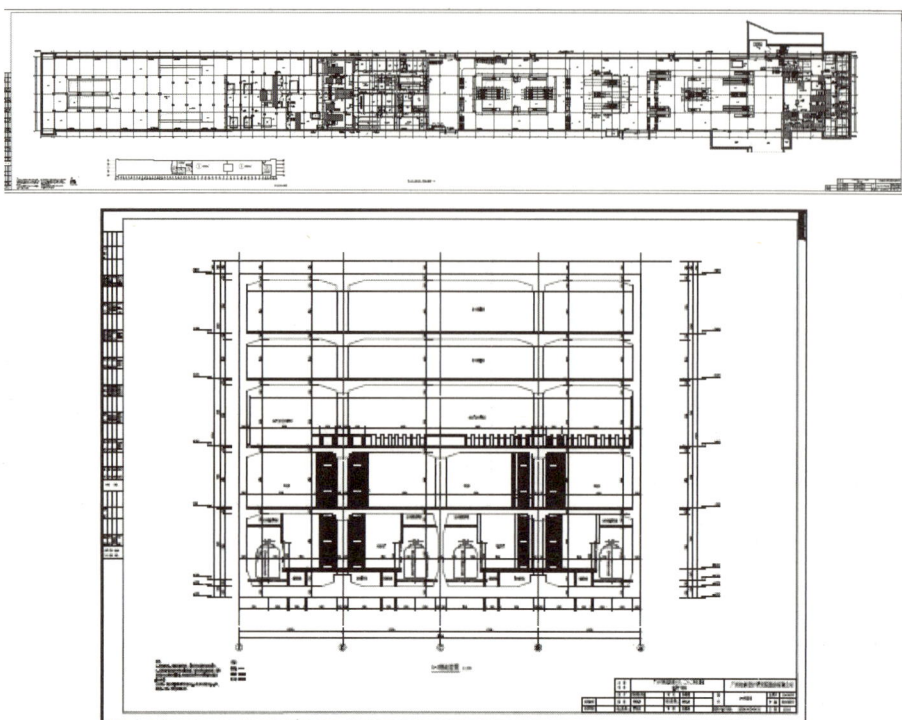

图 8-32 车站主体三维模型出图

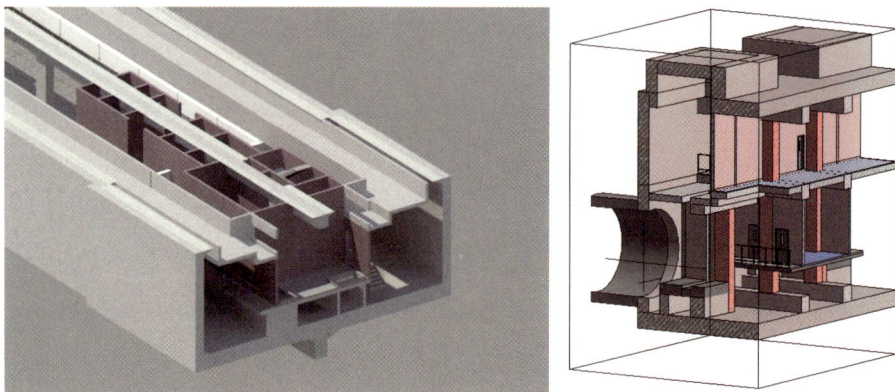

图 8-33 车站模型局部三维图

流的情况，有些站点甚至人满为患，节假日时情况尤其严重。一旦发生灾害，可能造成重大的人员及财产伤亡。所以在轨道交通大规模建设的过程中，防灾尤其是人员逃生疏散这个建筑生命线，不容忽视，对其加大研究刻不容缓。事实上，BIM 疏散模拟在国内外均有不同程度的发展，不同的疏散理念、不同的分析软件如雨后春笋般涌现。PyroSim2010 和 Thunderhead Engineering

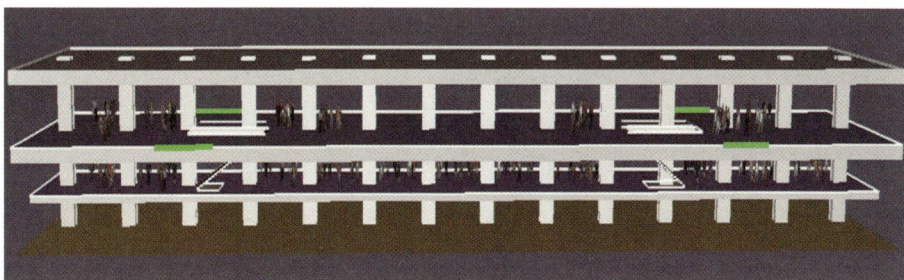

图 8-34   BIM 疏散模拟演示

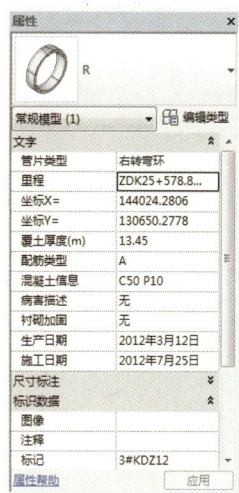

图 8-35   盾构法隧道拼装模型及其属性

Pathfinder 是两款常用疏散分析软件，一个用于简单建模，一个用于模拟逃生（图 8-34 ）。

⑧盾构区间智能设计

盾构法隧道是采用盾构机进行隧道掘进并在盾构机内拼装管片衬砌、实施壁后注浆等修筑而成的隧道，因此，盾构管片的拼装排版是盾构法隧道非常重要的一项工作。在设计阶段，可以根据三维线路数据，并结合管片错、通缝的要求以及封顶块的位置要求，计算理论的管片排版结果，并结合 BIM 技术，建立建筑信息化的隧道管片拼装三维可视化模型，直观地给相关人员提供效果展示和评估，有利于各参与方之间的沟通，最终实现设计对施工的全过程实时指导（图 8-35 ）。

在设计阶段研发了盾构区间智能设计快速建模及出图插件来辅助设计人员提高工作效率。基于线路通过软件自动计算管片拼装点位，驱动盾构管片组件，一键实现管片拼装，生成盾构隧道三维精细化模型；区间各专业（疏散平台、接

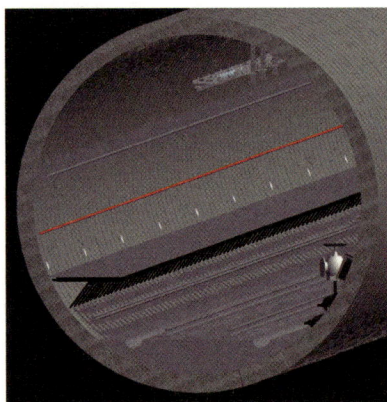

图 8-36 隧道建模效果图

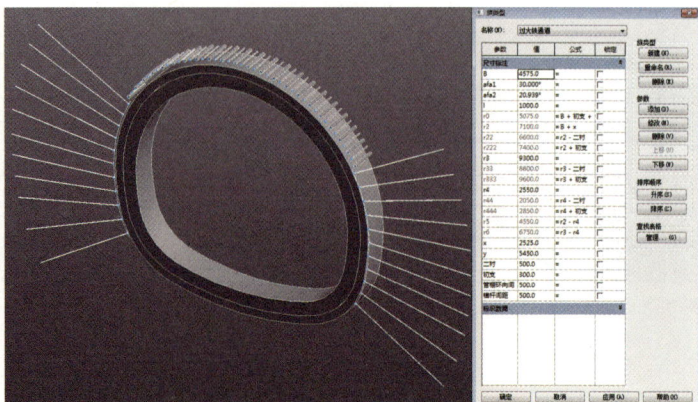

图 8-37 矿山法隧道模型及其参数

触网、轨道等）在管片拼装模型基础上可快速建立各自的专业模型，满足不同项目的应用需要（图 8-36）。

⑨矿山法区间参数化设计

矿山法是暗挖法的一种，是主要用钻眼爆破方法开挖断面而修筑隧道及地下工程的施工方法。用矿山法施工时，将整个断面分步开挖至设计轮廓，并随之修筑衬砌。由于矿山法的特点，矿山法隧道的断面尺寸经常发生变化。通过建立参数化的 BIM 模型，将矿山法断面的半径、角度等作为参数，设计阶段实际应用时，可以节约大量时间（图 8-37）。

此外，矿山法隧道的施工方法往往因周边围岩条件、断面轮廓形状等不同，分为台阶法、CD 法、CRD 法、双侧壁导坑法等。在设计阶段，我们可以结合 BIM 技术，对矿山法隧道的施工工序进行模拟，为施工单位提供可视化的技术交底，这能够大大提高沟通效率（图 8-38）。

⑩ BIM 解决施工过程模拟

为了确保区间工程有序推进，提前对沿线多个控制因素、施工复杂节点、施工顺序等进行预演，结合不同的设计方案，选择较好的设计方案。如对管片拼装的过程进行模拟，可帮助施工人员熟悉施工工艺流程，在管片拼装模拟的基础上，结合实际测量、洞口间隙等进行管片选型，可以节约管片选型时间，提高效率 80%，同时提前进行管片排布，计算出整条线路需要标准环、左转环和右转环的数量，比常规工作时间缩短 60% 且准确度高。再如盾构分体始发模拟，盾构施工开始前，由于始发场地受到局限，无法满足整面盾构机台车完全下井，于是采用盾构机分体始发技术并应用 BIM 技术，对该过程进行模拟展示，提前预演施工过程，生动形象地描述整个施工流程，使施工方案更容易理解、

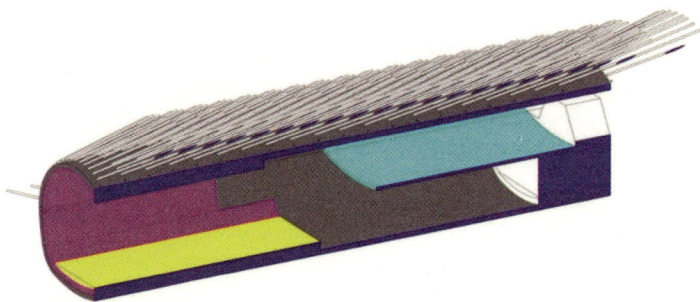

图 8-38 矿山法隧道施工工序

图 8-39 施工动态三维图

更直观、操作性更强、现场实施效果较好，极大地优化了施工方案并加快了施工进度（图8-39）。

⑪ BIM 工程量计算

BIM 具有参数化的特点，这让模型可以直接用来计算与分析，BIM 技术能够将模型所包含的工程量信息进行准确统计，而进行工程量核算。利用 BIM 技术进行的工程量统计数据与 BIM 模型保持联动性，模型的更改情况能够及时地反映到对应的工程量明细表中。

⑫ BIM 校审流程

BIM 模型的校审流程基于 IFC 的轻量化图形平台实现，设计人员发起 BIM 校审流程，校核、审核等人员可在线浏览模型，对模型中存在问题圈出具体位置，并提出该位置存在问题，便于设计人员进行修改（图8-40）。

⑬ BIM 模型交付

根据 BIM 模型建模及交付等相关标准及规定的内容，在数据库中固化构件的名称、颜色、参数等关键要素，模型交付前，各专业校核人员使用工具对模型进行校验，实现标准的多版本支持、统一校验、批量修改的效果，极大地提升了工作效率及校核的准确性（图8-41）。

图 8-40　BIM 模型校审视角

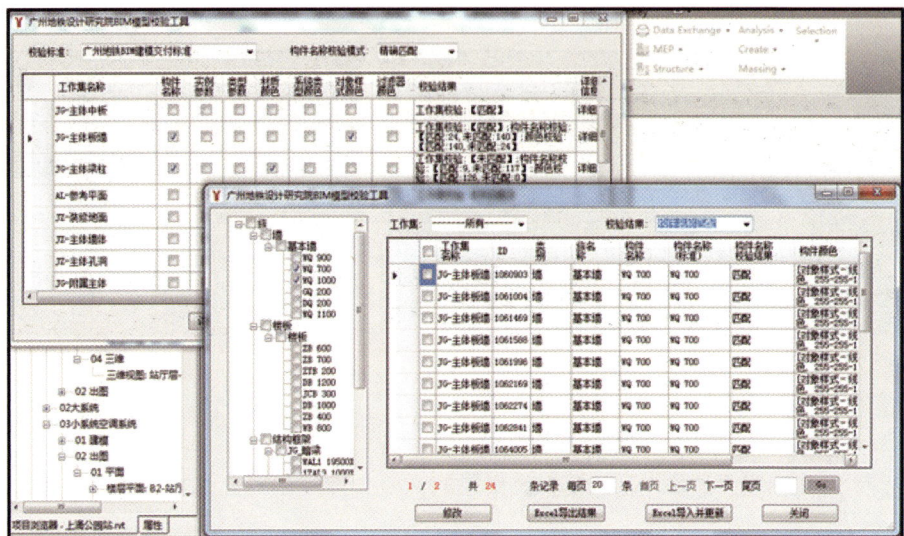

图 8-41　BIM 模型交付界面

⑭知识管理及标准模型库的建立

项目实施过程中建立参数化标准模型库，包括各专业工程模型库、设备交付模型库、标准设备房模型库、标准车站模型库等。当功能需求相同、外部条件类似时，实现标准化设计，保证标准化模块互通互用，便于施工及运营维护（图 8-42、图 8-43）。

（3）技术亮点及先进性

①多专业协同工作

通过设计软件与协同平台的集成，解决专业间或专业内协同设计，解决图纸问题，优化设计方案；施工阶段，不同参与方保持沟通顺畅、信息传达准确，提高工作效率，保证工期。

②BIM 地铁通用族库

在各阶段应用 BIM 过程中，根据相关资料创建各专业设备构件录入构件库，

图 8-42　重要施工节点大样图

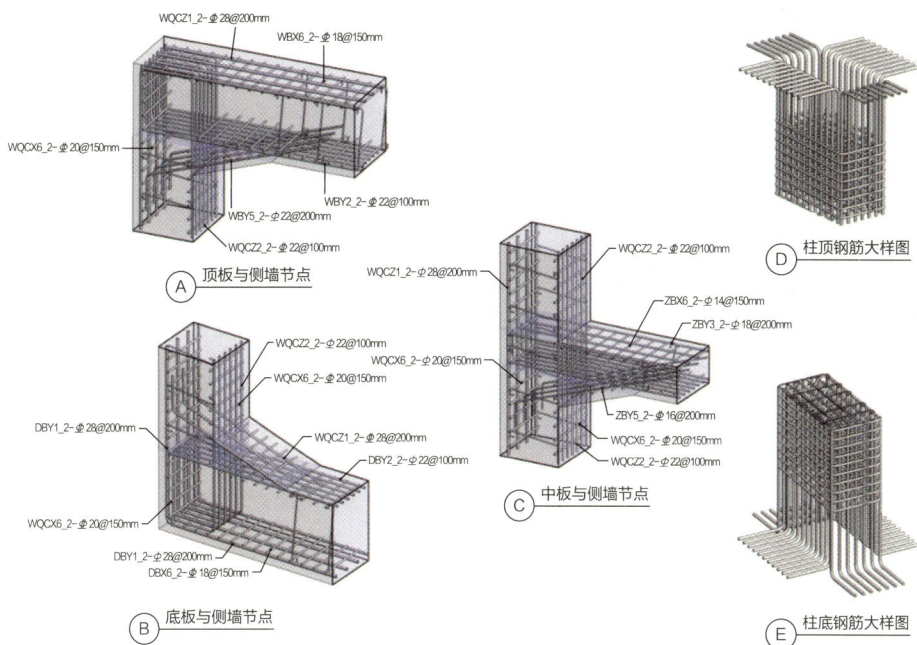

图 8-43　配筋节点大样图

实施构件的统一管理和使用，并在图纸输出时，可直接生成三维节点图，将三维节点应用到施工阶段，实现了从设计阶段到施工阶段的信息更新和传递。

③ BIM 综合管线技术

通过应用 BIM 技术创建建筑结构三维模型，并创建地铁通用族库，实现一次建模多次使用、标准统一，我们将各专业模型进行整合，优化各专业管线排布，实现空间充分利用，使设备安装合理化，工作人员根据管线穿过墙梁板的部位进行事前模拟分析，并根据出具的三维洞口排布图与位置说明进行精确地模拟定位，使得孔洞的位置和尺寸较精确，从而减少因图纸问题造成的返工，缩短施工工期，进而节约施工成本，对项目的进度、质量和成本控制均有积极作用。

④ BIM 项目管理

实现了模型信息与项目管理信息（进度、质量、安全、造价等）的集成，多用户、多单位、全过程的信息集成与协同工作。通过 OA 系统的项目管理系统对项目进行各设计阶段的管理，项目进行过程中，校核、审核、审定各个阶段均需上传轻量化的模型至项目管理平台，实现模型的在线审核。

⑤隧道智能设计

隧道区间具有机电设备专业系统繁多、管线布局交错复杂的特点。设计人员采用智能隧道设计，能够进行碰撞检测、方案优化和特殊设计优化，减少管线错漏碰缺，减少图纸错误，提高设计质量。智能设计插件能满足区间各专业（疏散平台、接触网、轨道等）的应用需求，在管片拼装模型基础上可快速建立各自的专业模型。

⑥参数化建造控制

盾构区间、矿山法区间等复杂的区间实现隧道群的快速设计建模，方便设计师反复修改隧道相关参数。将参数化隧道应用到施工阶段，最终实现设计对施工的全过程实时指导。

3）TOD 综合开发技术——以成都为例

TOD 综合开发是优化城市空间格局、提升城市能级品质、重塑城市经济地理的重要举措。发挥城市轨道建设的网络效应，构筑便捷复合的城市系统和场站综合体，使人们的出行观念从距离变为时间、轨道站从单纯的交通功能转为一站式服务和产业布局的叠加需求。因此，以有用地条件的轨道站为基点，构建"交通、服务、经济"三网叠加的上盖垂直城市，打造"国计、民生、交通"复合功能的地铁场站综合体，实现"城中之城"。

TOD 成都模式着力构建"政策顶层设计—专项规划—一体化城市设计"的层级体系，打造"示范项目以点带面、市区联动共建共享"的工作格局。以"站城一体、生活枢纽、文化地标、艺术典范"为 TOD 建设目标（图 8-44）。

（1）顶层设计

从 2017 年开始，成都政府陆续发布了多项跟 TOD 综合开发有关的重要文件。如《成都市轨道交通专项资金筹措方案》（成府函 [2017]153 号）明确了多元的轨道建设资金筹集方式，解决轨道可持续发展的资金难题；《关于轨道交通场站综合开发的实施意见》（成府函 [2017]183 号）则作为 TOD 综合开发最为重要的顶层设计文件，确立了 TOD 综合开发相关基本原则和实施方式，指明 TOD 综合开发方向。

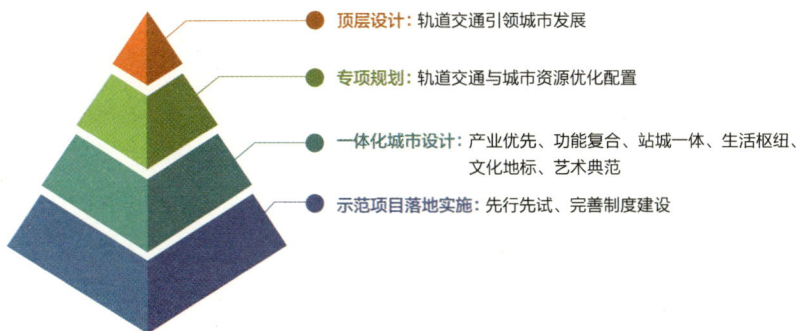

图 8-44　TOD 综合开发层级体系

图 8-45　TOD 综合开发配套细则

（2）专项规划

目前，通过《轨道交通场站综合开发专项规划》框定了成都全市 714 个站点和 75 个车辆基地，共计约 38 万亩（1 亩 ≈ 666.67m²）的 TOD 综合开发土地资源。同时围绕顶层设计文件，研究出台了 7 项成都市 TOD 综合开发配套细则，加强了 TOD 综合开发的操作性和落地性（图 8-45）。

（3）文化规划

编制《成都轨道交通文化建设总体规划》统筹线路及站点要素，综合分析文化性、人流量、可实施性，并结合 TOD 综合开发对结果进行修正。充分结合《轨道交通场站综合开发专项规划》，选取约 95% 的 TOD 城市级站点、50% 的 TOD 片区级站点以及 15% 的其他级别站点作为本次城市级重点站和重点艺术站。使得线网、线路、站点及 TOD 空间的文化表达相统一，有利于落实成都总规，打造文化的新窗口、新名片、新阵地，助力国家中心城市、美丽宜居公园城市、国际门户枢纽城市、世界文化名城建设。

（4）一体化城市设计

目前，成都积极开展场站一体化城市设计，将城市设计作为规划落地落实的重要手段。现已相继开展了行政学院站、陆肖站、三色路站、五桐庙车辆基地站等近 20 个重点场站的一体化前期研究。结合全市经营性用地上市的计划安排，根据站点能级和上位规划要求，确定一体化城市设计工作时序，分类分步开展工作，着重强调项目概念方案、初步设计、施工图设计与上位规划的高度衔接，确保"一张蓝图干到底"。

（5）示范项目

2019 年，按照成都市委市政府工作部署，年内成都市将开工建设 14 个 TOD 示范项目，其中首个示范项目高新区陆肖站项目已于 3 月 1 日开工。其中，近期集中开工的 5 个项目分别为龙泉驿区行政学院站项目、天府新区昌公堰站项目、武侯区双凤桥站项目、温江区万盛站项目、郫都区梓潼宫站项目，总规划设计范围 1900 亩以上，总建筑面积约 420 万 m^2，实施范围 711 亩，建筑面积 164 万 m^2，项目投资 200 亿元以上。上述项目建成后，将成为"人城境业"高度融合的公园城市活力新社区和高颜值、国际范儿的城市新地标，其"轨道＋物业＋产业"发展新模式，也将成为撬动片区经济的"支点"和加快建设中国特色消费型城市的"突破点"，为成都加快建设美丽宜居公园城市注入强劲动力。

（6）站城一体

与此同时，强化统筹轨道交通工程与综合开发同步设计、同步建设，在场站综合开发专项规划基础上，对第四期建设规划先期实施的 6 条线路（10 号线 3 期、13 号线 1 期、17 号线、18 号线 3 期、19 号线、33 号线），在可研阶段同步开展一体化开发研究和设计工作，同步统筹周边基础设施建设，提高资源利用水平，按照"站城一体"方式实施整体打造。

为使轨道交通规划建设与城市规划更加紧密结合，落实轨道线网规划等上层次规划的意图，配合地铁建设，应尽早稳定轨道线路走廊及车站设置方案，可在轨道线网规划稳定后与建设规划同步编制，提前控制轨道交通线路、场站及相关设施用地，指导轨道线路工程设计的同时，减少实施过程中用地矛盾，保障建设项目顺利实施，保证建设速度（图 8-46）。

（7）灵动策划

依据"无策划不规划，无规划不设计，无设计不施工"的原则，秉持"一个 TOD 项目就是一座城市地标和一个城市社区"的理念，在项目规划和一体化城市设计中，坚持以步行者为中心，加快攻克城市慢行空间相对缺失难题，努力构建"快达慢行"的成都 TOD 形态。

坚持城市综合运营理念，运用 TOD "137" 理论，以 100m 核心区的极高

图 8-46　崔家店停车场上盖物业开发

图 8-47　成都远洋太古里

密开发打造具有显示度的城市地标、300m 次核心区的高密开发塑造灵动多样的城市场景、700m 非核心区的低密度开发营造从"城市到自然"的诗意栖居，力争每个 TOD 社区绿地率不低于 35%、绿化率不低于 40%，形成大开大合、疏密有致、富有韵律的城市空间和天际线。

探索 TOD 项目"慢生活空间"独特属性，构建"BMW"（公交 + 地铁 + 步行）绿色出行体系，全力推动 TOD 综合开发与绿道建设高度耦合，重塑城市业态和形态，彰显公园城市特质，满足人民群众对高品质生活的需求（图 8-47）。

（8）多元合一

坚持从消费需求出发，科学测算商住比例，合理布局零售、教育、文化、康养、体育、休闲等领域前沿业态，着力构建"宜居宜业、宜商宜游"的场景体系，大力营造高品质消费场景、游憩场景、文创场景、生态场景、步街场景，加快形成交通圈、商业圈、生活圈"三圈合一"的业态布局，全力打造全客层覆盖、全业态融合、一站式满足的站城空间，努力将轨道交通客流增量转化为经济增量，尽力把每个 TOD 综合开发项目建设为一座城市的活力中心、财富中心、利润中心，成为撬动片区经济的"支点"和加快建设中国特色消费型城市的"突破点"。

8.3　新技术与新材料

8.3.1　广州地铁智能高效空调系统

针对轨道交通空调系统能耗占比大、能效低的现状，以及环境动态、模式复杂等特点，广州地铁在 4 号线车陂南站尝试应用了新型智能高效空调系统，以建成后车站制冷系统年平均运行能效比（COP）大于 5.5、空调系统全年平均运行能效比（COP）大于 4.0 为主要指标，研究了建设轨道交通高效空调系统的系列关键技术，并进一步提出了智能高效空调系统集成解决方案。项目创新点如下。

首次提出了适用于地铁车站的高效空调系统精细化节能设计方法，基于地铁车站空调负荷的特点建立了目标地铁车站的动态负荷特性分析策略，在此基础上提出了基于能效现值的系统设备选型方法，基于地铁车站建筑特点提出了空调输配系统优化技术及气流组织优化技术，并研发了相关软件工具。

基于空调系统能耗特征和性能评价模型，对地铁空调系统多目标多参数的复杂控制对象，基于解耦与全局寻优的方法，分别对风系统控制模块、冷冻水系统控制模块、冷却水系统控制模块，提出了智能控制模型，并建立了基于能耗预测模型的全局寻优控制策略，研发了专利控制算法和控制软件。

首次搭建了地铁空调系统云端智能数据平台，实现了多平台系统状态实时分析与控制、能耗计量及能效指标评价、关键设备监测及故障预警等，分析、统计及存储数据并建立地铁站全寿命周期能耗数据库。基于历史数据，动态调整控制策略及控制参数并指导运维，使系统长期高效运行；为相关标准的制定提供基础数据支撑，促进了轨道交通行业空调系统能效指标评价体系的建立和标准化工作的开展。

首次建立了整套完善的高效空调系统精细化施工及运维技术体系，研发了智能运维系统。高效空调系统精细化施工技术体系明确了设备、管路、传感器等施工安装要求、单机设备及系统的调试要求、施工验收标准等；高效空调系统精细化运营维护技术体系明确了空调系统单机设备及控制系统的运维要求，为空调系统长期高效运行提供了技术保障。研发了智能运维系统，可根据设备及系统的运行参数，智能判断设备及系统的运行状态，实现系统亚健康状态在线自动诊断，减少维护强度，减低维护成本，提高维护效果（图 8-48）。

经广东产品质量监督检验研究院节能测评，该智能高效空调系统实现了远期负荷段制冷系统全年平均运行能效比（COP）不小于 5.87，空调系统全年平均运行能效比（COP）不小于 4.31 的目标。改造后通风与空调系统综合名义年节电量为 1.41GkW·H，综合名义年节能率为 45%，节能减排效果显著。相关研究成果已经在国内多个城市推广应用，如深圳地铁、宁波地铁、长沙地铁等地铁项目。

8.3.2 天津于家堡地下交通枢纽自然通风技术

近年来，随着我国轨道交通的发展，车站规模不断增加，为节省用地面积，

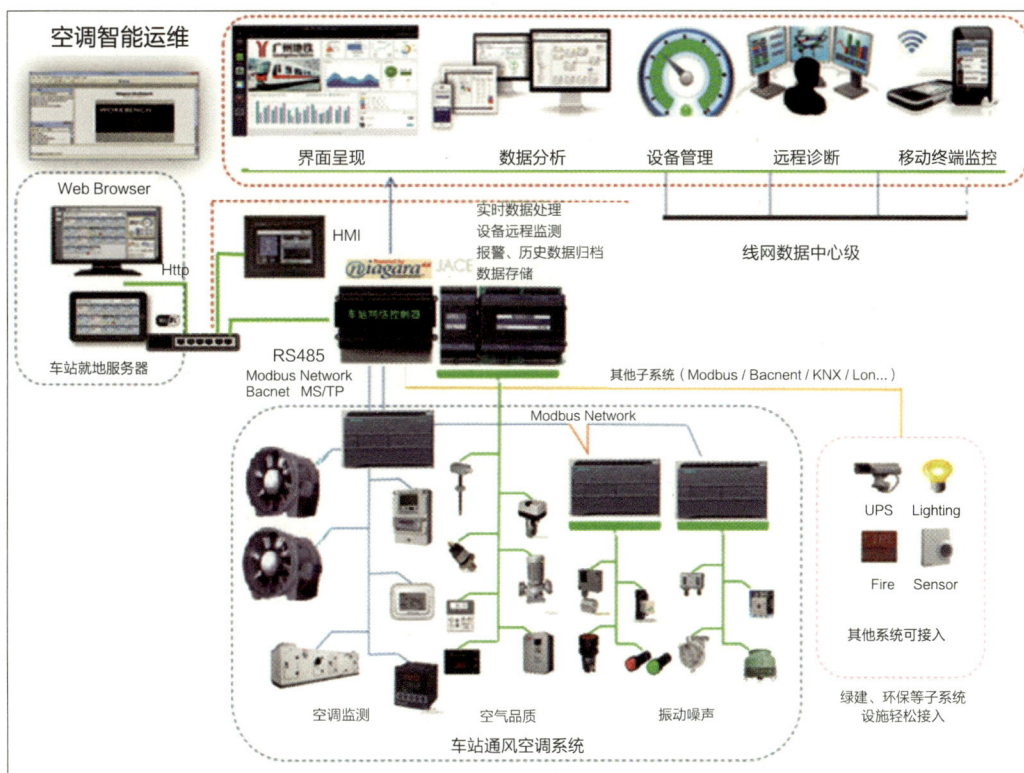

图 8-48　空调系统智能运维示意图

地下交通枢纽工程逐渐增多。此类枢纽由于主体部分位于地下，空间相对封闭，通常采用机械通风对内部进行通风换气，运营期间能耗巨大。合理改善建筑形式，充分利用自然通风，可以有效减小环控能耗，提高车站内候车乘客的舒适度。已有研究结果表明，通风口的设置应综合考虑周边建筑和室外风向的影响，尽可能利用室外风压进行通风换气。通风口的位置及高差对于自然通风具有决定性的作用。相对于地上建筑，地下空间热压对自然通风影响相对较大，单靠风压形成自然通风效果不好。室外温度较低时利用自然通风可替代空调通风，有效减小能耗。目前，对于大型地下交通枢纽自然通风的研究较少，利用自然通风减少过渡季通风能耗具有较大研究价值。

中国铁路设计集团有限公司针对于家堡地下交通枢纽的特点，利用 CFD 模拟分析了过渡季半地下空间利用自然通风进行换气的可行性。结果表明：过渡季合理利用自然通风可以有效排除半地下站房内部的热量，保证环境舒适并减少通风空调系统能耗；合理布置天窗及出入口对于自然通风换气排热效果显著，过渡季主导风向上设置出入口有利于风压的利用，顶部天窗有利于热压的利用，且对自然通风效果影响显著。

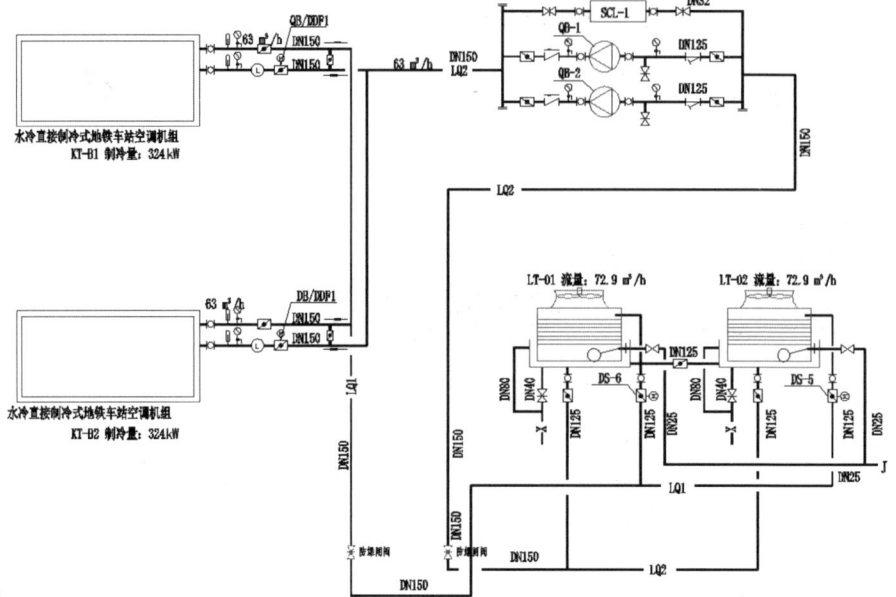

图 8-49　水冷直膨式磁悬浮机组系统原理图

8.3.3　洛阳明秀路站水冷直膨式磁悬浮机组技术

水冷直膨式磁悬浮机组技术在洛阳地铁 2 号线（2019 年在建）中应用，类似技术也被应用于南宁地铁 2 号线明秀路站。

在洛阳 2 号线设计的时候，采用了水冷直膨式磁悬浮机组。系统将水冷表面式空气冷却器改为制冷剂直接膨胀蒸发空气冷却器，处理空气时由制冷剂直接蒸发冷却带走显热负荷和潜热负荷，减少了中间的二次换热。同时在设备用房较少的一端（通风空调机房靠近公共区）集中设置两台机组，设置集中回 / 排风，减少了管道的输配长度（图 8-49）。

8.3.4　西安地铁永磁同步牵引系统

由中车永济电机有限公司联合西安地下铁道有限公司共同开展的西安地铁永磁同步牵引系统科研项目在 2019 年顺利结项，运用该系统单车运行能耗同比异步牵引系统降低 21.3%。

项目依托西安地铁 2 号线车辆平台，完成了整套永磁牵引系统的开发研制、型式试验、地面联调试验以及装车考核测试。为了便于准确可靠地评价节能效果，该项目首次将永磁同步牵引系统与异步牵引系统混装在同列车上进行对比试验。

图 8-50　永磁同步牵引系统

结果表明：单车运行能耗同比异步牵引系统降低 21.3%，且由于测试在单车运行条件下进行，列车再生能力吸收率较低，若按正常运行图运行，节能效果将会更加显著。按照目前西安地铁每列车每天运行 15h、运营里程约 400km 计算，每条线每年约需消耗电费 7000 万元，如采用永磁同步牵引系统每年至少可节省电费 1500 万元以上，经济效益非常可观。

项目结项评审邀请了来自浙江大学、西北工业大学、西南交通大学、西安交通大学、上海地铁维护保障有限公司车辆分公司、天津轨道交通集团、中车唐山机车车辆有限公司等多位业内专家，主要对永磁牵引系统的创新实践进行了评价，验证了节能效果，并对项目双方提出的基于粘着机理可降低永磁牵引系统初期设备配套成本的应用理念及验证方法给予了肯定。

"绿色、节能、环保"的永磁同步牵引系统备受各方关注和青睐，但同时永磁牵引系统在轨道交通行业的应用又受其高成本制约而影响其推广。此次中车永济电机有限公司在项目研制过程中攻克了多项技术难题，获授权国际发明专利 1 项、国内发明专利 2 项、实用新型专利 2 项，不仅实现了永磁牵引系统小型化、轻量化，同时可大幅减少系统初期采购成本和全生命周期维护成本，市场推广及应用前景非常广阔（图 8-50）。

8.3.5　苏州地铁保载钢支撑工艺

1）工程简介

苏州市轨道交通 5 号线花苑路站主体车站结构为地下二层单柱双跨闭合框架结构，采用明挖顺作法施工。车站北侧无建构筑物，南侧距基坑围护结构外边线约 39m 的睿峰公寓全段分布于花苑路站 27 ~ 34 轴。为保证车站南侧睿峰

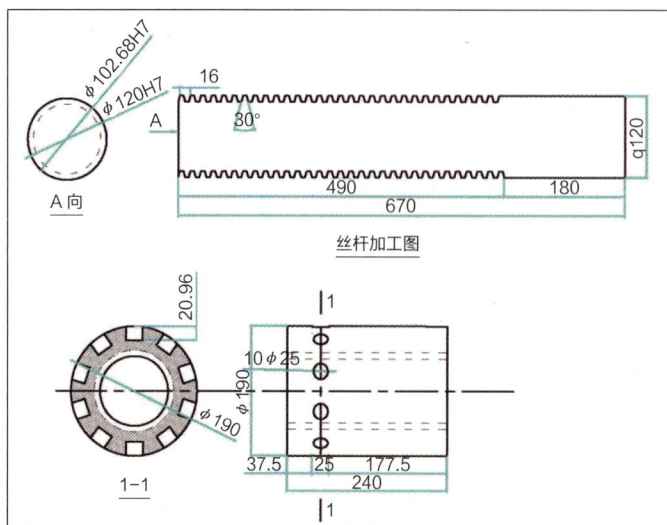

图 8-51　锁定装置构造图

公寓的建筑物安全，在该区域 27 ~ 34 轴使用保载钢支撑钢支撑。

为确保周边环境安全，如何避免钢支撑轴力损失是本工程基坑施工的关键。

2）方案比选

（1）常规钢支撑

目前建筑市场上钢支撑普遍采用的是钢楔铁塞紧，以确保支撑轴力。由于采用多块楔铁塞紧，每块楔铁间不可避免地存在间隙，在后期难免出现由于楔铁挤密或者楔铁窜出而造成轴力损失。

（2）钢支撑轴力伺服系统

"钢支撑轴力自动补偿系统"取代了过去人工预加钢支撑轴力，实现了自动化加压，做到可控、可调。

钢支撑伺服系统轴力控制效果好，但每根支撑需增加 1.8 万元的费用，施工成本较高，不适宜广泛的使用。

（3）保载钢支撑工艺

①保载钢支撑装置构造

根据调研及多方建议，可在钢支撑活络端增加一个锁定装置，以确保支撑轴力不会损失。

锁定装置采用两套由 C45 号圆钢加工而成的螺杆以及螺母构成，螺杆外径为 120mm，丝扣内径为 102.68mm，长度为 650mm，丝牙长度为 470mm。螺母外径为 190mm，上部设置 10 个 ϕ 25 孔，便于螺母拧紧（图 8-51）。

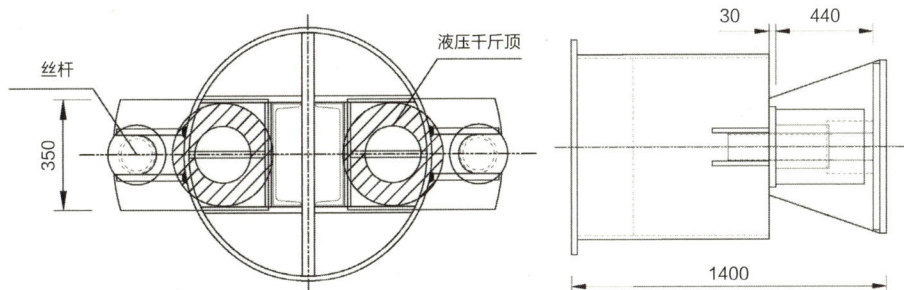

图 8-52 保载钢支撑活络端构造图

图 8-53 保载钢支撑活络端实物图

螺杆设置在外侧，按照 320t 油顶选型设计，对活络端进行加强处理。整体外形尺寸下，便于安装（图 8-52、图 8-53）。

由于采用了钢支撑轴力锁定装置，加工成本增加 2500 元/根。

②保载钢支撑装置钢支撑安装流程

新工艺是在旧工艺的基础上，增加了螺杆、螺母对易产生轴力损失的活络端进行固定，确保活络端位置不因楔铁松动，产生轴力损失。在常规钢支撑架设完毕、拆除千斤顶前，将螺母调整至远离支撑端面的一侧，并拧紧，确保螺母紧固。即使楔铁出现松动，仍由螺杆进行支撑，避免了钢支撑轴力损失。

③保载钢支撑装置试验阶段——试验位置及地质情况

通过现场施工进度及周边环境状况，选取花苑路站 27～34 轴为试验段。

其中新工艺与传统工艺试验段各选取连续 3 幅地墙（各 24 根支撑），试验段间隔 3 幅地墙距离，控制试验段相互之间影响（图 8-54、图 8-55）。

在采用新工艺后，地下连续墙测斜明显减小，两组对比点分别减少 20mm以上；钢支撑轴力新工艺明显高于旧工艺，钢支撑提高 200kN 以上，保载钢支撑工艺成功有效。

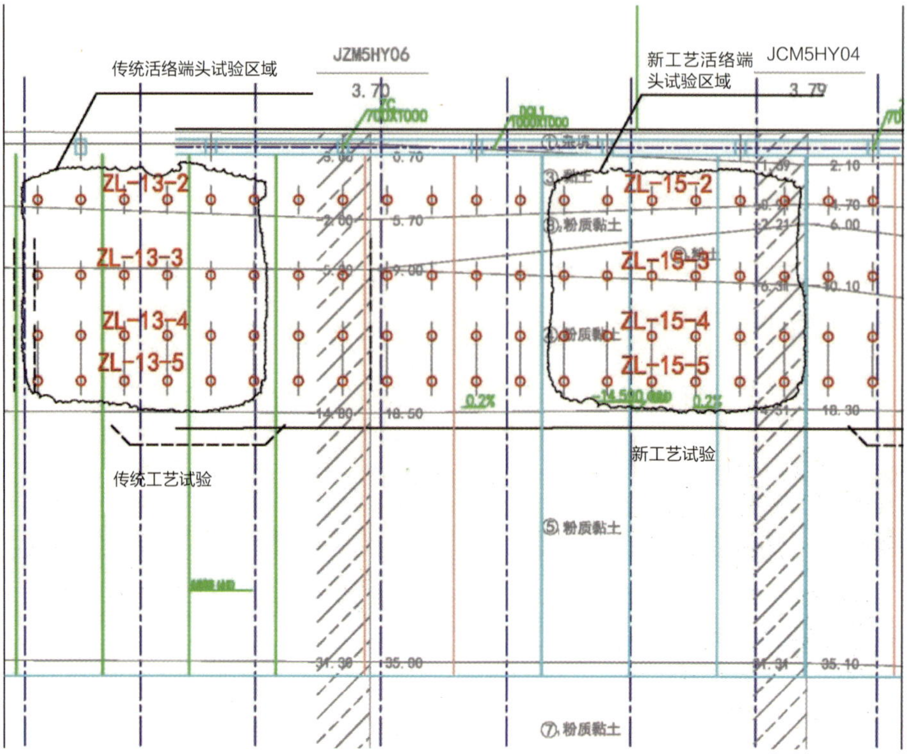

图 8-54 试验段位置剖面图

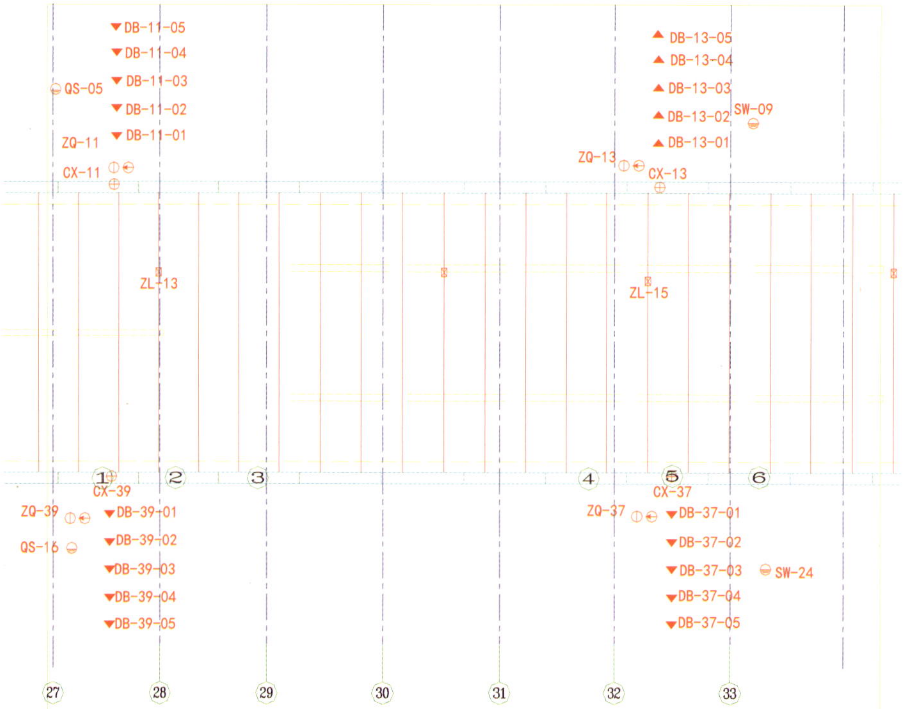

图 8-55 监测点位置平面图

3）新工艺应用

本工程花苑路站为确保周边房屋、道路及管线安全，在毗邻蓝光地产位置每道钢支撑设置了 15 根保载钢支撑装置钢支撑，共计 4 道，45 根钢支撑。

4）技术效益

钢支撑保载钢支撑工艺为国内首创，在成本增加较低的情况下，解决了现有钢支撑轴力损失的缺陷，提高了钢支撑轴力的稳定性、对基坑施工安全起到了积极的作用。由于新工艺增加成本较低，每根支撑仅增加 2500 元，可大范围地应用于基坑施工中。

8.3.6 成都地铁富水卵石土地层异型深竖井与矿山法隧道近接穿越既有线技术

成都地铁 5 号线一、二期工程贯通城市南北，全长 49km，是目前成都运营线路中一次性开通里程最长的线路。全线共涉及 40 个区间工程，其中，省骨科医院—高升桥区间需要近接穿越已经运营的 3 号线红牌楼—高升桥区间隧道，竖向净距仅为 2.5m。从全线工筹角度考虑，本段穿越工程为全线控制性节点工程，为确保新建地铁隧道近接穿越既有 3 号线区间期间既有线的安全运营，穿越工程需要在 2016 年 3 月底前实施完成。

由于盾构始发场地受限，再加上局部大粒径卵石可能导致盾构穿越施工存在难以克服的高风险，通过风险可控性、技术合理性与经济可行性方面的综合比选，最终决定采用矿山法隧道小净距穿越运营地铁线路，随后再进行盾构空推通过。

本段矿山法隧道工程开创了成都地铁建设史上的诸多先例，如第一个富水卵石土地层建设的异型深竖井工程；第一个采用多层衬砌结构形式的城市轨道交通矿山法隧道工程；第一个在高强度、大粒径富水卵石土地层，实施高精度超前大管棚与洞内深孔径向注浆，达到严格控制隧道拱顶沉降变形的矿山法隧道工程。另外，为便于后期盾构空推通过，同时最大限度地减小开挖轮廓，减小工程风险，创新性地采用了上下不等圆类圆形矿山法隧道结构形式。本工程的成功实施，引领了矿山法隧道在富水卵石土地层的应用与发展。

1）创新技术

（1）创新技术一：富水卵石土异型深竖井工程

受既有 3 号线盾构隧道与车站风亭限制，区间左线竖井只能设在 3 号线盾

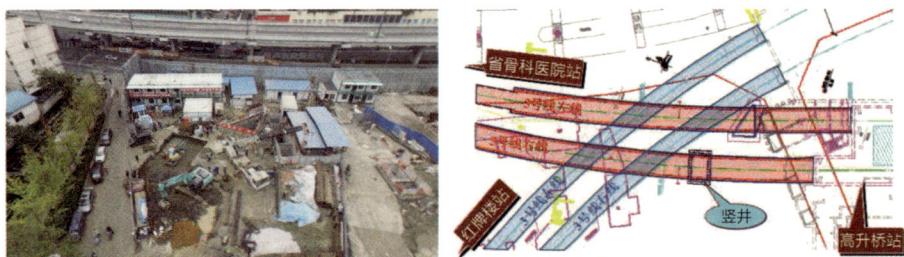

图 8-56　异型深竖井总平面图

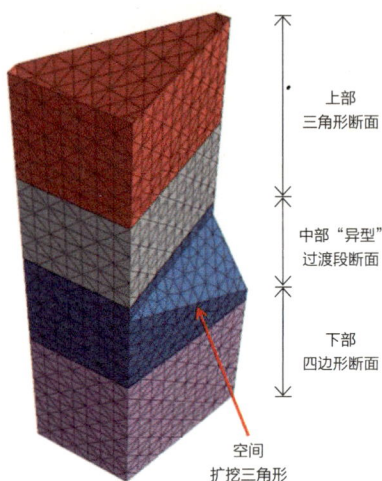

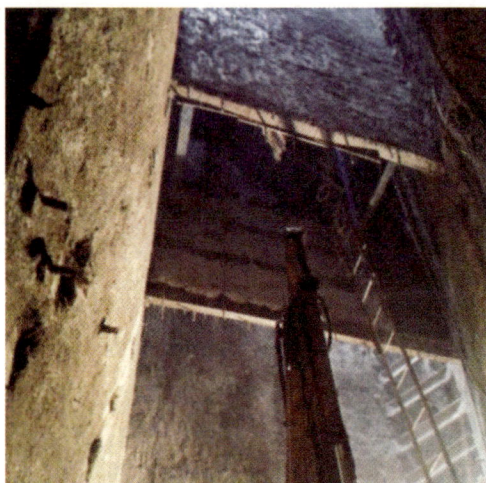

图 8-57　异型深竖井示意图与现场扩挖施工情况

构隧道与车站风亭合围的三角形地块内（图 8-56），为了满足竖井进正线大管棚施作的需要，左线采用异型深竖井方案，即深度 13m 范围内竖井为三角形基坑（躲避既有 3 号线风亭需要），13m 以下部分，在既有车站风亭下方扩挖成典型的四边形（图 8-57）。

左线异型深竖井倒挂井壁法施工，竖井 13m 深度处的扩挖施工是最大的风险，由于扩挖段是在既有 3 号线车站风亭下方进行的，而 3 号线风亭已经正式投入使用，因此需要采取切实可靠措施保障扩挖段基坑的自身稳定与 3 号线风亭的安全，经多方案综合比较，最终采用了扩大段竖向格栅钢架密排、打设多排大管棚，管棚长度深入扩挖段底部的潜在破裂面以外不小于 3m。

本工程异型深竖井方案在竖井过渡段空间转换、竖井开挖过程中，需固定上半断面三角形底部一个角点，同时需将扩挖边另一个角点向深度方向与水平方向扩展，将一条边扩展成两条边，形成特殊的空间"转换"断面，扩挖边最终扩展成一个特定的空间三角形，该三角形为直角三角形，其斜边上每一点对应的扩挖深度都不相同，进而形成特殊的空间异型结构，国内外首次采用此类

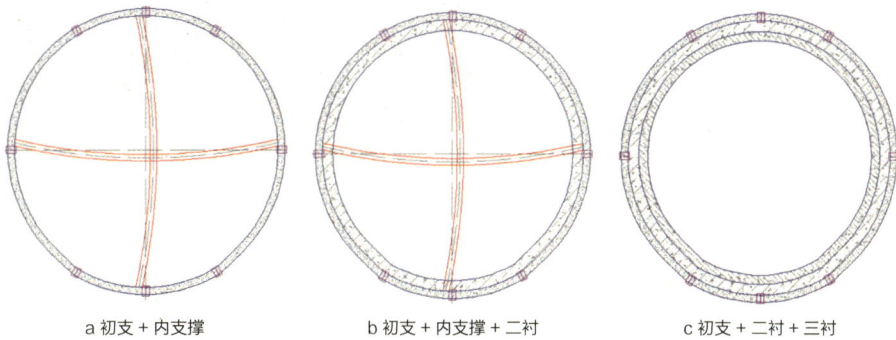

a 初支＋内支撑　　　　b 初支＋内支撑＋二衬　　　　c 初支＋二衬＋三衬

图 8-58　"二衬＋三衬"结构断面设计图

形式断面的竖井结构。

（2）创新技术二：解决临时支撑拆除期间隧道拱顶位移的多层衬砌技术

矿山法隧道施工对周边地层的影响主要集中在掌子面开挖与洞内临时支撑拆除两个阶段，为最大限度地减小临时支撑拆除可能引起的应力释放与拱顶沉降，提出了"初期支护＋二次衬砌＋三次衬砌"的结构形式，二次衬砌施做时洞内临时支撑不拆除，待二次衬砌达到设计强度并有效承担围岩后，拆除洞内临时支撑，铺设防水层，最后施做三次衬砌（永久结构），有效解决了洞内临时支撑拆除期间的应力转换（图 8-58）。

常规的"初期支护＋二次衬砌"结构形式，二衬承担主要荷载，因此结构内力较大，本工程"初期支护＋二衬＋三衬"结构形式，作为永久结构的三次衬砌承担的荷载很小，具有较大的安全储备，更加符合百年工程设计目标。

（3）创新技术三：上下不等圆类圆形矿山法隧道结构

本工程矿山法隧道结构横断面呈上下不等圆形状，包括上半圆和下半圆；上、下半圆之间通过直线段过渡，整体左右对称。一方面可以满足盾构后期空推通过要求（图 8-59），同时可最大程度减小隧道开挖轮廓，在线路轨面标高不变的情况下，可最大程度减小隧道净高，加大新建矿山法隧道与上方既有地铁隧道之间的竖向净距，最大程度减小施工风险。

同时，本工程提出的上下不等圆矿山法隧道结构，可有效避免常规马蹄形隧道或直墙圆拱形隧道开挖轮廓相对较大，且受力性能相对较差的缺陷。

（4）创新技术四：创新密实卵石土地层高精度大管棚与洞内径向深孔注浆工艺

第四纪松散地层中的矿山法隧道工程，地层预加固措施将在一定程度上决定工程的成败。本工程隧道洞身主要位于密实卵石土，以 $\phi 146$ 超前大管棚、$\phi 32$ 自进式锚杆作为超前支护，大管棚与自进式锚杆沿隧道拱部 150° 范围布置。

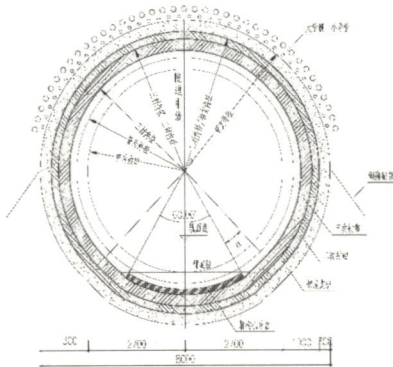

图 8-59　类圆形矿山法隧道结构设计与现场实施情况

图 8-60　改进的管棚工艺现场实施情况

2）改进后的工艺

（1）改进后的大管棚施工工艺

密实卵石土地层条件下，常规 ϕ108 大管棚钻进过程中断管、卡钻、钻进缓慢等现象非常严重，主要是由于卵石粒径较大且强度高，套管强度相对较低所致。同时套管管径过小且风压不足，致使管棚钻进过程中排渣不彻底。

改进工艺：原 ϕ108 管棚调整为 ϕ146 管棚（特殊情况下，可采用 ϕ146 管棚内套 ϕ108 管棚工艺），原 R780 材质钢管改进为 P110 材质钢管，原 8kg 空压机更换为 13kg 空压机。

实施效果：提高了管棚钻进速度，确保管棚的打设范围与长度（图 8-60）。

成都富水砂卵石地层，在地下水位得到有效控制的前提下，地层具有较高的自稳能力，此时"大管棚 + 小导管"超前支护的作用主要表现在隔断开挖扰动、减小地层应力释放。

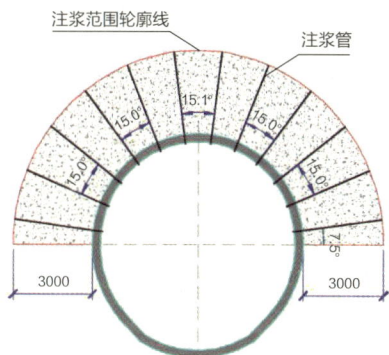

图 8-61　洞内径向注浆示意图与现场实施情况

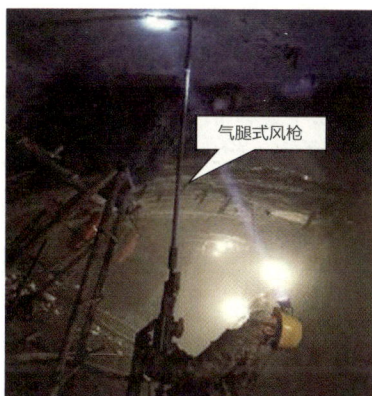

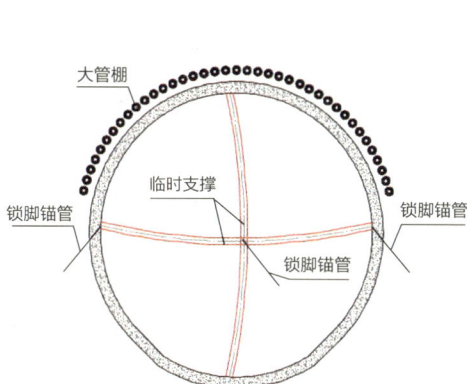

图 8-62　锁脚锚杆示意图与现场实施情况

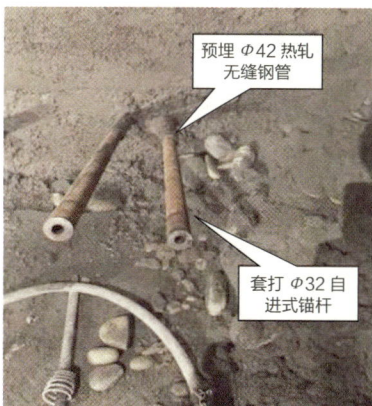

（2）改进后的洞内径向注浆（深孔注浆）工艺

采用传统地质钻机径向成孔后，钻杆拔出过程中，卵石碎渣无法有效排除，极易出现塌孔现象，成孔效率极低，施工机具改进为 TY-28 气腿式风枪，增加了成孔深度及成孔效率；回填注浆所用水泥浆，加大水泥用量，减小水灰比，防止水泥干缩造成初支背后填充不密实。

局部抬升注浆，适当延缓浆液凝固时间，增加注浆压力，保证拱顶以上地层适当抬升（图 8-61）。

（3）改进后的锁脚锚杆施工工艺

锁脚锚杆对初期支护的稳定性非常重要，但常规 $\phi42$ 热轧无缝钢管的强度和刚度相对不足，无法对大粒径卵石形成有效的冲击和破碎，经过施工现场大量的分析及试验，锁脚支护改进为预埋 $\phi42$ 热轧无缝钢管，套打 $\phi32$ 自进式锚杆（壁厚9mm），确保了锁脚锚杆打设长度，有效控制了初期支护沉降变形（图 8-62）。

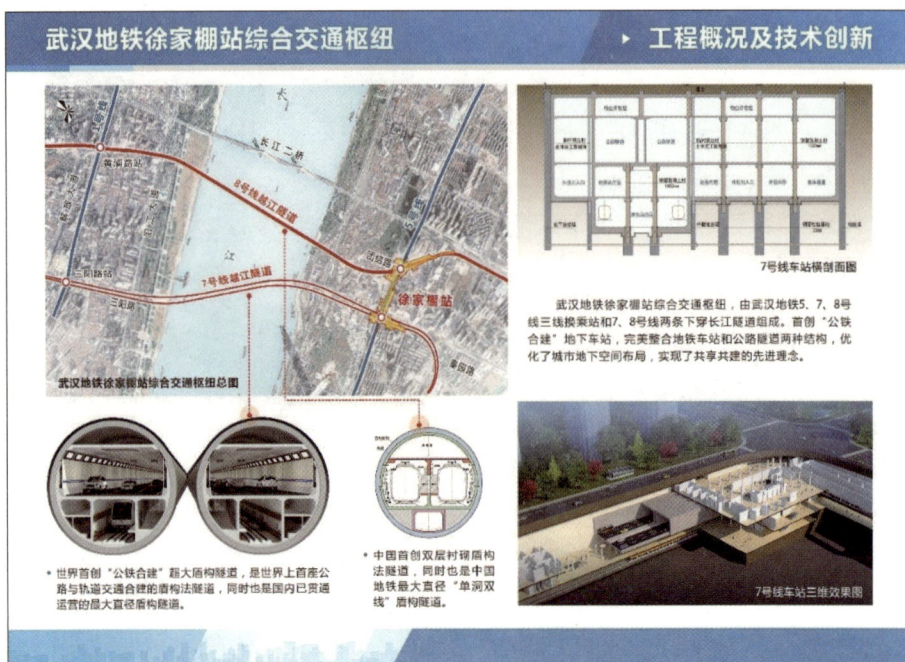

图 8-63　工程概况示意图

成都地铁 5 号线区间隧道近接穿越既有 3 号线盾构隧道，为成都地区首例在富水卵石土地层成功采用矿山法施工的案例。采用的异型扩挖深竖井、类圆形多层衬砌矿山法隧道结构形式、改善后的高精度超前大管棚与洞内径向深孔注浆工艺、小曲线大纵坡条件下类圆形矿山法隧道内盾构空推与二次始发等创新技术，对后续类似工程起到了很好的引领效应。

8.3.7　武汉地铁徐家棚站工程案例

1）工程概况

武汉市轨道交通徐家棚站为 5、7、8 号线三线换乘站，是武汉市轨道交通的重要交通枢纽；其中 5 号线车站为地下两层岛式站台车站；8 号线车站为地下三层侧式站台车站；7 号线车站为地下 4 层"公铁合建"岛式站台车站。车站总建筑面积 13.8 万 m²，工程总概算 24.6 亿元（图 8-63）。

2）理念创新与建筑设计

（1）首创徐家棚站与三阳路越江公路隧道"公铁合建"方案，这是一种高效利用越江通道和城市道路资源的"新型"模式，节约城市道路和越江通道资源，

图 8-64　现场图片

践行集约发展路线，实现了共享共建的先进理念。

（2）创建了融合越江隧道的三线便捷换乘轨道交通枢纽，首先提出"多通道立体疏解交通""全生命周期"先进理念，践行换乘优先、以人为本、人性化设计的思想理念。

（3）打造了大跨度、高净空地下文化艺术空间，践行"建筑、文化、艺术、景观、装修"一体化的理念（图 8-64）。

3）技术创新与结构设计

开创了"先逆后顺再扩"新型逆作工法，有效解决了"公铁合建"二次转换结构逆作施工难题；以车站结构板替代临时混凝土内支撑，保证了工程安全，减少了 5969m³ 混凝土废渣，成功实践了"绿色建造、降噪、节能、低碳"环保建设理念。

研发了逆作超长钢管混凝土柱"两点机械定位"技术，替代传统钢套筒法，绿色安装，安全高效，减少了水下钢套筒（2576t）的废弃和锈蚀，有效保护了环境。

构建了超深地下连续墙接缝注浆、先进接头、接缝箱工艺"三位一体"地下水综合治理技术体系，在长江边超高水头、强渗透、超深基坑条件下施工最深地下车站，首次采用 RJP 地连墙接缝止水，科学有效地解决了超厚饱和粉细砂富水地层地连墙接缝渗漏问题。

4）机电创新与环保节能

创新高大空间空调送排风系统，解决了车站高大空间空调送排风气流组织困难的问题。

优化空调水系统集成冷冻站技术，实现了冷冻站空间最小化及系统运行效率最大化，有效降低了车站能耗。

通过采取弹性短轨枕整体道床及减振扣件、安装声学性能优良的低噪声设备、在风道内设置 3m 长的金属片式消声器、风井避开周边敏感点等多项措施，有效降低了噪声水平，营造良好的运营环境。

5）社会经济效应

徐家棚站"公铁合建共享共建""多通道立体疏解交通""全生命周期"等先进理念，对类似工程的研究、设计、施工具有较强的示范效应和开拓意义。

结合车站及地块具体特点，充分整合利用地上零星土地和地下富裕空间进行物业开发，有效利用了城市土地资源，开发了 60 万 m^2 高品质地铁高层建筑，实现了地铁自身的"造血"盈利功能和可持续发展。

本工程开通以来，它的便利已直接惠及 1170 万次乘客和 864 万次过江车辆，提供就业岗位 1000 多个，该数据还将随着武汉长江主轴和武昌滨江商务区的蓬勃发展大幅增长。本工程的开通大大缓解了武汉过江交通的压力，进一步巩固了武汉市跨江发展战略，有力促进和支撑了武汉市长江主轴和武昌滨江商务的发展。

8.4 总结与讨论

8.4.1 城市轨道交通行业创新需求

通过对本年度新技术成果的征集以及行业发展现状的分析，可以发现行业技术创新的需求较 2018 年并没有发生大的改变，智能、绿色、高效、可持续发展等仍是技术创新的热点。这与《交通强国建设纲要》的目标和措施是相吻合的，其中智能、绿色、高效是行业整体水平提升及产业升级的方法和着力点，可持续发展技术的研究体现了国家和行业在节能环保、科学稳定发展方面的需要。由于基础设施的开发建设需要大量劳动力，同时轨道交通能耗巨大，城市轨道交通行业天然具有劳动密集、高能耗等特点，因此只有在上述方向不断创新优化，才能维持行业良好发展的势头，保证我国城市轨道交通建设顺利实施至最终实现建成交通强国的目标。

同时，持续创新必须"以人为本"，良好的科研资金及人才资源供给是我国城市轨道交通行业科学合理、平稳发展的保障。因此必须不断提高行业内对科研的认识，努力将生产为主、科研为辅的行业惯性思维升级为产学研有机结合、相互引领。尤其是对重点科研项目和有一定经验的行业人才的培养，更是需要给予足够的重视、提供充足资金保障、做到先"好"后"快"。行业内需要建立较为完善的、系统化、层次化的科研制度及人才培养机制，为保障行业科技发展提供新的思路和动力。

8.4.2　行业创新的发展方向

1）轨道交通综合节能

城市轨道交通能耗主要分布在两个方面：列车牵引耗能、基础设施耗能。其中基础设施包括机电设备（通风空调、车站设备、给排水及消防等）、弱电系统（通信、信号及综合监控、FAS、BAS及AFC门禁等）及其他方面。

目前，牵引能耗的节能工作需要从城市轨道交通系统的前期规划设计和后期运营组织两个层面分别对列车牵引节能进行研究，包括公共电网传输损耗及列车牵引技术创新。牵引节能应从轻量化的新型车身、线路纵断面节能设计、站间距与设计速度设置、列车性能优化选型节能策略、运输组织模式节能优化、运营组织阶段节能优化等方向综合考虑。

基础设施节能方面，应着重在设备容量选型、设备效率方面进行把控，这是一切节能手段的基础工作，尤其应挖掘基础设施设备的节能潜力。主要研究方向应包括建筑节能、供电系统节能、通风空调系统及照明系统节能、能源使用管理、再生能源利用、设备资源共享等。

2）建造新方法、新技术

需要发展的城市轨道交通工程建造新方法、新技术有很多，包括装配式建造技术、类矩形盾构技术、管幕法建造技术、盾构下穿建（构）筑物风险控制技术、复杂情况下隧道扩挖技术，富水复合地层深基坑风险控制技术等。主要研究的方向有：①如何利用先进的建造技术取代传统的劳动密集型的建造方式，使城市轨道交通工程向工业化、机械化方向发展，为解决我国劳动力相对紧缺问题做出贡献；②如何提升设计和施工理念及进一步更新施工装备，更安全、更经济、更高效地进行城市轨道交通工程的建造；③如何减少城市轨道交通工程对现有建（构）筑物或周边环境带来的不利影响，满足国家在节能减排、绿色环保方面的需求；④绿色、高性能建造新材料的研发、应用与推广。

3）基于BIM协同技术设计

建筑信息模型BIM是以建筑工程的各项相关信息数据作为模型的基础，进行建筑模型的建立，通过数字仿真模拟建筑物所具有的真实信息。BIM是基于最先进的三维数据设计和工程软件所构建的"可视化"的数字建筑模型,为建设单位、设计单位、施工单位及运营单位等各环节人员提供"模拟和分析"的统一科学协作平台,利用三维数字模型对项目进行设计、建设和运营管理,最终使整个工程项目在设计、施工和运营等各个阶段都能有效地节省能源、节约成本、降低污染和提高效率。研究方向有:①基于BIM的多专业综合协同设计;②可视化的工程设计、性能分析及优化技术;③基于BIM的城市轨道工程全生命周期应用。

4)智能化、信息化轨道交通系统

随着万物互联时代的到来,各种自动化监测及控制技术的出现,让城市轨道交通系统整体智能化、信息化变得可能。研究方向有:①如何利用互联网技术,对底层设备设施数据进行全面梳理、规划分类,统一标准,为建设智能化、信息化轨道交通系统提供基础;②将收集到的信息结合数字音视频分析、BIM、VR、智慧运维等技术手段,有针对性地开展智慧化车站及线路的研究,例如全自动运行、车站无人值守、智慧供电、智慧空调等;③对供电、环控、自动化、通信信号等系统进行重构提升,附加全生命周期智慧运维、车站及线路数据挖掘分析、应急处置、决策支持等功能,全面提升车站、线路、线网智慧运行、智慧运维水平;④如何利用云计算、大数据、可视化、人工智能等技术开展线网客流精准分析预测、线网统一行车调度组织、大数据人工智能统分、线网供电追溯、全方位运营指标体系建设、多元智能可视化应急处置研究,提升整体线网智慧调度和科学管理水平。同时,积极开展城市区域多模式交通协同、交通枢纽智能换乘等研究,推动城市轨道交通系统与政府各相关部门信息互通,实现多运营主体高效协同、突发事件统一协调、乘客出行体验友好等需求,让城市轨道交通成为智能城市建设的有机组成。

5)除地铁外其他轨道交通制式的应用

依据《城市公共交通分类标准》CJJ/T 114-2007,除地铁外其他轨道交通制式包括轻轨系统、单轨系统、有轨电车、磁浮系统、自动导向轨道系统和市域快速轨道系统。其中,市域快速轨道系统为大运量系统,轻轨、单轨、磁浮、自动导向系统为中运量系统,而有轨电车为低运量系统。在实际应用上,不同制式系统各有针对,各系统在解决城市交通问题上并不相重合而出现竞争,实际上形成的是互为补充的关系。相关的研究方向主要有:①有轨电车——车辆轻量化技术、无接触网技术、永磁同步直驱电机技术、交叉学科技术运用、自主化等;②市域快线——如何结合城市总体规划,明确线网中市域快线的功能定位、运营组织、线站位及敷设方式，满足"快捷性"和"便捷性"的双重需求；③中低速磁悬浮——车辆轻量化技术、运载能力的优化、相关轨道及支撑结构的优化、供电系统的优化等；④自动导向轨道交通——目前国内各地采用的产品存在较大差异，应研究不同系统技术特点的差别，结合系统国产化的进程，进一步提高标准化程度，并尽快形成配套的产品专业标准。

9 上盖物业开发篇

9.1 概述

国内各大城市，通过轨道交通上盖物业开发，使轨道交通企业形成自我造血机制，轨道交通的投融资、工程建设、运营管理与物业开发步入自我发展、良性循环的轨道。对处于急速城市化、现代化影响下的发展中国家，提供了一种城市发展的方向。

轨道交通物业开发、经营和管理近几年来也取得了长足的发展，无论是在开发规模、开发理念、技术创新，还是在各城市相继制订出台的轨道交通物业发展政策等方面都有了较大的突破。

9.1.1 "轨道 + 物业"发展契机已经到来

"轨道 + 物业"综合开发模式的发展，使轨道公司除运营收入外，减少政府补贴时，能获取足够的额外收益，以此保证轨道建设的可持续发展。同时"轨道 + 物业"综合开发，利用站城一体化统筹规划和实施能够促进公共交通利用、增加创新机遇、提升城市价值。

9.1.2 "轨道 + 物业"行业动态

1）交通强国"杭州方案"公布：高水平打造"轨道上的杭州"

2020 年 5 月 29 日，杭州正式发出动员令——要把握历史机遇、大抓交通建设，努力成为交通强国的"重要窗口"。对此，省委常委、杭州市委书记周江勇在会上明确提出要奋力推动杭州交通来一个历史性大跨越。不仅停留在一般的交通基础设施建设，而是要基于建设现代化大都市的实践，形成面向世界、引领未来、适度超前的交通发展理念，为交通强国建设探索新路。其中，把握好"线"和"面"的关系——杭州正进入千万级人口的特大城市发展阶段，以轨道交通为导向、以职住平衡为目标，依托重要站点建设形成"多中心、网络化、组团式"的新平台，将成为城市发展的主要空间形态。具体来说，可以分为"地铁＋小镇"的 TOD 模式、"高铁＋新城"的站城一体模式、"郊铁＋组团"的卫星城模式等 3 种模式。

2）龙湖与武汉地铁签署战略合作协议，涉 TOD 及产城融合发展

2020 年 6 月 4 日，武汉地铁集团有限公司与龙湖集团控股有限公司在武汉会议中心签署战略合作协议。

根据合作协议约定，双方将整合各自优势资源，结合轨道交通 TOD 及产城融合发展战略，优化区域功能，拓展城市空间，提升土地价值，共同打造城市新名片。同时，积极探索新型业务，充分发挥双方在智慧服务领域的业务优势，推动轨道交通站点及上盖物业管理科技化、智慧化升级。

3）成都轨道交通与港铁建立商业运营合资公司

2020 年 6 月 24 日，成都轨道集团与港铁公司签约，共同出资组建商业运营合资公司——成都蓉港商业发展有限公司。其目的是为了通过借鉴港铁公司的商业开发和管理模式，进一步发挥成都超大线网规模优势、大客流量的吸附效应，紧跟市民消费新需求、新热点，深度挖掘轨道交通经济潜力和附加值，构建生产、生活、生态多元复合的应用场景，打造以轨道场站为节点，商业中心、居住中心、生产中心圈层分布的城市组团，带动人流、物流、商流高度集聚，实现千万级人流增量转化为百亿级经济增量的目标诉求，成功打造"轨道经济生态圈""轨道市民生活圈"，助力成都轨道集团打造"一流轨道交通综合运营商"，同时助力成都成为加快打造 TOD 综合开发的世界高地。

4）万科与深铁拟成立合资公司，共同打造"轨道＋物业"模式标杆

2020 年 6 月 29 日，万科公告，公司已与深圳市地铁集团有限公司签署备忘录，拟共同投资成成立合资公司，双方分别持股 50%，发挥各自优势，深化"轨道＋物业"领域合作。

根据公告显示，双方签署了《深圳市地铁集团有限公司与万科企业股份有限公司成立合资公司之备忘录》，拟共同投资成立合资公司，注册资本暂定为人民币 10 亿元，其中，万科认缴出资人民币 5 亿元，占注册资本的 50%；地铁集

团认缴出资人民币 5 亿元，占注册资本的 50%。万科及深铁将按照市场化原则，建立和巩固战略合作关系，实现强强联合，关注深圳市新基建及轨道相关重点片区及重点项目，助力深圳建设社会主义先行示范区，探索粤港澳大湾区及其他重点城市的 TOD 大型项目建设模式，发挥深圳在粤港澳大湾区建设中的核心引擎作用。

双方的合作范围包括合作获取地铁项目上盖及周边土地，并实施项目开发，轨道沿线城市更新项目的获取、开发建设及运营，轨道沿线土地整备利益统筹项目的获取、开发建设及运营，站产城融合大型项目、新的城市发展片区统筹开发建设及运营，以及其他双方决策共同推进的项目。

9.2 政策和标准

1）2020 年 1 月 19 日，自然资源部办公厅印发《轨道交通地上地下空间综合开发利用节地模式推荐目录》

轨道交通地上地下空间综合开发，是指在城市轨道交通场站综合体建设中，场站用地及周边土地统一规划，地上与地下空间联动开发，一体化设计和实施商服、住宅及公共配套等的开发模式。通过将轨道交通建设项目与其他非交通开发项目在规划、设计、投融资、建设、运营等环节统筹考虑，可以更好地满足城市功能空间需求，促进土地节约利用，同时还兼具为轨道交通建设融资的功能。

近年来，部分地区优化城市轨道交通场站单一的建设模式，增加商服、住宅及公共配套等功能，推动土地复合利用，提高土地产出效益。据不完全统计，北京、杭州、广州等地已开发轨道交通综合开发项目 16 个，在建项目 10 个，已批准建设项目 50 个，在实践探索和政策创新中积累了较为丰富的经验。该文件选取了北上广深四个一线城市以及杭州、成都这两个在轨交场站综合开发方面发展较快的二线城市，一共 6 个项目的经验介绍，在制度设计、供地方式、地下空间的供地价格、节地效果等方面提供了诸多借鉴。

2）上盖综合开发设计指标要求和标准

2018 年 12 月中国城市轨道交通协会资源经营专业委员会颁布实行《城市轨道交通物业综合开发建设导则（2018）》（中国城市轨道交通协会资源经营专业委员会、中国城市轨道交通协会工程建设专业委员会主编，中轨交通研究院承编）以及《城市轨道交通物业综合开发建设导则编制研究报告》。

城市轨道交通物业综合开发迅速发展，编制《城市轨道交通物业综合开发建设导则》（后简称《导则》），可以提高土地综合开发利用和管理的能力，更好地贯彻国家城市法规建设。城市轨道交通物业综合开发行业技术日益精进，相关规范、设计标准纷纷升级，《导则》的编制可为将来相关技术标准和规范的制定提供基础。各类规范和设计标准、导则内容中存在覆盖未全面、缺项遗漏等问题，编制《导则》能更好地引导市场规避风险。

9.3 "轨道 + 物业"开发模式的典型项目

自然资源部总结了各地在推动节约集约用地方面的典型经验，组织相关单位围绕轨道交通地上地下空间综合开发利用，编制形成了《轨道交通地上地下空间综合开发利用节地模式推荐目录》，引导各地提高土地利用效率。其中推荐了北京市五路车辆段上盖综合利用模式、上海市莲花路地铁站复合利用模式、广州万胜广场地上地下空间综合开发模式、深圳市前海综合交通枢纽站城一体化开发模式、杭州市七堡车辆段上盖综合体模式、成都市崔家店停车场综合开发模式 6 个项目开发模式。

9.3.1 典型项目介绍

1）北京地铁——五路停车场上盖开发项目

（1）规划设计理念

遵循"公共交通导向（TOD）原则、一地两用、提升城市公共环境"规划理念，在满足轨道交通车辆基地工艺和运营安全的前提下，编制综合利用规划方案和市政基础设施规划，根据规划管理部门批准规划设计条件有关荷载要求，依托轨道交通工程建设程序，利用车辆段上部空间进行综合开发建设（图 9-1、图 9-2）。

（2）具体做法

采取从地下车站到停车场上盖多层次、多空间的一体化设计。综合利用部分建筑的首层为车辆段的运用库房，层高 9m；二层为住宅配套使用的小汽车库和住宅配套设备用房，层高 4.5m；小汽车库顶板上部为平均深度 1.5m 的覆土；盖上为 9 栋住宅。咽喉区层高 6m，上部预留 1.5m 覆土，并综合景观设计打造约 3 万 m² 的绿色公共活动空间。落地区紧邻地铁车站，其地下空间与地铁站厅层、公交首末站无缝接驳。

项目共设置三处上下汽车坡道和五处垂直交通核心筒，满足交通需求。

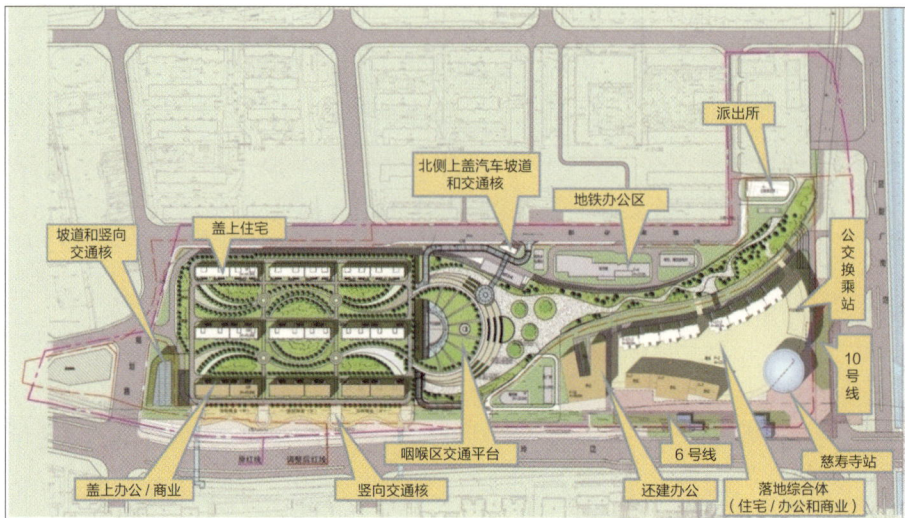

图 9-1　五路停车场综合利用规划总图

图 9-2　五路停车场综合开发效果图

2）上海市莲花路地铁站综合开发项目

上海市轨道交通 1 号线莲花路站已运营超过 20 年。随着乘客数量大幅提升，现有站台存在建筑功能缺失、无法站内换乘、建筑老化等问题，已经不能满足运营需求。为缓解区域交通压力，上海地铁资产投资管理有限公司在取得该站点综合开发项目用地的土地使用权后，对莲花路地铁站开展复合利用改造工作。

项目占地 17617m²，其中包括 4000m² 地铁站房及附属设施，规划用地性质为商业、交通枢纽综合用地。目前现场已施工，预计 2020 年竣工。

（1）规划设计理念

加强规划统筹和区域研究评估，体现公共交通导向（TOD）模式，以场站用地为基础，适当扩大规划编制范围。在轨道交通网络规划编制中同步研究各场站综合开发的总体要求，在轨道交通专项规划编制中同步研究各场站综合开发的规划控制要求。

（2）具体做法

在改造过程中，确保公共效益不影响，做到建设中地铁和公交在改造期全程不停运，并在建成后实现站内可换乘。将原地面二层侧式站台、展厅拆除，在本次供地范围的基础上，结合供地周边的原地铁站房、13 条公交首末站、社区配套用房和商业，建设综合性轨道交通上盖物业等业态，共计建筑面积约50000m²，供地范围与周边保留轨道交通用地的综合容积率达到 2.84。另外，在站台广场地下建设地下停车库约 8620m²，拟设置约 258 个停车位，实现地表地下复合利用。

3）广州万胜广场地上地下空间综合开发项目

万胜广场位于广州地铁 4 号线和 8 号线换乘的万胜围站上盖。项目占地面积 4.1 万 m²，总建筑面积 32 万 m²（其中商业 4.6 万 m²，办公 17.7 万 m²，线网指挥中心 6 万 m²，停车位 1240 个），定位为集地铁指挥中心、商业中心、商务办公、公交站场为一体的地铁上盖综合物业。

（1）规划设计理念

创新"出让＋配建"模式。在地块出让时，通过设置条件，使万胜广场从地块最初选址到后期开发，全程由广州地铁公司担任开发主体。在建设地铁指挥中心时，广州地铁公司统筹规划物业开发与地铁功能，对地块进行整合开发，实现同步规划、同步开发、同步实施和一体化设计。

（2）具体做法

广州地铁公司对项目主体工程采用 BT（政府利用非政府资金来建设某些基础设施项目）融资建设模式，通过公开招标的形式，选取在地铁建设中具备雄厚实力的建筑施工单位进行建设，全面保障项目实施。同时，将一部分资金风险转移到施工单位，减轻地铁公司资金压力。

4）深圳市前海综合交通枢纽站城一体化开发项目

前海综合交通枢纽及上盖项目由地下枢纽和上盖物业两部分构成。枢纽部分由地下 5 条轨道线路（已运营地铁 1、5、11 号地铁线，规划穗莞深城际线及深港西部快线）及口岸和公交、出租、旅游大巴等交通接驳场站构成。总用地面积约 20hm^2。前海综合交通枢纽由政府投资，深圳地铁集团建设。项目分为近期和远期两部分实施。近期建设用地面积 116693m^2，主要包括地下的地铁 1、5、11 号线车站改造工程，地下交通换乘大厅和社会车辆停车场，地面公交场站、出租车场站及集散广场和五条市政道路。远期建设用地面积 99092m^2，主要包括地下的穗莞深城际线及港深西部快轨车站，地面旅游大巴场站、出入境口岸及集散广场、出租车场站、商业开发和 T9 塔楼等。目前地铁 1、5、11 号线前海湾站已经开通，穗莞深城际线预计年内将开工，港深西部快线正在规划中。

（1）规划设计理念

项目充分体现"站城一体化开发"和构建国际化 CBD 的规划设计理念。轨道交通接驳设施、上盖物业与周边街坊进行一体、复合、多功能、高效集约的规划设计，配合枢纽建设，实现车站与周边街区开发相结合的站城一体化开发建设，充分发挥枢纽的触媒效应和集聚效应，构建以公共交通为导向的国际化 CBD 新城区。

（2）具体做法

枢纽建筑地下 6 层，其中上面 3 层为轨道及交通换乘区，下 3 层为地下车库，设 4900 多个停车位。枢纽将设置深港过境口岸及公交、出租、社会车辆、旅游巴士等交通接驳场站，通过地下可直接连通市政道路的周边建筑，实现站城无缝对接。上盖开发部分定位为集枢纽立体商业、甲级办公、国际星级酒店及服务式公寓、商务公寓于一体的超级枢纽城市综合体，包括 9 栋超高层塔楼（含裙楼）、地铁 11 号线上盖独栋商业、远期枢纽上盖商业等。总建筑面积预估约 215.9 万 m^2，其中枢纽地下空间建筑面积 88.1 万 m^2，上盖物业建筑面积约 127.8 万 m^2。人行交通方面，枢纽内部构建以地下一、二层换乘大厅为核心的 4 条主要人行通道，串联轨道车站、公交场站、出租车场站及上盖物业，实现内部的高效换乘；同时，通过地下、地面和二层人行系统与周边建筑或地块连接。车行交通方面，枢纽交通通过外围主、次干路及地下道路组织进出交通，物业交通通过内部支路解决进出交通，二者相对分离，实现枢纽与上盖物业车辆的有效集散。

5）杭州市七堡车辆段上盖综合体开发项目

七堡车辆段上盖综合体项目由杭州地铁 1 号线和 4 号线车辆运营库、检修库、综合维修大楼、控制中心等地铁功能建筑和住宅、商业、写字楼、学校、公园等开发建筑组成，总建筑 103 万 m^2。

（1）规划设计理念

践行"轨道交通地上地下空间综合开发利用"的理念,在满足综合维修大楼、控制中心等建筑布置的情况下,对列车停放区、检修库等区域的土地进行分层利用。以《杭州市地下空间开发利用专项规划（2012—2020年）》为基础,突出地铁的引领作用,利用地铁线网建设带动城市地下空间开发利用,通过"线"（地铁网线）,将"点与面"（地下空间、副中心、重点片区）进行有效连通,形成地下空间网络。

（2）具体做法

采用"高起点规划、高强度开发、高标准建设"。通过复合利用土地,分层设立土地使用权,建设了9m和13.5m两层板。其中落地区0m以下为地铁车站、地下公共过街通道和停车泊位等居住配套;上盖区0m到9m板之间为地铁功能区,设置了车辆运营、检修库;9m板至13.5m板之间设置有公共停车位,同时也为13.5m板以上的开发建筑设置了停车位;13.5m以上为绿化、教育、居住等多种用途。

6）成都市崔家店停车场综合开发项目

崔家店停车场综合开发项目地下为双层地铁停车场设施,用地面积约130.06亩,地上为综合开发项目,用地面积约236.9亩,可修建二类住宅、商业服务业设施、地铁线网控制中心、公园绿地及道路。项目用地通过协议出让方式整体供地给成都轨道集团,地铁停车场已于2017年建成并投入使用,住宅及商业仍在建设中。项目所在区域为成都市老城区,以老旧建筑为主,配套等级较低,土地资源稀缺。

崔家店停车场综合开发项目是成都市第一宗地铁车辆基地综合开发用地项目,涉及地下空间使用权,地面市政道路、公园、住宅、商业等多种用地类型,在供地方式、供地范围、供地价格、规划手续、权属登记等各个环节均有不同创新,实现项目整体规划、整体供地、分层登记,建立了在同一宗土地上划拨与出让方式相结合,地上与地下项目相结合,经营性用地与市政设施用地相结合的轨道交通上盖综合开发项目协议出让整体供地新模式。

9.3.2 香港地铁"轨道＋物业"土地综合利用开发策略

近年来,随着"轨道＋物业"的长足发展,全国各轨道交通企业都在积极探索和大力投入,上盖物业开发蒸蒸日上,但鉴于轨道交通的准公益性质,政府授权或者委托轨道公司统筹进行段场站或枢纽将影响片区的总体规划,需要通过市场化方式协调各利益相关方，因此合理的开发策略将大大提高上盖物业开发的价值。

港铁公司运用"轨道交通＋土地综合利用"商业模式，成功在香港开拓多条轨道交通线路，积极综合利用开发沿线土地，为香港市民提供超过 1200 万 m² 楼面的多种功能生活空间。同时通过东涌线、将军澳线等多条轨道线路，带动了香港多个新市镇的开发、建成、发展及兴起。在这一过程中，港铁公司积累了大量运用"轨道交通＋土地综合利用"模式的成功经验，如以轨道交通为主导的城市规划与土地利用，住宅、商业、公共设施统筹协调发展，商品住房与政府公屋、廉租房有机融合，城市中心区与城市拓展区、郊区、新市镇协调发展，轨道交通投融资多样化等经验。这一模式通过轨道交通与土地综合利用的协同效应、集约用地，带动新市镇的形成，以轨道站点为中心形成交通枢纽和商业中心，推动新区建设、旧区改造，关注生态环境保护，减轻公共财政负担，从而使城市可持续发展，加快城镇化的步伐。

1998 年，香港开通了机场／东涌线，将新机场引到了市中心；2002 年开通了将军澳线，由此创造出一个新兴的住宅区。2005 年开通迪斯尼线，将大量的游客引领到这一世界级的休闲娱乐乐园。"人跟线走"的规划策略，让"轨道交通＋土地综合利用"的模式绽放出新的活力，让香港出现了让人欣喜的城市化发展。

"轨道交通＋土地综合利用"的模式是一种集地铁投资、建设、运营和沿线土地综合开发于一体的综合开发模式；根据香港地铁 30 年来的成功运作经验，其核心特征是：政府可选择无需投资，仅需将地铁沿线一定规模的物业开发用地开发权授予地铁公司，同时按未规划建设地铁前的市场地价标准收取地价，而政府亦不需担保地铁公司的贷款。政府亦可选择作有限度投资从而降低开发物业补贴；港铁享有沿线一定规模土地在地铁开通后的增值收益，承担全部的地铁建设成本和运营成本，并统一规划物业与地铁的设计，提升客流，使项目能自负盈亏；港铁将地铁与物业统一规划、统筹管理，并通过公开、公平的方式招标选择沿线物业用地开发商，由开发商实施具体开发行为，地铁公司实施全程监管、协调，并与开发商分享物业开发收益。港铁在物业开发完毕前将所有土地使用权保留在自己名下，不抵押、也不转让，以便在开发商无力完成开发或出现金融风险时，港铁仍能自己继续完成工程，确保物业及营运收益和地铁的正常运营。

借助"轨道＋物业"的发展模式，香港政府不但没有为地铁的建设和运营背上补贴的包袱，反而从出售给港铁的土地收益、公开招股收益、股息等方面获得了巨大利润，计算现在政府拥有的港铁公司的股份，香港政府共从地铁的建设和运营上赚取了约 2100 亿港元的利润，而港铁造就的社会价值更是不言而喻。

截至 2018 年，香港地铁的 93 个站点中有 47 个站点有上盖物业开发，已完成的总建筑面积约 1300 万 m^2。未来 6 年将开发约 18000 套住宅，总建筑面积超过 115 万 m^2；在商业经营上，现时持有 47 个项目中 13 个项目的商场作为长期经营，目前市值约 700 亿港元；物业管理方面一共管理约 96000 个住宅单位及约 772000 m^2 的商业面积。

10 制式篇

10.1 市域快轨

10.1.1 数据统计分析

1）统计范围

根据《城市公共轨道交通分类标准》CJJ/T114-2007，结合中国城市轨道交通协会标准《城市轨道交通分类》（征求意见稿），将列车最高运行速度为100~200km/h，系统设计运输能力大于1万人次/h以上的中运量及大运量的地铁快线、市域快线和市域（郊）铁路作为本节的统计分析内容，对市域快轨进行了拓展分析和研究。其适用车型主要是直流牵引A/B型快线车辆、交流牵引市域A/B型车辆和交流牵引市域D型车，以及非传统钢轮钢轨系统等。

对通过样本采集的23座城市的91条速度等级100km/h及以上的快速轨道交通线路进行分析、统计和分类。其中，最高运行速度为120km/h以下的地铁快线线路42条，占比46.15%，不纳入市域快轨进行统计。最高运行速度160km/h及以上并采用CRH型车与国铁可互联互通的新建市域（郊）铁路线路6条，占比6.59%，该部分数据纳入了市域（郊）铁路的统计范畴。

最高运行速度120～160km/h并采用市域A、B、D型车的市域快轨线路43条，占比47.25%，该部分城市轨道交通数据为本篇市域快轨的统计范围（图10-1）。

2）运营及在建项目关键数据统计分析

2019年运营/在建的43条市域快轨线路中，平均站间距小于2km的线路共计2条，占比4.65%；介于2～3km（不含）的线路共计12条，占

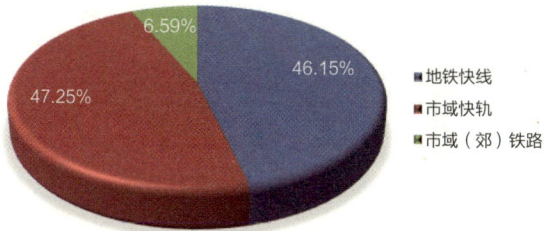

图 10-1　2019 年各城市速度等级 100km/h 及以上的轨道交通分类结构

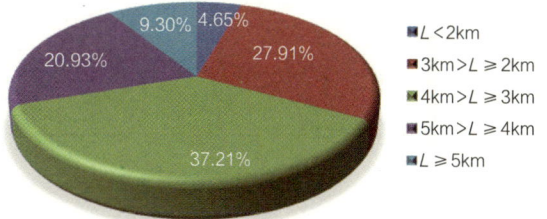

图 10-2　2019 年市域快轨运营及在建项目平均站间距分类结构

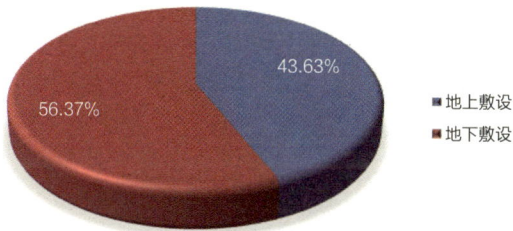

图 10-3　2019 年市域快轨运营及在建项目敷设方式分类结构

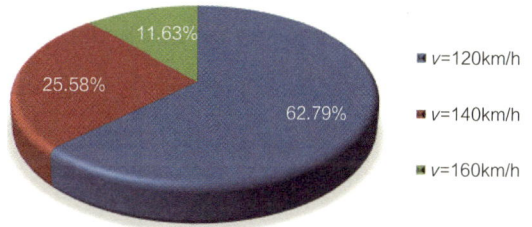

图 10-4　2019 年市域快轨运营及在建项目速度分级结构

比 27.91%；介于 3 ~ 4km（不含）的线路共计 16 条，占比 37.21%；介于 4 ~ 5km（不含）的线路共计 9 条，占比 20.93%；超过 5km 的线路共计 4 条，占比 9.30%（图 10-2）。

2019 年运营 / 在建的 43 条市域快轨线路中，地上敷设长度为 929.94km，占比 43.63%；地下敷设长度为 1201.24km，占比 56.37%。常规意义的市域快轨地上敷设比例应大于地下敷设比例，但是，我国城市化的不断加快，中心城区的不断扩展和市域外围城市化的发展，以及部分市域快轨和地铁快线存在融合和交叉，所以目前统计的市域快轨地下敷设方式反而高于地上敷设方式（图 10-3）。

2019 年运营 / 在建的 43 条市域快轨线路中，最高运行速度覆盖范围 120 ~ 160km/h，最高运行速度 120km/h 的项目最多，占比 62.79%，最高运行速度 140km/h 的项目占比 25.58%，最高运行速度 160km/h 的项目占比 11.63%（图 10-4）。

车辆最高运行速度与车辆牵引电压和供电负荷需求关系密切，2019 年运营 / 在建的 43 条市域快轨线路中，最高运行速度 120km/h 的线路有 26 条采用 DC1500V 供电制式，1 条采用双制式；最高运行速度 140km/h 的线路有 10 条采用 AC25kV 供电制式，1 条采用双制式；最高运行速度 160km/h 的线路有 4 条采用 AC25kV 供电制式，1 条采用双制式（表 10-1、图 10-5）。

2019 年市域快轨运营及在建项目供电制式／速度序列统计表　　　表 10-1

速度 ＼ 供电制式	DC1500V	AC25kV	双制式（DC1500V/AC25kV）
120km/h	26	0	1
140km/h	0	10	1
160km/h	0	4	1

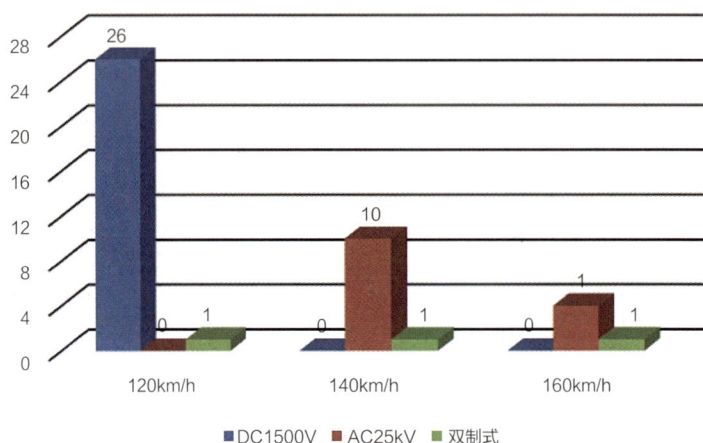

图 10-5　2019 年市域快轨运营及在建项目供电制式／速度序列统计图

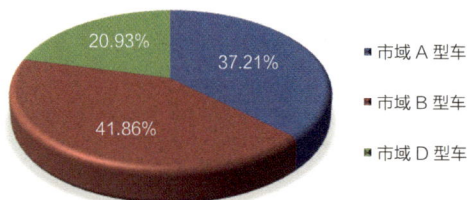

图 10-6　2019 年市域快轨运营及在建项目车型分类结构

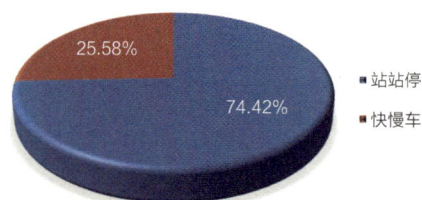

图 10-7　2019 年市域快轨运营及在建项目运营模式分类结构

　　2019 年运营／在建的 43 条市域快轨线路中采用市域 B 型车的线路最多，共计 18 条，占比 41.86%；采用市域 A 型车的线路共计 16 条，占比 37.21%；采用市域快线 D 型车的线路共计 9 条，占比 20.93%（图 10-6）。

　　2019 年运营／在建的 43 条市域快轨线路中，11 条线路采用快慢车运行模式，占比 25.58%；32 条线路采用站站停追踪运行模式，占比 74.42%（图 10-7）。

　　当列车最高运行速度超过 120km/h，由于列车高速运行导致隧道内空气压力剧烈变化，为了保证乘车环境的舒适和安全，以及采用交流 25kV 的牵引供电安全空间要求。部分市域快轨采用加大隧道断面的压力控制措施并满足交流牵

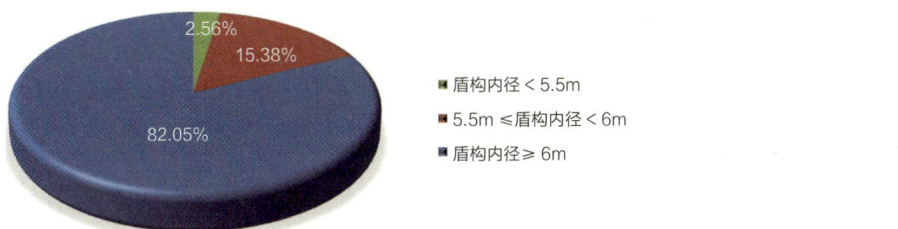

图 10-8　2019 年市域快轨运营及在建项目盾构隧道分类结构

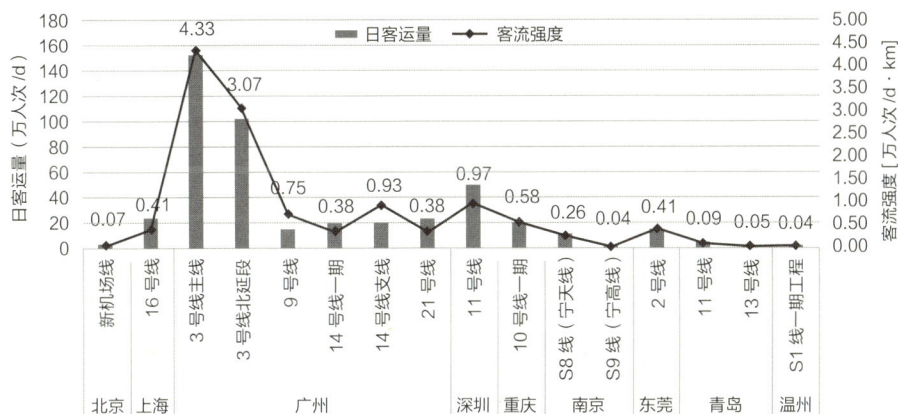

图 10-9　2019 年市域快轨运营的项目日客流量及客流强度

引接触网安装要求。2019 年运营 / 在建的采用盾构工法的 39 条市域快轨线路中，盾构内径 $R < 5.5$m 的 1 条，占比 2.56%；盾构内径 5.5m $\leq R < 6$m 的 6 条，占比 15.38%；盾构内径 $R \geq 6$m 的 32 条，占比 82.05%（图 10-8）。

2019 年运营的 16 条市域快轨线路中，广州 3 号线及北延线的客流强度最高，而大部分市域快轨的客流强度低于"52 号文"中对拟建设大运量城市轨道交通城市初期客流强度不低于 0.7 万人次 /（d·km）的要求。其中，初期客流强度大于等于 0.7 万人次 /（d·km）的线路共 5 条，占 31.25%；0.4 ～ 0.7 万人次 /（d·km）（不含）的线路共 3 条，占 18.75%；小于 0.4 万人次 /（d·km）的线路共 8 条，占 50%（图 10-9、表 10-2、表 10-3）。

2019 年市域快轨已运营线路线规模数据及各线关键数据统计汇总表

表 10-2

线路名称		线路长度 (km)	车站数量 (座)	站间距 (km)			敷设方式 (km)		车辆选型	最高运行速度 (km/h)	牵引受电制式	运营模式	盾构隧道内径 (m)	开通时间	客运量 (万人次/d)	客运强度 (万人次/d·km)
	指标 线路名称			最小	最大	平均	地上	地下								
北京	15 号线	41.9	20	0.9	4.6	2.2	14.4	27.5	B 型车	100	DC750V 接触轨	站站停	5.8	2010 年 12 月 ~ 2016 年 12 月	47.32	1.13
	27 号线	31.9	12	1.2	5.5	2.9	17.9	14	B 型车	100	DC750V 接触轨	站站停	5.8	2010 年 12 月 ~ 2015 年 12 月	28.56	0.90
	新机场线	47.5	5	3.5	25.2	11.8	17.7	29.8	市域 D 型车	160	AC25kV 接触网	站站停	7.9	2019 年 9 月	3.2	0.07
	市郊铁路 S1	32.7	5	—	—	6.5	32.7	0	CRH 动车组	200	AC25kV 接触网	站站停	—（单洞双线）	2017 年 12 月	3.4	0.10
	11 号线	82.4	38	0.7	5.8	2.2	30.1	52.3	A 型车	100	DC1500V 接触网	站站停	5.5	2009 年 12 月 ~ 2015 年 12 月	97.8	1.19
上海	16 号线	59	13	2.6	10.6	4.9	45.3	13.7	A 型车	120	DC1500V 三轨	快慢车	10.2（单洞双线）	2013 年 12 月	24.2	0.41
	17 号线	35.3	13	1.3	5.7	2.9	19.2	16.1	A 型车	100	DC1500V 三轨	站站停	5.5	2017 年 12 月	18.1	0.51
广州	3 号线主线	35.3	16	0.8	6.2	2.4	0	35.3	B 型车	120	DC1500V 接触网	站站停	5.4	2005 年 12 月	153	4.33
	3 号线北延	33.2	14	1.1	6.3	2.4	0	33.3	B 型车	120	DC1500V 接触网	站站停	5.4	2005 年 12 月	102	3.07
	9 号线	20.1	11	1.1	5.6	2	0	20.1	B 型车	120	DC1500V 接触网	站站停	5.8	2017 年 12 月	15.02	0.75
	14 号线一期	54.3	13	3.1	6.1	4.4	32.6	21.7	B 型车	120	DC1500V 接触网 / 三轨	快慢车	5.8	2018 年 12 月	20.47	0.38
	14 号线支线	21.9	9	1.2	3.5	2.3	2	19.9	B 型车	120	DC1500V 接触网 / 三轨	快慢车	5.8	2018 年 12 月	20.47	0.93
	21 号线	61.5	21	1.4	7.5	3.1	19	42.5	B 型车	120	DC1500V 接触网 / 三轨	快慢车	5.8	2019 年 12 月	23.49	0.38
深圳	11 号线	51.7	18	1.7	7.2	3	12.3	39.4	A 型车	120	DC1500V 接触网	站站停	6	2016 年 6 月	50.3	0.97

续表

线路名称	指标	线路长度 (km)	车站数量 (座)	站间距 (km) 最小	站间距 (km) 最大	站间距 (km) 平均	敷设方式 (km) 地上	敷设方式 (km) 地下	车辆选型	最高运行速度 (km/h)	牵引受电制式	运营模式	盾构隧道内径 (m)	开通时间	客运量 (万人次/d)	客运强度 (万人次/d·km)
重庆	4号线一期	17.6	9	1.5	3.45	2.2	6	11.5	As型车	100	DC1500V接触网	站站停	5.9	2018年12月	1.9	0.11
	5号线一期	14.2	9	0.9	2.6	1.8	0	14.2	As型车	100	双流制 DC1500V/AC25kV	站站停	5.9	2017年12月	9.3	0.65
	10号线一期	34.3	19	0.6	5.3	1.7	7.4	26.9	As型车	120	DC1500V接触网	站站停	6	2017年12月	20	0.58
成都	成灌线	67	12	2.6	13.4	6.1	67	0	CRH	220	AC25kV接触网	时刻表	—	2010年5月	2.2	0.03
	离堆支线	6	3	1	3.4	2	1	5			AC25kV接触网	时刻表	明挖	2013年7月	2.2	0.37
	彭州支线	20	6	2	5.4	3.3	20	0			AC25kV接触网	时刻表	—	2014年4月	2.2	0.11
武汉	10号线	37.9	16	1	3.5	2.5	16.7	21.2	A型车	100	DC1500V接触网	时刻表	5.4	2017年9月~2019年12月	8.97	0.24
	7号线	47.9	26	0.87	3.4	1.9	0	47.9	A型车	100	DC1500V三轨	时刻表	5.5	2018年1月	40.53	0.85
	11号线	19.7	13	0.96	2.8	1.64	0	19.7	A型车	100	DC1500V三轨	时刻表	5.5	2018年1月	5.07	0.26
	21号线一期	35	16	0.8	4.6	2.3	25.7	9.3	A型车	100	DC1500V三轨	快慢车	5.5	2017年12月	5.98	0.17
南京	S1线	37.3	9	3.1	6.8	4.7	17.6	19.7	B型车	100	DC1500V接触网	站站停	5.5	2014年7月	9.37	0.25
	S3线	36.2	19	0.7	10	2	22	14.2	B型车	100	DC1500V接触网	站站停	5.5	2017年12月	9.1	0.25
	S7线	30.2	9	1.7	5.9	3.77	19.8	10.4	B型车	100	DC1500V接触网	站站停	5.5	2018年5月	1.2	0.04
	S8线	45.2	17	1.4	6.3	2.8	34.2	11	B型车	120	DC1500V接触网	站站停	6	2014年8月	11.8	0.26
	S9线	52.4	6	6.2	17.5	10.5	48.8	3.6	B型车	120	DC1500V接触网	站站停	6	2017年12月	1.91	0.04

续表

线路名称	指标 线路名称	线路长度 (km)	车站数量 (座)	站间距 (km) 最小	站间距 (km) 最大	站间距 (km) 平均	敷设方式 (km) 地上	敷设方式 (km) 地下	车辆选型	最高运行速度 (km/h)	牵引受电制式	运营模式	盾构隧道内径 (m)	开通时间	客运量 (万人次/d)	客运强度 (万人次/d·km)
郑州	郑机城铁	43	5	7.9	11.6	10.7	34.4	8.6	CRH	200	AC25kV接触网	时刻表	12.8(单洞双线)	2015年12月	—	—
	9号线一期	31.7	14	0.9	4.2	2.4	17.3	14.4	B型车	100	DC1500V接触网	快慢车	5.4	2017年1月	11	0.35
兰州	兰中城铁	63.1	6	3	41.5	12.6	60.8	2.3	CRH	160	AC25kV接触网	时刻表	明挖	2015年9月	—	—
东莞	2号线	37.7	15	1.2	5.1	2.6	4	33.7	B型车	120	DC1500V接触网	站站停	6	2016年5月	15.4	0.41
青岛	11号线	58.4	22	0.8	6.8	2.75	47.3	11.1	B型车	120	DC1500V三轨	站站停	矿山法	2018年4月	5.31	0.09
	13号线	69.9	23	1.1	7.6	3.16	54.4	15.5	B型车	120	DC1500V三轨	站站停	矿山法	2018年12月	3.52	0.05
温州	S1线一期工程	53.5	18	1.8	7	3.1	43.7	9.8	D型车	140	AC25kV接触网	站站停	7.6	2019年1月~2019年9月	2.26	0.04
济南	1号线	26.1	11	1.5	3.8	2.6	9.9	16.2	B型车	100	DC1500V接触网	站站停	5.8	2019年4月	2.5	0.10
	3号线	21.6	13	0.88	3.15	1.79	0	21.57	B型车	100	DC1500V接触网	站站停	5.8	2019年10月	—	—
西安	机场城际线	29.3	10	1.1	5.9	3.2	20.8	8.5	B型车	100	DC1500V接触网	站站停	5.5	2019年9月	2	0.07
昆明	6号线(一期)	18	4	2.1	9.7	6	9.1	8.9	B型车	100	DC1500V三轨	站站停	5.5	2012年6月	—	0.00

注："绿色填充"为最高运行速度大于等于 160km/h CRH 动车组的"市域(郊)铁路","黄色填充",最高运行速度为 120km/h 以下的"地铁快线",均不纳入本篇的"市域快轨"关键数据统计。表 10-3 同。

2019 年市域快轨在建线路规模数据及各线关键数据统计汇总表

表 10-3

指标 线路名称		线路长度 （km）	车站数 量（座）	平均站间距 （km）	敷设方式（km）		车辆选型	最高运行速度 （km/h）	牵引受电制式	运营模式	盾构隧道内 径（m）
					地上	地下					
北京	17 号线	49.7	21	2.6	0	49.7	地铁 A 型车	100	DC750V 三轨	快慢车	5.8
	19 号线一期	22.4	9	2.8	0	22.4	地铁 A 型车	120	DC1500V 接触网	站站停	6.7
	22 号线（平谷线）	78.6	20	4.1	30.1	48.5	市域 D 型车	160	DC1500V/AC25kV 接触网	快慢车	7.9
	27 号线二期（昌平线南延）	12.6	7	1.8	0.5	12.1	地铁 B 型车	100	DC750V 接触轨	站站停	10
上海	嘉闵线	41.6	15	2.97	6.6	35	CRH6 动车组	160	AC25kV 接触网	站站停	7.9
	崇明线	44.6	8	6	18.5	26.1	地铁 A 型车	120	DC1500V 接触网	站站停	5.9
	机场联络线	68.6	9	8.5	11.9	56.7	CRH6 动车组	160	AC25kV 接触网	站站停	7.9
广州	3 号线东延	9.6	4	2.4	0	9.6	地铁 B 型车	120	DC1500V 接触网	站站停	5.4
	13 号线	60.6	34	1.8	0	60.6	地铁 A 型车	100	DC1500V 接触网	站站停	5.8
	18 号线	62.5	9	7.8	0	62.5	市域 D 型车	160	AC25kV 接触网	快慢车	7.7
	14 号线一期	11.7	8	1.5	0	11.7	地铁 B 型车	120	DC1500V 接触网	快慢车	5.8
	22 号线	31.8	8	4.5	0	31.8	市域 D 型车	160	AC25kV 接触网	快慢车	7.7
深圳	6 号线	49.2	27	1.87	20.1	29.1	地铁 A 型车	100	DC1500V 三轨	站站停	5.4
	13 号线一期	22.4	16	1.5	0	22.4	地铁 A 型车	100	DC1500V 接触网	站站停	5.5
	14 号线	52.5	15	3.53	0	52.5	地铁 A 型车	120	DC1500V 接触网	站站停	6
重庆	璧铜线	37.5	9	4.68	21.4	16.1	As 型车	140	双流制 DC1500V/AC25kV	站站停	7.6
	江跳线	28.2	7	4.39	22.4	5.8	As 型车	120	双流制 DC1500V/AC25kV	站站停	5.9
成都	9 号线一期	22.2	13	1.8	0	22.2	地铁 A 型车	100	DC1500V 接触网	站站停	6
	10 号线三期	5.7	5	1.1	0	5.7	地铁 A 型车	100	DC1500V 接触网	站站停	5.4
	13 号线一期	28.8	19	1.5	2.5	26.3	市域快线 A 型车	140	AC25kV 接触网	站站停	7.5
	17 号线	55.3	27	2.1	16.2	55.3	市域快线 A 型车	140	AC25kV 接触网	站站停	7.5
	18 号线	86.7	20	4.6	16.2	70.5	市域快线 A 型车	140	AC25kV 接触网	快慢车	7.5
	19 号线	62.7	19	3.4	5.1	57.6	市域快线 A 型车	140	AC25kV 接触网	快慢车	7.5
	资阳线	39.02	7	6.32	28.09	10.93	市域快线 A 型车	140	AC25kV 接触网	站站停	7.5

续表

线路名称		指标 线路名称	线路长度（km）	车站数量（座）	平均站间距（km）	敷设方式（km）		车辆选型	最高运行速度（km/h）	牵引受电制式	运营模式	盾构隧道内径（m）
						地上	地下					
南京		S4 号线一期	32.95	8	4.7	32.95	0	市域 D 型车	140	AC25kV 接触网	快慢车	—
		S6 线	43.6	13	3.6	27.3	16.3	市域 D 型车	120	DC1500V 接触网	快慢车	6
		S8 号线南延	2.2	2	1.1	0	2.2	地铁 B 型车	100	DC1500V 接触网	站站停	6
佛山		2 号线	55.8	27	2.1	25.3	30.5	地铁 B 型车	100	DC1500V 接触网	站站停	5.4
		3 号线	66.5	36	1.9	9.3	57.2	地铁 B 型车	100	DC1500V 接触网	站站停	5.4
		4 号线	56	32	1.8	8.3	47.7	地铁 B 型车	100	DC1500V 接触网	站站停	5.4
		11 号线	40.2	21	2	12.4	27.8	地铁 B 型车	100	DC1500V 接触网	站站停	5.4/6.0
东莞		1 号线	57.9	21	2.8	25.7	32.2	地铁 B 型车	120	DC1500V 接触网	站站停	6
		2 号线三期	16.4	7	2.4	0.5	15.9	地铁 B 型车	120	DC1500V 接触网	站站停	6
		3 号线一期	55.9	20	2.8	0	55.9	地铁 B 型车	120	DC1500V 接触网	站站停	6
		7 号线	47.48	23	2.13	0	47.48	地铁 A 型车	100	DC1500V 接触网	站站停	5.5
		机场轨道快线	58.5	15	4.1	12	46.5	地铁 A 型车	120	DC1500V 接触网	站站停	6
		杭临线（16 号线）	34.8	12	3.1	22.7	12.1	地铁 B 型车	120	DC1500V 接触网	站站停	6
杭州		杭富线	23.1	11	2.2	13.9	9.2	地铁 B 型车	100	DC1500V 接触网	站站停	5.5
		杭绍线	20.2	9	2.5	10.2	10	地铁 B 型车	100	DC1500V 接触网	站站停	5.5
		杭海线	48.2	13	3.9	33.4	14.8	地铁 B 型车	120	DC1500V 接触网	站站停	6
		杭德线	34.6	12	3.1	15.1	19.5	地铁 B 型车	120	DC1500V 接触网	站站停	6
温州		S2 线一期工程	63.6	20	3.3	54.3	9.3	市域 D 型车	140	AC25kV 接触网	站站停	7.6
		S3 线一期工程	33.1	12	2.8	3.3	30	市域 D 型车	140	AC25kV 接触网	站站停	7.6
青岛		8 号线	60.7	18	3.6	7	53.7	地铁 B 型车	120	DC1500V 三轨	站站停	6
台州		S1 线	52.4	15	3.7	29.5	22.9	市域 D 型车	140	AC25kV 接触网	站站停	7.6
金华		金义东市域轨道	107.1	31	3.5	80.9	26.2	地铁 B 型车	120	DC1500V 接触网	快慢车	6

续表

线路名称		线路长度（km）	车站数量（座）	平均站间距（km）	敷设方式（km）		车辆选型	最高运行速度（km/h）	牵引受电制式	运营模式	盾构隧道内径（m）
					地上	地下					
郑州	8号线一期	59.4	29	2.12	21.4	38	地铁B型车	100	DC1500V接触网	站站停	5.5
	9号线二期	37.8	22	1.72	0	37.8	地铁B型车	100	DC1500V接触网	快慢车	5.5
	10号线	43.5	24	1.89	5.7	37.8	地铁B型车	100	DC1500V接触网	站站停	5.5
	12号线一期	17.1	12	1.55	0	17.1	地铁B型车	100	DC1500V接触网	站站停	5.5
	14号线一期	8.3	6	1.49	0	8.3	地铁B型车	100	DC1500V接触网	站站停	5.5
	7号线北延	36.2	11	3.29	24.2	10	地铁A型车	100	DC1500V三轨	站站停	5.5
	11号线二期	12.5	7	2.1	0	12.5	地铁A型车	100	DC1500V三轨	时刻表	5.5
	12号线	59.8	37	1.6	0	59.8	地铁A型车	100	DC1500V三轨	站站停	5.5
武汉	新港线	31.6	11	3.16	15.5	16.1	市域A型车	160	AC25kV接触网	站站停	7.9
	19号线	21.2	6	4.24	0	21.2	市域A型车	120	DC1500V接触网	站站停	5.8
	16号线一期	32.44	12	2.9	19.8	12.6	市域A型车	120	DC1500V接触网	站站停	5.8
	21号线二期	3.2	2	1.6	0	3.2	地铁A型车	100	DC1500V三轨	站站停	5.5
无锡	S1号线一期	30.4	9	3.8	10.7	19.7	地铁B型车	120	DC1500V接触网	站站停	6
济南	2号线	36.4	19	1.98	1.6	34.8	地铁B型车	100	DC1500V接触网	站站停	5.8
贵阳	S1号线	28.5	12	2.4	13.4	15.1	地铁B型车	100	DC1500V接触网	站站停	矿山法
	S2号线	32.1	16	2.14	0	32.1	地铁B型车	100	DC1500V接触网	站站停	矿山法
昆明	6号线（二期）	7.3	4	1.9	1.2	6.1	地铁B型车	100	DC1500V三轨	站站停	5.5
西安	10号线	39.5	17	2.5	18.1	21.4	地铁B型车	100	DC1500V接触网	站站停	5.5
	15号线	19.2	11	1.7	0	19.2	地铁A型车	100	DC1500V接触网	站站停	5.5
苏州	S1线	41.2	28	1.5	0	41.2	地铁B型车	100	DC1500V接触网	站站停	5.9

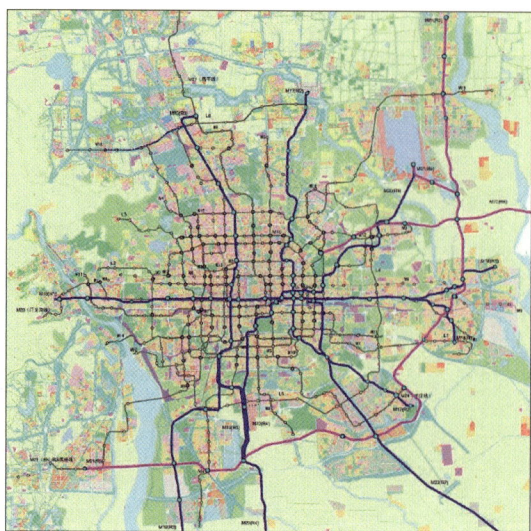

图 10-10　北京市城市轨道交通远景规划示意图（蓝线、紫线为市域快速线）

10.1.2　典型城市市域快轨概况[①]

1）北京

（1）单中心城市，城市面积是 16410.54km²。

（2）2019 年末常住人口 2153.6 万，全年国民生产总值 35371 亿元，地方一般公共预算收入 5817.1 亿元。[②]

（3）中心城轨道交通系统分 3 个层次，区域快线、地铁快线、地铁普线（含专线），共 52 条线路（图 10-10）。

（4）总规模 2475km，区域快线及地铁快线 1344km，占 54.3%。

（5）区域快线及地铁快线共 20 条，截至 2019 年末，4 条开通，4 条在建（含延伸线）。

（6）快线车辆速度等级覆盖 100 ~ 200km/h。

（7）在建 / 运营线路的车型、供电制式见表 10-4。[③]

北京市在建 / 运营线路的车型、供电制式　　　　　　　　　　表 10-4

15 号线	最高运行速度 100km/h	B 型车 6 辆编组	DC750V 接触轨
27 号线	最高运行速度 100km/h	B 型车 6 辆编组	DC750V 接触轨
17 号线	最高运行速度 100km/h	A 型车 8 辆编组	DC750V 接触轨授流
19 号线	最高运行速度 120km/h	A 型车 8 辆编组	DC1500V 接触网授流
22 号线（平谷线）	最高运行速度 160km/h	市域 D 型车 8 辆编组	AC25kV/DC1500V 接触网授流
新机场线	最高运行速度 160km/h	市域 D 型车 8 辆编组	AC25kV 接触网
市域铁路 S1	最高运行速度 200km/h	CRH 动车组	AC25kV 接触网

[①] 本节对于各城市轨道交通系统划分的描述均摘自相关城市的线网规划和近期建设规划，各城市对"市域快轨"功能的线路名称有差异，"市域快线""区域快线""地铁快线""市域快线""市域线"均视为本专题的"市域快轨"。

[②] 数据来源 http://www.tjcn.org/tjgb/01bj/35844.html。

[③] 北京的轨道交通数据来源于《北京市轨道交通远景线网规划》。

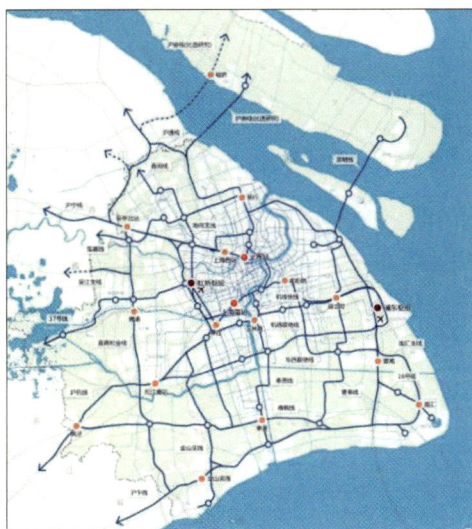

图 10-11 上海市轨道交通网络规划示意图（蓝线为市域轨道交通）

2）上海

（1）"一主、两轴、四翼；多廊、多核、多圈"的市域总体空间结构，城市面积是 6340.50km²。

（2）2019 年末常住人口 2428.14 万人，全年国民生产总值 38155.32 亿元，地方一般公共预算收入 7165.10 亿元。①

（3）轨道交通系统分 3 个层次，市域线、市区线、局域线，其中市域线及市区线共 46 条线路（图 10-11）。

（4）市域线及市区线总规模 2200km，市域线 1157km，占 52.6%。

（5）市域线共 21 条，截至 2019 年末，3 条开通，3 条在建。

（6）快线车辆速度等级覆盖 100～160km/h。

（7）在建 / 运营线路的车型、供电制式见表 10-5。②

上海市在建 / 运营线路的车型、供电制式　　　　　　　　　　表 10-5

11 号线	最高运行速度 100km/h	A 型车 6 辆编组	DC1500V 接触网授流
16 号线	最高运行速度 120km/h	A 型车 6 辆编组	DC1500V 接触网授流
17 号线	最高运行速度 100km/h	A 型车 6 辆编组	DC1500V 接触网授流
崇明线	最高运行速度 120km/h	A 型车 6 辆编组	DC1500V 接触网授流
嘉闵线	最高运行速度 160km/h	CRH6 型车 8 辆编组	AC25kV 接触网
机场联络线	最高运行速度 160km/h	CRH6 型车 8 辆编组	AC25kV 接触网

3）广州

（1）"中心城区—副中心—卫星城—小城镇"市域城镇体系，城市面积是

① 数 据 来 源：http://www.tjcn.org/tjgb/09sh/36201_5.html。
② 上海的轨道交通数据来源于《上海市轨道交通近期建设规划（2017-2025）》。

7434.4km^2。

（2）2019 年末常住人口 1530.59 万人，全年国民生产总值 23628.60 亿元，地方一般公共预算收入 1697.21 亿元。[①]

（3）轨道交通系统分 3 个层次，高速地铁、快速地铁、普速地铁，共 53 条线路。

（4）总规模 1985km，高速地铁、快速地铁 400.9km，占 20.2%。

（5）高速地铁、快速地铁共 16 条，截至 2019 年末，4 条开通，5 条在建（含 2 条延伸线）。

（6）快线车辆速度等级覆盖 100 ～ 160km/h。

（7）在建 / 运营线路的车型、供电制式见表 10-6。[②]

广州市在建 / 运营线路的车型、供电制式　　　　　　表 10-6

3 号线	最高运行速度 120km/h	B 型车 6 辆编组	DC1500V 接触网授流
13 号线	最高运行速度 100km/h	A 型车 8 辆编组	DC1500V 接触网授流
14 号线	最高运行速度 120km/h	B 型车 6 辆编组	DC1500V 接触网授流
21 号线	最高运行速度 120km/h	B 型车 6 辆编组	DC1500V 接轨网授流
18 号线	最高运行速度 160km/h	市域 D 型车 8 辆编组	AC25kV 接触网授流
22 号线	最高运行速度 160km/h	市域 D 型车 8 辆编组	AC25kV 接触网授流

4）深圳

（1）"2 个城市主中心，5 个城市副中心和 8 个组团中心"的城市中心体系，城市面积是 1997.30km^2。

（2）2019 年末常住人口 1343.88 万人，全年国民生产总值 26927.09 亿元，地方一般公共预算收入 3773.21 亿元。[③]

（3）轨道交通系统分 2 个层次，普速线路、市域快线，共 33 条线路（图 10-12）。

（4）总规模 1335km，市域快线 495.9km，占 37.1%。

（5）市域快线共 9 条，截至 2019 年末，1 条开通，4 条在建。

（6）快线车辆速度等级覆盖 100 ～ 120km/h。

（7）在建 / 运营线路的车型、供电制式见表 10-7。[④]

深圳市在建 / 运营线路的车型、供电制式　　　　　　表 10-7

11 号线	最高运行速度 120km/h	A 型车 8 辆编组	DC1500V 接触网授流
6 号线	最高运行速度 100km/h	A 型车 6 辆编组	DC1500V 接触轨授流
6 号线支线	最高运行速度 120km/h	B 型车 6 辆编组	DC1500V 接触网授流
13 号线	最高运行速度 100km/h	A 型车 8 辆编组	DC1500V 接触网授流
14 号线	最高运行速度 120km/h	A 型车 8 辆编组	DC1500V 接触网授流

① 数据来源：http://www.tjcn.org/tjgb/19gd/36245.html。
② 广州的轨道交通数据来源于《广州市城市轨道交通第三期建设规划调整》。
③ 数据来源：http://www.sz.gov.cn/sztjj2015/zwgk/zfxxgkml/tjsj/tjgb/202004/t20200415_19168523.htm。
④ 深圳的轨道交通数据来源于《深圳市轨道交通线网规划（2016-2035）》。

图 10-12 深圳市轨道线网快线规划方案示意图

5）成都

（1）"双核一区、三带多网"的市域空间结构，城市面积是 14334km²。

（2）2019 年末常住人口 1658.1 万人，全年国民生产总值 17012.65 亿元，地方一般公共预算收入 1483.0 亿元。[①]

（3）轨道交通系统分 3 个层次，市域铁路、快线系统、普线系统，共 46 条线路。

（4）总规模 2149km，市域铁路及快线系统 1078km，占 50.2%。

（5）市域铁路及快线系统共 23 条，截至 2019 年末，4 条开通，6 条在建。

（6）快线车辆速度等级覆盖 100 ~ 220km/h。

（7）在建 / 运营线路的车型、供电制式见表 10-8。[②]

成都市在建 / 运营线路的车型、供电制式　　　　　表 10-8

成灌线	最高运行速度 220km/h	CRH 动车组 8 辆编组	AC25kV 接触网授流
离堆支线	最高运行速度 220km/h	CRH 动车组 8 辆编组	AC25kV 接触网授流
彭州支线	最高运行速度 220km/h	CRH 动车组 8 辆编组	AC25kV 接触网授流
9 号线	最高运行速度 100km/h	A 型车 8 辆编组	DC1500V 接触网授流
10 号线	最高运行速度 100km/h	A 型车 6 辆编组	DC1500V 接触网授流
13 号线一期	最高运行速度 140km/h	市域 A 型车 8 辆编组	AC25kV 接触网授流
17 号线	最高运行速度 140km/h	市域 A 型车 8 辆编	AC25kV 接触网授流
18 号线	最高运行速度 140km/h	市域 A 型车 8 辆编	AC25kV 接触网授流
19 号线	最高运行速度 140km/h	市域 A 型车 8 辆编	AC25kV 接触网授流

① 数 据 来 源: http://www.cdstats.chengdu.gov.cn/htm/detail_180953.html.

② 成都的轨道交通数据来源于《成都市城市轨道交通线网规划（修编）》。

6）东莞

（1）"三核、六极、多支点"的城镇格局，城市面积是 2465km^2。

（2）2019 年末常住人口 846.45 万人，全年国民生产总值 9482.50 亿元，地方一般公共预算收入 673.18 亿元。[①]

（3）轨道交通系统分 3 个层次，快线系统、普线系统、深圳延伸线，共 19 条线路。

（4）总规模 690km，快线系统 263km，占 38.1%。

（5）快线系统共 4 条，截至 2019 年末，市域快线 1 条开通，2 条在建。

（6）市域快轨车辆速度等级均为 120km/h。

（7）在建 / 运营线路的车型、供电制式见表 10-9。[②]

东莞市在建 / 运营线路的车型、供电制式			表 10-9
1 号线	最高运行速度 120km/h	B 型车 6 辆编组	DC1500V 接触网授流
2 号线	最高运行速度 120km/h	B 型车 6 辆编组	DC1500V 接触网授流
3 号线	最高运行速度 120km/h	B 型车 6 辆编组	DC1500V 接触网授流

7）温州

（1）"一主两副三极多点"，强化各级中心城市集聚整合的网络型市域城镇体系空间结构。城市面积是 11612.94km^2。

（2）2019 年末常住人口 930 万人，全年国民生产总值 6606.1 亿元，地方一般公共预算收入 579.0 亿元。[③]

（3）轨道交通系统分 2 个层次，市域铁路线、市区线，共 7 条线路。

（4）总规模 382.35km，市域线 257.48km，占 67.3%。

（5）市域线共 3 条，截至 2019 年末，1 条开通运营，2 条在建。

（6）快线车辆速度等级为 140km/h。

（7）在建 / 运营线路的车型、供电制式见表 10-10。[④]

温州市在建 / 运营线路的车型、供电制式			表 10-10
S1 线	最高运行速度 140km/h	市域 D 型车 4 辆编组	AC25kV 接触网授流
S2 线一期	最高运行速度 140km/h	市域 D 型车 4 辆编组	AC25kV 接触网授流
S3 线一期	最高运行速度 140km/h	市域 D 型车 4 辆编组	AC25kV 接触网授流

① 数据来源: http://tjj.dg.gov.cn/gkmlpt/content/3/3029/post_3029137.html#832。
② 东莞的轨道交通数据来源于《东莞市轨道交通网络规划》。
③ 数据来源: http://www.wenzhou.gov.cn/art/2020/3/24/art_1214432_42367369.html。
④ 温州的轨道交通数据来源于《浙江省温州市市域铁路线路规划》。

8）典型城市市域快轨规划情况汇总（表 10-11）

典型城市轨道交通规划里程统计表　　　　　　表 10-11

城市	城市面积（km²）	常住人口（万人）	GDP（亿元）	一般公共预算（亿元）	轨道交通规划里程（km）	市域快线规划里程（km）
北京	16411	2154	35371	5817	2475	1344
上海	6341	2428	38155	7165	2200	1157
广州	7434	1531	23629	1697	1985	401
深圳	1997	1344	26927	3773	1335	496
成都	14334	1658	17013	1483	2149	1078
东莞	2465	846	9483	673	690	263
温州	11613	930	6606	579	382	257

10.1.3 问题及建议

　　城市轨道交通规划应高度重视线网规划层次和合理的功能定位，使市域快轨网络规划具备灵活高效的运营和方便快捷的换乘，并具备线网发展弹性。加强线路的规划与控制，实现轨道发展和土地利用的互动，加大规划控制的力度，以经济高效安全的高架或地面敷设方式，争取降低工程投资和节省运营成本、实现市域快轨的可持续发展。

　　从提高出行效率出发，高度重视交通一体化规划和轨道交通融合发展，重视市域快轨与铁路、地铁和其他公共交通不同层次、不同运营主体的轨道线路衔接规划。

　　目前，国内特大及超大城市的轨道交通网络越来越重视不同层次轨道交通网络规划结构，强化不同运营管理主体间的协调衔接，不同系统制式之间的互联互通和资源共享，以提高网络运营组织灵活性、发挥网络整体效率，在区域一体化、城乡一体化发展背景下，实现城际铁路、市域快轨（包括市域铁路）与市区轨道交通线路的交通衔接或网络互联互通。为了实现此目标，除加快互联互通技术的研究外，应高度重视市域快轨与高速铁路、城际铁路、市域（郊）铁路和城市轨道交通的融合发展，以及融合发展的体制机制和可持续发展的政策研究。

　　国家行业主管部门和行业协会应进一步研究和规范城市轨道交通分类，对市域快轨的定义和分类尽快深化和细化，为规范建设运营模式和建设标准体系奠定基础。市域快轨是城市轨道交通中的特定制式，但国内各城市对其定义比较模糊，很多在建线路简单套用地铁标准或城际铁路标准均不尽经济合理；有的城市借用城际铁路的名义立项建设城市轨道交通市郊线路，实际建设城市轨道交通标准的地铁线路。为推动市域快轨健康发展、完善行政审批和规范市场行为，应进一步规范市域快轨的定义和分类，并加快制定和完善相应的技术标准体系和政策。如对国办发 [2018]52 号文关于市域快轨规划建设的相关建设条件的内容进一步总结，制定初期客流强度和远期运输能力等进一步研究规范。

建议尽快制定和颁布城市轨道交通协会标准《城市轨道交通分类》的基础上，完善相关技术标准体系建设。根据分类标准实践，国家行业主管部门对目前市域快轨相关国标、行标和社团标准进一步规范。建议相关规范及标准按照住建部行业标准研究，分别按运行速度划分为 $100km/h \leqslant V \leqslant 120km/h$ 地铁快线标准和 $120km/h \leqslant V \leqslant 160km/h$ 市域快轨标准，市域（郊）铁路按照铁路相关标准体系制定 $140km/h \leqslant V \leqslant 200km/h$ 市域（郊）铁路标准。

建设单位加快对市域快轨地下线路供电标准和空气动力学的研究和规范，隧道限界和盾构洞径标准化、串行化，有利于城市轨道交通建设的资源共享。车辆及系统设备厂商加快市域快轨系统制式关键技术的研发，形成车辆和牵引供电的标准化序列，有利于市域快轨（包含了部分地下段）建设的经济性和技术合理性。目前，国内多条市域快轨在建或运营，但尚未形成标准化和系列化的车辆制式产品系列。市域快轨系统是一个多专业、系统化、综合性的集成系统。由于其运行速度、服务对象、服务范围的不同，所采用的车辆系统制式不同于普通的城市地铁车辆和城际铁路车辆，应针对 $120 \sim 160km/h$ 的市域快轨平台车辆系统（包括车体结构验证，牵引动力参数最优系统配置研究，车辆系统集成等）进行研发；由于线路长，站间距大，应针对（加强）高电压牵引供电系统（包括交流 25kV 和直流 3000V 等）的应用综合研究。

10.2 磁浮专题

10.2.1 统计数据

1）关键数据

截至 2019 年 12 月，从各地官方媒体资源得到的中低速磁浮交通项目规划的情况见表 10-12。

中低速磁浮交通项目规划情况

表 10-12

项目名称	规划情况	计划开通时间	信息来源
长株潭磁浮快线	长株磁浮快线规划为株洲大丰站—株洲方特—长沙高铁南站。项目在株洲境内为 17.5km，采用磁悬浮制式，旨在实现长株潭轨道交通的互联互通	2022 年	湖南省政府官方网站 2017 年 4 月 24 日发布的 2017 年重点招商引资项目
成都磁浮示范线	地铁 4 号线西河站到洛带古镇，线路全长 11.34km，均采用高架敷设。 共设置高架车站 6 座，3 个换乘站，车辆基地 1 座。 本项目分为两个阶段建设。第一阶段（实验线）建设东风渠站 - 洛带站，线路长约 3.55km，设置高架车站 1 座；洛带站为换乘站。使用第二代中低速磁悬浮列车（速度为 140 ~ 160km/h）	2018 年 5 月底完成工程化列车样车	2017 年 8 月，西南交大摘引自成都轨道集团信息
九华山磁浮示范线	2017 年 7 月 26 日，池州市政府与北京磁浮公司就九华山中低速磁悬浮交通旅游示范线项目签署了合作备忘录	暂无	池州日报（2017 年 7 月 27 日）
凤凰磁浮线	项目规划线路分 3 期实施：一期工程以张吉怀高铁凤凰站为起点到民俗园隧道口，二期工程从民俗园隧道口沿 G209 绕城线向南跨沱江到城东游客中心，三期工程自城东游客中心串联饮马江熊猫主题乐园至张吉怀高铁凤凰站。一期线路全长 9.12km，设计时速 100km，拟设车站 4 座，预留车站 2 座，分别为磁浮高铁站、世外桃源站（预留）、奇梁洞站（预留）、城北游客中心站、古城揽胜站、民俗园站	2021 年	潇湘晨报（2019 年 8 月 7 日）
太原磁浮 Z3 线	山西转型综合改革示范区磁浮 Z3 线将起于地铁 2 号线终端至太谷，线路全长约 30.6km，设 11 座车站，一段一场。线路与太原地铁 2 号线、太榆城际铁路 2 号线接驳，待建成后将形成完整的市域轨道交通网络，山西转型综合改革示范区磁浮 Z3 线一期工程工期两年，其投资估算总额约 45 亿元。山西转型综合改革示范区磁浮 Z3 线一期工程建设范围为小店南站至文源路站，线路全长约 15.1km	2021 年建成	2018 年 1 月山西省发改委官网
河北中低速磁浮项目	2017 年 11 月 17 日，定州市举行与中车唐山机车车辆有限公司战略合作意向书签约仪式。 合作内容：在签约仪式上签订的定州市中低速磁浮项目、上下游产业链建设项目合作意向，包含中低速磁悬浮轨道交通试验线建设，基础设施、机车和配套设施、运营服务上下游产业链建设	暂无	2017 年 11 月定州市人民政府官网
徐州中速磁浮项目	徐州准备在新城区客运站到观音机场之间修建磁浮线路和修建 8km 的运行示范线，并生产 200km/h 的中速磁悬浮生产线，中铁磁浮和徐州市国资企业联合建设	2018 年实现样车下线	2018 年 3 月搜狐网
成都内嵌式中低速磁浮模拟运营线	2018 年 6 月 6 日上午，新筑股份超铁（内嵌式中低速磁浮交通系统）综合试验线在成都市新津县举行奠基仪式。这是国内首条、全球第二条内嵌式中低速磁浮交通系统。 此次试验线的建设，将起于新筑轨道交通装备生产基地厂区东侧，止于兴物四路与第二绕城高速交叉口南侧，主要沿兴物四路由南向北走行，线路全长 4500m，可满足设计速度 80 ~ 200km/h	暂无	2018 年 6 月四川省人民政府网

2）分析对比

2016 年 5 月，长沙中低速磁浮工程的开通是中国国内第一条自主设计、自主制造、自主施工、自主管理的中低速磁浮交通运营线，标志着中国磁浮技术实现了从研发到应用的全覆盖。

2017 年，北京 S1 线以工程建设标准、线路设计及施工、磁浮核心装备三方面全方位的示范作用，诠释了中国磁浮技术及研究成果，标志着中国磁浮技术达到了世界先进水平。9 月北京 S1 线试运行，12 月 30 日试运营。

3）趋势

经过 2016 年、2017 年长沙和北京的中低速磁浮交通工程项目建设及运营，中低速磁浮交通系统具有明显优势，已在一定程度上代表了政府、社会、消费者对未来城市轨道交通发展需求的价值取向。

（1）新建及拟建磁浮线工程项目呈较快的发展趋势

据统计，湖南、广东、成都等地新建磁浮运营线约 200km，2017 年下半年动工、计划 2022 年开通运营，其中成都建设的是中速磁浮交通运营线。

（2）中速磁浮技术的工程化应用

成都市选取东风渠站—洛带站（长度约 3.55km）作为中速磁浮技术工程化应用的先期试验段。列车拟采用第二代中低速磁浮技术，对 140km/h 运行速度的部分技术进行线路试验验证，推动磁浮技术的进步发展。

10.2.2 近期开建的中低速磁浮线

（1）广东清远线

2019 年 4 月 20 日，清远磁浮首列车开始了整车动态调试。

2020 年预计投资 3 亿元，主要用于土建、设备采购安装。截至 2020 年底该项目将累计完成投资约 16 亿元。

（2）凤凰磁浮线

2019 年 8 月 6 日，凤凰磁浮线正式开工建设，这是湖南省的第二条磁浮快线，建成后将对接张吉怀高铁，预计将于 2021 年与张吉怀高铁凤凰站同步开通运营。

项目规划线路分 3 期实施：一期工程以张吉怀高铁凤凰站为起点到民俗园隧道口，二期工程从民俗园隧道口沿 G209 绕城线向南跨沱江到城东游客中心，三期工程自城东游客中心串联饮马江熊猫主题乐园至张吉怀高铁凤凰站。一期线路全长 9.12km，设计时速 100km，拟设车站 4 座，预留车站 2 座，分别为磁浮高铁站、世外桃源站（预留）、奇梁洞站（预留）、城北游客中心站、古城揽胜站、民俗园站。

（3）长株潭磁浮快线

据潇湘晨报 2019 年 11 月 11 日消息，长沙、株洲、湘潭三市沿湘江呈"品"字形分布，两两相距不足 20km，结构紧凑。目前，在长沙火车南站，可乘坐磁浮到长沙黄花国际机场。根据《长株潭城市群一体化发展行动计划（2019-2020年）》，在轨道交通连线方面，长沙南站至武广高铁株洲磁悬浮线项目前期工作将启动，争取纳入国、省相关规划。

根据株洲市产业项目建设年活动领导小组 9 月下发的《株洲市基础设施等关键领域补短板重大项目清单》，长株磁浮快线规划为株洲大丰站—株洲方特—长沙高铁南站。整个项目在株洲境内为 17.5km，采用磁悬浮制式，实现长株潭轨道交通的互联互通。目前，该项目预可行性研究已经结束，计划 2020 年开工株洲大丰站—长沙南站区间，预计 2022 年完工。

10.2.3　热点、焦点及难点分析

1）热点

直线电机牵引的功率因数与效率偏低，要达到较好的加速能力，需要从提高功率因数和效率及电气设备轻量化等方面进行改进，也需要列车全方位地实现轻量化设计；完善磁浮交通系统的救援体系。

2）焦点

（1）开拓中小城市市场

面向新型城镇化的轨道交通需求，开拓中小城市市场。在解决磁浮关键技术瓶颈问题的同时，就社会关注的成本、速度、能耗、可靠性等进行研究及有力提升，加大宣传力度，拓展磁浮市场尤其是中小城市市场，同时争取已经立项的中小运量的地铁项目采用中低速磁浮交通制式。

（2）开拓市域交通市场

面向传统轨道交通较薄弱的市域铁路，开拓市域交通市场。市域交通多采用较大站间距的线路，列车的速度应进一步提至 120km/h 及以上，并提升其加速能力。在既有基础上，通过电气、机械、轻量化等多方面的努力，实现提速。

3）难点

（1）直线电机

直线电机的特点是功率因数与效率偏低，提升这两方面的能力是比较困难的，需要从机械、电气两方面协同考虑和优化，这个问题解决得好，有利于减重、提速和降耗。

（2）降阻

磁浮列车是悬浮运行的，列车与轨道之间无摩擦阻力，列车前行的阻力主要为风阻，降低风阻主要从两个方面入手，一是列车减重，二是优化车头流线型设计。

（3）提速

根据我国现有中低速磁浮技术水平，中速磁浮列车时速可达到 140 ～ 160km，有利于开拓市域交通市场。

提速与直线电机的设计、牵引控制系统的优化、列车轻量化、降低列车前行阻力等都密切相关，需从磁浮列车总体设计进行全面研究。

（4）节能

磁浮车辆能耗是大于轮轨车辆的，原因为增加了悬浮系统耗电；虽然牵引能耗因运行阻力减小而降低，但直线电机效率较低，仍大于轮轨的牵引能耗。

降低能耗的措施：一是列车轻量化降低能耗；二是悬浮系统采用永磁电磁混合悬浮技术，利用永磁材料可抵消绝大部分的列车自重，悬浮系统的真正能耗主要用于列车悬浮系统的动态调整，这样中低速磁悬浮列车的能耗会大大降低，试验表明，其功耗较非永磁电磁混合悬浮常导降低 70%；三是提高直线电机的效率；四是从整个磁浮系统进行整体节能设计，达到使磁浮系统的总能耗小于类比的轮轨能耗。

10.2.4 问题和建议

1）磁浮工程建设

（1）工程线路

轨道梁优化包括轨道梁设计标准化和制造标准化，以提高工程线路的施工质量和进度。

制定轨排参数优化标准，实现工程线路设计参照轨排标准，轨排制造标准化能较大地提高轨道的施工质量和运营效益。

（2）节能

磁浮车辆能耗大于轮轨车辆的原因之一是增加了悬浮系统耗电。2012 年，北京磁浮和国防科大联合，在唐山1.5km试验线完成了中低速磁浮交通永磁电磁混合悬浮系统在第四代磁浮列车的应用试验，实现了全线稳定运行。该系统在悬浮功耗、电磁铁温升、控制器温升等方面有较大优势。该研究成果"中低速磁浮永磁/电磁混合悬浮技术及应用"获2015年北京市科学技术奖二等奖。

（3）提速

磁浮交通要开拓市域交通市场，中低速磁浮列车时速能达到140~160km是较为合适的，我国现有中低速磁浮技术水平是可以实现的。目前，西南交大研制的第二代中低速磁浮列车140km/h运行试验完成了验证，通过悬浮架和直线电机等关键装备的改进设计，掌握了第二代中低速磁浮技术。

2）磁浮建设工程模式

（1）湖南磁浮的"有限追索的项目融资模式"

湖南磁浮交通发展股份有限公司采用PPP模式负责长沙市中低速磁悬浮轨道交通工程的投资建设与运营。但具体运作是区别于传统信用和担保贷款的，湖南磁浮交通发展股份有限公司采取有限追索的项目融资模式，即建设期由项目公司股东单位提供信用担保，运营期后转为以项目资产抵押和收益权质押担保，风险锁定于项目本身，向银行贷款。

（2）北京京投的ABO模式即"授权经营模式"

2016年4月20日，北京市交通委员会代表北京市政府与北京市基础设施投资有限公司正式签署了《北京市轨道交通授权经营协议》，标志着北京市轨道交通投融资体制机制进入了授权经营模式的新阶段。

该授权经营协议结合北京市轨道交通实际情况，创造性地提出采用授权（Authorize）—建设（Build）—运营（Operate）的ABO模式。即由市政府授权京投公司履行北京市轨道交通业主职责，京投公司按照授权负责整合各类市场主体资源，提供城市轨道交通项目的投融资、建设、运营等整体服务。政府履行规则制定、绩效考核等职责，同时支付京投公司授权经营服务费，以满足其提供全产业链服务的资金需求。

（3）北京磁浮的"磁浮建设交钥匙工程模式"

北京磁浮通过构建"企业主体，市场导向，产学研结合"的自主创新模式，建立磁浮工程化研发和产业化实施体系。依托体系，北京磁浮提出了作为工程总承包商、核心装备集成商、核心装备制造商，向用户提供中低速磁浮交通全寿命周期整体解决方案的交钥匙工程模式。这种模式的优点在于：有利于磁浮研发平台载体的升级；完善及发展磁浮工程产业链；为新一代磁浮列车研制不断地提供技术储备，从而促使中低速磁浮技术持续进步。

10.3 有轨电车

10.3.1 综述

本节所论述的有轨电车，仍是指地面敷设为主，能够与道路交通混行、采用固定轨道运行的有轨电车系统。相应的关键技术特征包括以下 6 个方面：一是线路以地面敷设方式为主，可以局部立交，但不应以高架或隧道的封闭式线路为主；二是车辆运营采用人工驾驶；三是利用轨道承载或导向；四是可以采用专用路权、混合路权等不同的路权形式；五是车辆通常采用电力牵引的低地板车辆；六是运营组织可按地面公交方式组织网络化运营。

有轨电车作为低运量轨道交通的功能属性，确定了在我国城市公交的应用模式主要可分为 3 类：大运量轨道交通的补充，城市／区骨干公交，旅游地区或大型园区的专用特色公交。

（1）作为大运量轨道交通的补充系统

2019 年完全建成的四川成都蓉 2 号线、上海松江有轨电车示范线均是该应用模式，与快速轨道交通站点衔接换乘，同时起到城区内的骨干公交功能。

（2）作为城市／区的骨干公交系统

受发展规模与客流需求的限制，在不具备建设轨道交通条件的城市／区，有轨电车作为城市的骨干公交系统。该定位下应注重有轨电车线路覆盖主要客流走廊，并应具有一定的网络规模。已通车的线路中，江苏淮安是该模式的典型代表，线路进入了城市核心区，具有良好的客流效益；在建的嘉兴有轨电车也秉承该特征，起到了城区骨干公交的功能（图 10-13）。

（3）作为特色公交系统

在旅游地区或大型园区内，有轨电车可以作为旅游特色公交线路，可以发挥有轨电车安全准点、舒适、美观、环保等优势，又具备一定的载客运输能力。

旅游特色有轨电车线路是近两年来有轨电车发展的热点，正在建设的武夷新区有轨电车、四川都江堰有轨电车等，均是该方向的代表（图 10-14）。

10.3.2 统计数据

1）建设情况

（1）在建线路规模稳步增长，网络化建设趋势开始显现

截至 2019 年 12 月 31 日，中国共在建城市轨道交通 6902.5km，其中，地

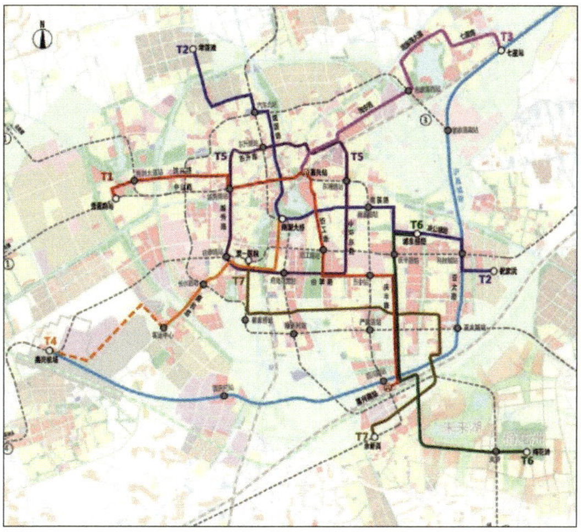

图 10-13 嘉兴有轨电车线网规划（2035 年）示意图

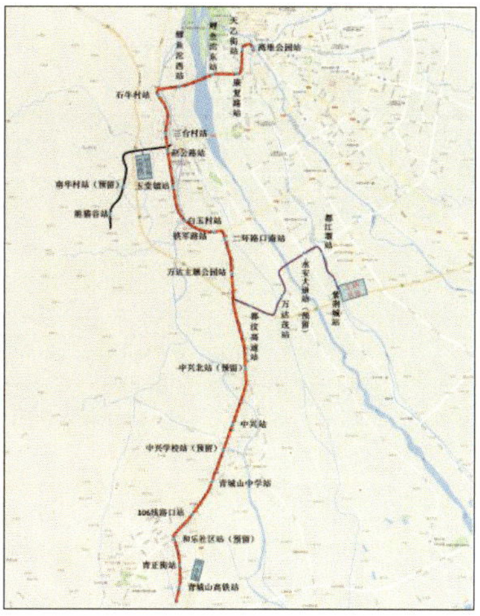

图 10-14 都江堰 M-TR 旅游客运专线线路示意图

铁 5942.7km，占比 86.1%；轻轨 5.4km，占比 0.1%；单轨 46.8km，占比 0.7%；市域快轨 489.5km，占比 7.1%；现代有轨电车 407.9km，占比 5.9%；磁浮交通 10.2km，占比 0.1%。

当前，共有 19 个城市建设有轨电车，共计 22 条线路，总里程达 407.9km。其中包括成都（2 条）、上海（2 条）、佛山（2 条）、北京（1 条）、广州（1 条）、常州（1 条）、南平（1 条）、红河州（1 条）、弥勒（1 条）、文山（1 条）、安顺（1 条）、瑞丽（1 条）、台州（1 条）、德令哈（1 条）、保山（1 条）、三亚（1 条）、天水（1 条）、黔南州（1 条）、张掖（1 条）（表 10-13、图 10-15）。

国内有轨电车正在建设线路情况 表 10-13

序号	城市	线路名称	里程（km）	车站（座）
1	北京	亦庄新城现代有轨电车 T1 线工程	13.255	15
2	上海	松江区现代有轨电车 1 号线	12.864	23
		松江区现代有轨电车 2 号线	15.34	20
3	广州	广州黄埔有轨电车 1 号线	14.4	19
4	成都	有轨电车蓉 2 号线工程（IT 大道有轨电车）	39.3	47
		都江堰 M-TR 旅游客运专线	20.08	28
5	佛山	南海新型公共交通系统试验段	13.108	13
		高明区现代有轨电车示范线首期工程	6.5	10
6	常州	常州经济开发区有轨电车 T1 线一期示范线	8.23	8

续表

序号	城市	线路名称	里程（km）	车站（座）
7	南平	武夷新区旅游观光轨道交通 1 号线	26.2	9
8	红河州	滇南中心城市群现代有轨电车示范线	13.3	15
9	弥勒	弥勒市城市轨道交通 1 号线	18.848	19
10	文山	文山州城市轨道交通现代有轨电车示范项目 4 号线一期工程	20.9	19
11	瑞丽	云南瑞丽市有轨电车项目 1 号线及支线	35.457	39
12	台州	台州市现代有轨电车一期工程	28.8	27
13	德令哈	德令哈市新能源有轨电车	15	20
14	三亚	现代有轨电车 T1 线	8.37	15
15	天水	有轨电车示范线	12.926	12
16	黔南州	平塘大射电天坑景区有轨电车	22	18
17	安顺	安顺市现代有轨电车 3、4 号线一期工程	26.42	31
18	保山	保山中心城市有轨电车（T1 线）	21	23
19	张掖	张掖丹霞景区有轨电车	15.6	6
合计	19 个	22 条	407.899	436

注：1. 含 2019 年当年新投运但仍有建设进展和建设投资发生的项目以及个别 2019 年前投运，但仍有建设投资发生的项目；

2. 景区内旅游观光线、工业园区内仅供员工使用的通勤线路、科研试验线等不承担城市公共交通职能的线路不计入；

3. 所有建设规划项目均在 2019 年前已完成的城市，如淮安、珠海等，不再列入，2019 年当年工程暂停无进展的项目不计入。

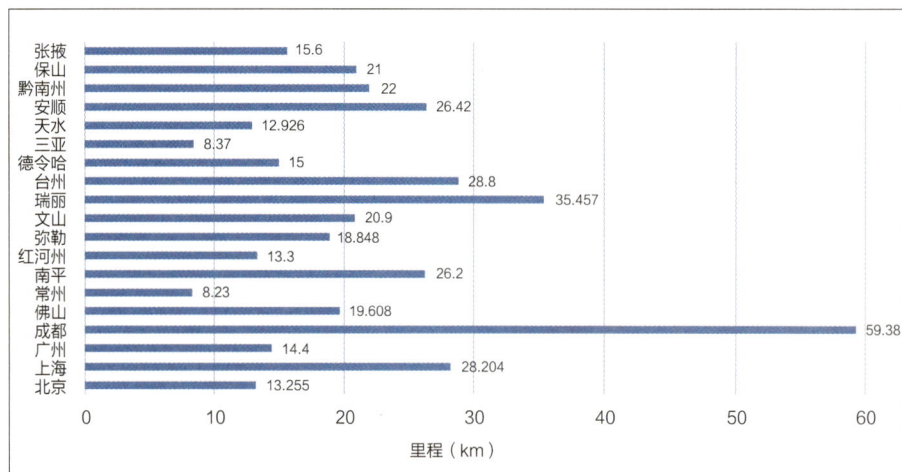

图 10-15 有轨电车在建线路情况（截至 2019 年 12 月 31 日）

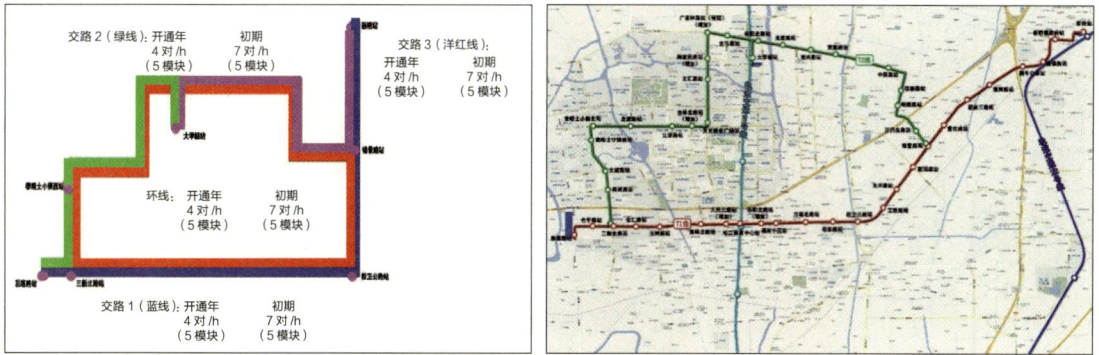

图 10-16　松江有轨电车线路网络图及计划运营组织交路

有轨电车在建城市的平均线路里程 21.5km，建设规模 25km 以上的城市有 5 座，线路的网络化建设正在显现，部分城市有轨电车建设初期，就以网络化运营为目标。如成都有轨电车蓉 2 号线，包括了主支线，线路里程 39.3km，计划运营组织 4 条线路，运营线路总长 84.1km，复线系数为 2.15。上海松江有轨电车示范线 1、2 号线同步设计、同步建设，工程长度 30.67km，计划运营组织 4 条线路，运营线路总长 62.54km，复线系数为 2.1（图 10-16）。网络化建设对提升有轨电车客流效益具有重要作用。

（2）有轨电车规划建设向不同规模的城市扩散，中等规模城市逐步成为有轨电车建设生力军，功能应用开始多样化

根据统计在建的 19 个城市数据，云南省、四川省、贵州省的城市数量位列前三。从大部分城市规模来看，既有北京、上海、广州等超大城市，同时天水、红河州、南平等中等城市也开始推进有轨电车的建设。中等城市已经逐步成为有轨电车建设的生力军。

从功能应用上，较早建设的沈阳浑南、苏州高新区等有轨电车线路均是作为轨道交通的补充，布设在新区为主；而随着淮安有轨电车的建成，云南保山、文山等无快速轨道交通的城市，规划建设有轨电车，作为城市骨干公交；同时，南平武夷山、成都都江堰等多个景区也规划建设了有轨电车。多样化的应用表明有轨电车在国内开始成为城市轨交建设的重要方式之一。

2）规划情况

线网规划意向规模大，总体前景较好。我国现代有轨电车线网规划非常庞大，据不完全统计，共有 72 个城市提出建设现代有轨电车线路的意向或规划现代有轨电车线网，约 453 条线路，规划里程达超 7100km，总体规模较大。

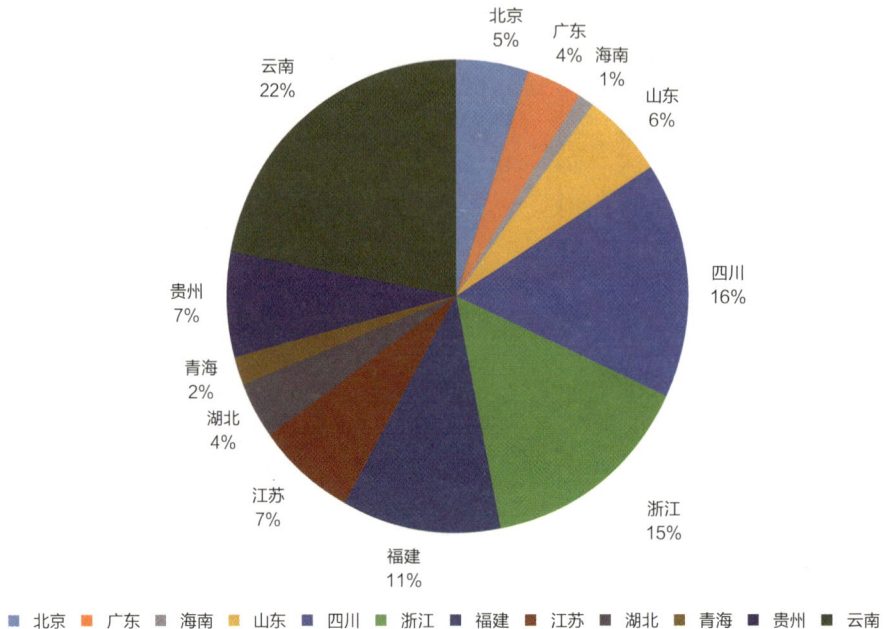

图 10-17　国内有轨电车规划（已审批）分布情况

有轨电车线网规划由地方政府组织审批，经地方政府正式审批的线网规划仅为 772.1km，其余线网均在前期规划阶段，或未开展正式的审批手续（图 10-17）。

10.3.3　新增有轨电车线路情况

2019 年，国内开通试运营的有轨电车线路有 5 条（含已开通线路延长段或二期项目），总长 76.94km，包括：沈阳浑南新区有轨电车 4 号线、6 号线（2019 年 1 月 5 日），松江有轨电车示范线 1 号线（2019 年 8 月 10 日），成都有轨电车蓉 2 号线非首开段工程（2019 年 12 月 27 日），佛山高明区现代有轨电车示范线首期工程（2019 年 12 月 30 日）。

上海松江、成都、沈阳、长春在融合了 2019 年新增长度的基础上，组织了多交路运营，使得 2019 年新增运营线路共达 88.4km，共线运营段共计 50.1km。

另外，东莞华为松山湖终端总部有轨电车二期工程也于 2019 年 7 月 10 日开通，作为服务华为内部的工业园区线。因作为服务华为内部的工业园区线，该线路不为通勤服务，未统计在前述运营表格中。

各新增开通有轨电车线路情况如下。

图 10-18 佛山高明有轨电车线路走向图

（1）佛山高明有轨电车建设情况

佛山高明有轨电车线路规划全长 17.4km，设车站 20 座。本年度开通的是示范线首期工程，全长 6.57km，沿途设有 10 座车站（沧江路站、跃华路站、怡乐路站、荷城站、文化中心站、明湖公园站、新江路站、体育中心站、阮埇站、智湖站），起点为沧江路，终点为智湖站，平均站间距约 640m。高明采用的是氢能源有轨电车，总投资为 10.7 亿元（图 10-18）。

（2）成都有轨电车建设情况

成都有轨电车蓉 2 号线工程是西南地区首条有轨电车示范线工程。线路呈 Y 型布置，采用 5 模块 100% 低地板车辆。全长 39.3km，线路经过青羊区、金牛区、郫都区，起于成都西站，终于郫县西站和仁和站，设郫温定修段、红光停车场及西客站停车场。全线设站 47 座，车辆基地 3 处，总投资 62.02 亿。全线分为首开段和非首开段两部分，首开段线路长 13.7km，设站 12 座，已于 2018 年 12 月 26 日开通。本年度开通的非首开段线路长 25.6km，设站 23 座。至此，成都有轨电车蓉 2 号线工程全线开通运营。

成都有轨电车首次采用了多交路网络化有轨电车运营系统集成平台，实现了运营调度、维护保障的网络化管理，提高了运营管理效率；在国内有轨电车中应用辅助防护技术，通过 SIL2 司机辅助防护系统，解决了人工驾驶模式下车辆在交叉口及特殊视线受限情况下可能发生误闯和超速的核心难题；应用无网—有网相结合、轻量化景观化接触网及模块化装配式车站，实现有轨电车工程与环境、道路一体化融合。

图 10-19　上海松江有轨电车示范线线路走向图

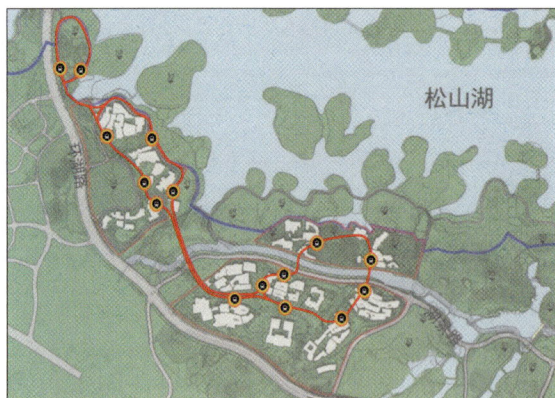

图 10-20　华为东莞有轨电车园区线
线路走向图

（3）松江有轨电车建设情况

松江区现代有轨电车示范线由 T1 和 T2 两条线路组成，总长约 31.24km。T1 线东西贯穿松江老城，并向东延伸至松江工业区及新桥镇。线路全长约 15.58km。T2 线串联了松江老城、松江新城、大学城以及松江工业区。主线路全长约 15.13km，大学城支线线路长约 0.53km。本年度开通的三期工程全长 3.881km，由新庙三路至新桥站，启用 2 座变电所和新桥停车场。至此，松江现代有轨电车示范线工程全线开通运营（图 10-19）。

（4）华为松山湖有轨电车建设情况

华为松山湖有轨电车线路全长 5.6km，共设车站 16 座。其中，一期线路 2.66km 已于 2018 年 8 月 13 日开通，东环环线运营长度 2.06km。

本次开通的二期线路长约 3km，共设 5 座车站，车站全部为地面站（图 10-20）。

10.3.4 主要进展与动向

1）规划建设

（1）有轨电车规划的稳定性增强，同时规划推进速度放缓

2018年52号文发布前，国内有轨电车规划工作快速推进，各地有轨电车规划层出不穷，整个线网规划里程一度超过了1万km；部分城市工程建设也推上了议事日程，但与此同时也带来了项目的不稳定性。云南大部分城市的有轨电车规划项目处于停滞状态，泉州、台州等地有轨电车在开工前夕暂停，对有轨电车的发展带来了较大的影响。

52号文发布后，进一步规范了有轨电车的审批流程，也提高了项目决策的严肃性，有轨电车规划的稳定性增强，有利于有轨电车项目的可持续推进。但同时，有轨电车实质性规划和建设也开始放缓，52号文发布后，新批项目仅嘉兴、黄石等几个城市。

（2）有轨电车的区域交通需求日益增加，旅游有轨电车和快速有轨电车成为新的热点

随着新型城镇化的发展，区域城镇化的一体化发展成为新的城市发展动能，在道路/公路网络联系不断加强基础上，对于轨道交通的绿色出行方式需求日益增强，有轨电车如何在区域一体化发展中发挥作用的需求日益增强。

一方面，旅游有轨电车已经成为很多城市加强旅游基础设施建设，提升旅游服务品质的重要抓手，包括甘肃张掖丹霞有轨电车、新疆天池有轨电车等；有轨电车在外围建设，客流出行距离长，部分线路较长，对于旅行速度具有较高的要求。

另一方面，在区域城镇一体化发展中，要加强主城区与外围城镇之间的轨道联系，有轨电车作为一种低运量轨道交通具有较好的适应性。主城区与外围城镇线路长，站间距大，对于旅行速度要求高。因此，当前除常规的70km/h的有轨电车，部分线路正在研究100km/h有轨电车建设的可行性。

2）线路布设

（1）有轨电车线位与城市和交通的融合性日益增强

有轨电车的线路布设逐步吸取了国内有轨电车规划建设的经验教训，开始注重客流效益。因此，一方面有轨电车进入城市/城区中心已得到越来越多城市的认可，比如已开通的深圳龙华线、武汉光谷线、淮安1号线等。另一方面在线路建设过程中，更加注重与城市和交通的结合，如嘉兴有轨电车的建设，

图 10-21　嘉兴有轨电车在中山路和建国路实现与城市更新的融合

车站与两侧新开发小区采用人行地道直接连接，提高服务吸引力；在老城区与城市更新结合，提升城市品质（图 10-21）。

（2）有轨电车公交优先设计的系统性仍有待进一步落实

有轨电车的公交优先设计是一个系统性工作，包括交叉口信号优先控制、慢行道的合理配置、换乘停车场的衔接，甚至于两侧街道小品等融合，需要从整体上提升居民乘坐有轨电车的意愿，体现有轨电车地面公交优先的吸引力。当前，国内有轨电车已经在交叉口信号优先控制方面取得了较好的效果；但是在车道调整上，仍旧存在过于强调"占一还一"，倾向于机动车的现象；对于道路资源分配未能有效体现慢行衔接优势；有轨电车线路布设也缺乏对换乘停车设施资源的充分考虑，未能真正实现围绕有轨电车骨干线路的定位，实现多层次交通体系的融合。

3）车辆制式

（1）供电技术进一步成熟，氢能源正式应用

2019 年建成及在建的项目中，大多数是接触网供电或无触网超级电容储能供电形式。接触网的敷设形式进一步精简优化；储能供电尤其是超级电容的技术进一步成熟，续航容量管理和控制进一步提升，充电布局已从站站充改善到隔站充、数站充。

2019 年 12 月 30 日佛山高明现代有轨电车示范线投入运营，是继 2015 年 3 月首辆氢能源有轨电车下线后，氢能源开启正式商业化运营的新篇章。采用氢燃料电池作为动力源，通过氢氧相结合的化学反应产生电流。高明线车辆的车顶设置 6 个 140L 的储氢瓶，加注一次大约用时 10min，单次加注氢气可持续行驶约 100km。全线加氢站设置于终点站智湖站旁，总储氢量 755kg，日最大加氢能力 750kg，可满足有轨电车日运营里程约 1000km。高明氢能源有轨电车是佛山氢能源产业的重要组成部分（图 10-22）。

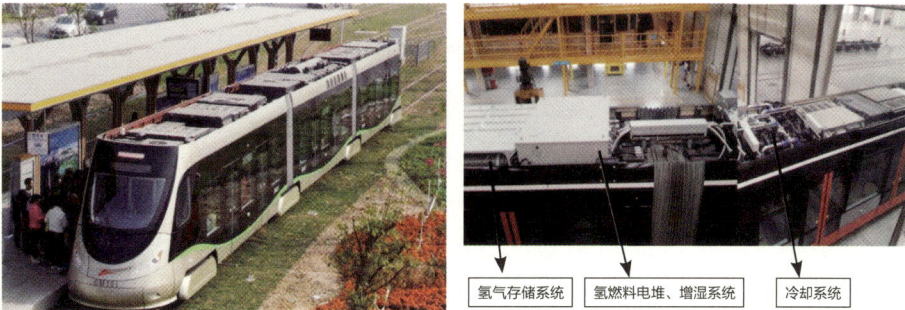

图 10-22　佛山高明氢能源现代有轨电车

氢气存储系统　　氢燃料电堆、增湿系统　　冷却系统

图 10-23　出口以色列特拉维夫的有轨电车

（2）自主化比例迅速提高，掌握知识产权和竞争力

国内有轨电车建设至今，车辆技术从合作引进发展到自主平台竞相应用，技术水平达到进口平台同类水平。广州黄埔、三亚、云南红河州等多个有轨电车项目均采用自主化车辆平台，国产化率已提升到和轨道交通车辆相当的等级，在制造周期、成本控制、售后维保等多个方面更具竞争力。

2019 年 4 月，中车长客出口以色列特拉维夫红线轻轨项目的首列车下线（图 10-23）。该车采用全自主化 100% 低地板平台，采用全球低地板有轨电车最高技术标准，针对当地高温、反恐等特殊需求，在网络安全、防弹、防爆、可靠性、舒适性以及性能表现方面均达到世界先进水平。这标志着我国车辆自主化研发和制造能力又上一层。

4）土建工程

（1）轨道路基一体化技术的应用

轨道路基一体化技术目前已应用于上海松江区现代有轨电车示范线工程及嘉兴有轨电车 T1 线一期工程。轨道路基一体化技术采用了减沉疏桩的设计理

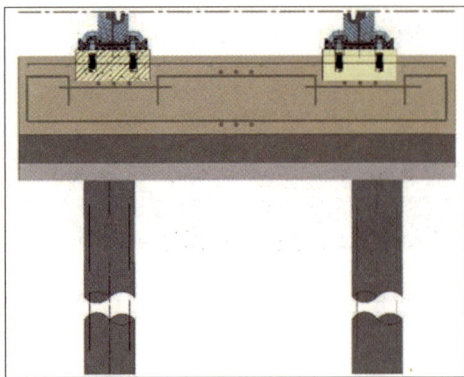

图 10-24 轨道、路基一体化方案横剖面示意图

念。一方面土层中的预制桩可以改善整体地基土性的差异,从而减少不均匀沉降。另一方面在深厚软土地层中通过桩的传力机制,使有轨电车荷载传递至深层地基中压缩性较低的土层,减少了浅层软土承受的附加应力。

同时一体化轨下基础将轨道板与支承板合二为一,结构总高度更小。既减少了对既有管线的影响,也节省了钢筋混凝土用量。减少建设成本的同时加快了施工周期(图 10-24)。

(2)预制拼装技术的发展

目前有轨电车路基和轨道结构主要采用传统的现浇混凝土方式进行设计并施工建设,建设流程上,需现场搭设模板、绑扎钢筋、浇筑混凝土,需要大量的人工及较长的混凝土养护时间,对周围环境和道路交通影响大。特别是有轨电车线路大都敷设于既有道路上,施工期间对周围交通的干扰尤为显著。缓解施工期间的交通压力,降低施工对居民日常生活的影响,快速施工、绿色施工正成为有轨电车建设面临的迫切需求。

预制拼装作为高效、快速、环保的工程技术,是一种有效的解决途径。该技术可以在生产厂房中按照设计要求进行预制化施工,再运输到工程现场进行拼装。此项技术的发展具有精度要求高,结构性能可靠,施工周期短,养护维修便捷、功能扩展性强等优势。预制拼装技术的应用能大大减少工程建设对周围交通的影响。

预制拼装工艺在建筑领域已有较多应用。《国务院办公厅关于大力发展装配式建筑的指导意见》也指出发展装配式建筑有利于节约资源能源、减少施工污染、提升劳动生产效率和质量安全水平。工程建设中的拼装技术也在蓬勃兴起。

结合前述采用的轨道路基一体化结构,使预制拼装技术在有轨电车轨下基础领域的实施更具可能性。但是预制拼装技术应用还存在一些难点:

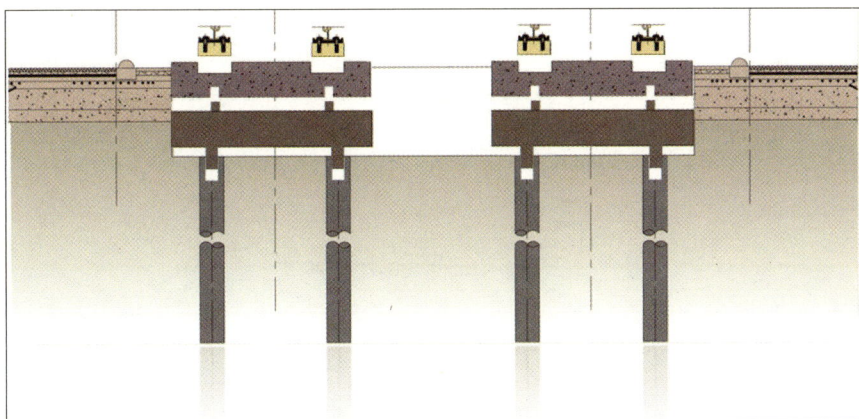

图 10-25　有轨电车轨道基础预制拼装结构概念图

①预制路基桩与轨道板（梁）之间连接构造和受力特性；

②有轨电车轨道与路基结构预制构件制备技术；

③有轨电车预制构件的吊装、运输和现场拼装等施工技术。

上述难点中基桩与轨道板（梁）之间连接构造是最重要的环节，可考虑采用机械连接或后浇筑等方式处理。除了一体化轨下基础主体结构，排水结构、电缆槽等均可采用预制拼装结构。

有轨电车荷载水平较小，运行速度较慢，并且轨道与路基结构主要承担车辆的竖向动荷载，预制拼装技术可以满足其对结构整体性的要求。随着机械水平和施工工艺的不断提高，以及上述难点的解决，轨下基础预制拼装技术将会是有轨电车工程建设发展的趋势，图 10-25 展现了有轨电车轨道基础预制拼装的结构概念图。

5）机电系统

（1）有轨电车机电系统持续向集成化、网络化、智能化等方向快速发展，主要表现在机电系统设计基于网络化和集成化的趋势越来越明显，可实现网络内的资源共享，节省投资、提高效率（图 10-26）。

（2）有轨的智慧化得到持续的改进、提升，包括平交路口的信号优先智慧控制、调度中心的智慧调度、电车的辅助智能驾驶等，大大提高了运营安全性和运营效率。

（3）新兴信息技术在有轨电车上得到初步应用，包括 5G、云计算、大数据、物联网、人工智能等，实现构建安全、便捷、高效、绿色的有轨电车（图 10-27）。

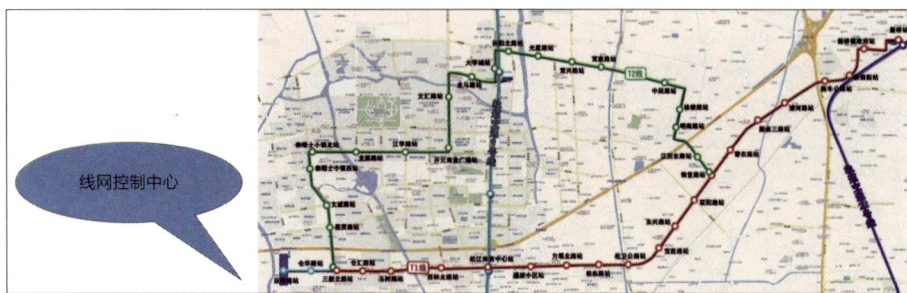

图 10-26　松江有轨电车线网及控制中心示意图

图 10-27　新兴信息技术在有轨电车中的应用

10.3.5　主要问题和建议

1）政策引导

加强城市公共交通优先发展理念的引导和政策落实，做好轨道交通、有轨电车、常规公交等多层次公共交通体系的融合，促进有轨电车的线网规划工作，倡导有轨电车的规模化网络化建设，充分发挥网络效应。

国内如北京、上海等特大城市的有轨电车线网布局规划需首先明确其在整个交通系统中的层级，在此基础上与市区的地铁、轻轨网紧密结合，同步规划。

有轨电车线网规划应随上位规划的调整而调整，需要统一的地面公交优先发展策略指导有轨电车网络规划建设。在有轨电车规划过程中，需要与常规公交形成协调互补，而不是相互竞争的关系。地面公交优先效益的发挥，不能单纯依靠1～2条有轨电车线路，而是要形成网络化的规模效应，除了在线网规划时形成一定规模的网络格局，还需要通过常规公交的整合，完善有轨电车网络建设形成过程中的客流需求，形成地面公交优先网络系统。

有轨电车作为中低运量轨道交通制式，是综合交通体系中一个必不可少的层次，在新一轮国土空间规划特别是中小城市空间规划中要提前谋划、专项规划，在政策上给予落实。

2）投资适中

根据城市交通需求合理选择建设线路和建设规模，有轨电车项目投资与运量应合理匹配，合理控制投资。

有轨电车审批建议从当地自身需求出发，线网规划和建设时序应由各个地方自行把控。为避免无序发展，本着"经济适用，建得起用得起"原则，建议省级相关部门审核和控制总投资，审核地方每年的财政可支配情况、开通初期客流等指标。

在已经建成运营 29 条线路的现状下，已开通运营的有轨电车线路平均综合造价约 1.6 亿元 /km，建议各地参考该指标，考虑到市场培育、产业发展等实际情况，有轨电车的造价合理控制在 1.6 亿元 /km 以下。此外，建议直接工程费用控制在 1 亿元 /km 左右。

10.3.6 行业动态

2019 年 2 月，中国城市轨道交通协会发布"2018 年度中国城市轨道交通协会科技进步奖"获奖项目。上海市城市建设设计研究总院（集团）有限公司、北京城建设计发展集团股份有限公司、苏州高新有轨电车集团有限公司、沈阳浑南现代有轨电车运营有限公司、淮安市现代有轨电车经营有限公司、深圳市现代有轨电车有限公司、武汉光谷交通建设有限公司联合申请的《有轨电车工程关键技术与示范应用》荣获三等奖。

2019 年 5 月 16 ～ 17 日，"中国城市轨道交通协会现代有轨电车分会 2019 年年会暨第二届第三次会员全体会议"在深圳召开，会议主题为"与城市交融与未来接轨"。

2019 年 7 月 25 ～ 27 日，由中国城市轨道交通协会主办的"2019 北京国际城市轨道交通高峰论坛及展览会"在中国国际展览中心隆重举行。来自近 20 家城轨业主单位、200 多家企业和机构的行业同仁共聚行业盛会。本次展会主题为"轨道上，好时光"。

2019 年 11 月 12 ～ 14 日，由上海市城市建设设计总院（集团）有限公司、上海国际展览中心主办的"2019（第七届）有轨电车与轨道交通多样化国际论坛暨 2019 长三角区域有轨电车创新对话"在上海召开，借助长三角一体化国家战略实施的契机，着力围绕"有轨电车 + 城市圈未来"这个主题展开。

2019 年 11 月 10 日，由同济大学主办的中国科技核心期刊《城市轨道交通研究》推出《现代有轨电车研究专辑》（2019 年增刊 1）。从规划与适应性研究、关键技术与应用、运营模式与管理、企业及产品几大版块，展开了系统性的有轨电车相关研究，分享成功经验，取长补短，共同发展。

10.4 单轨专题

10.4.1 统计数据

1）国内跨座式单轨在建数据统计

目前，跨座式单轨作为城市轨道交通在国内在建线路共 2 条，在建 46.8km；同时还有旅游专线在建 1 条，长约 10km（表 10-14）。

国内跨座式单轨在建数据统计表　　表 10-14

地区	线路名称	建设年限	线路长度（km）	图片	车型
芜湖	芜湖轨道交通 1 号线	2017~2020 年	30.4		中车浦镇庞巴迪
	芜湖轨道交通 2 号线一期	2016~2019 年	16.4		
广安	广安邓小平故里景区旅游连接线工程（旅游线）	2017~2019 年	9.9		比亚迪"云轨"

2016 年 2 月，《芜湖市轨道交通建设规划（2016-2020 年）》正式获国家发展和改革委员会专文批复。截至 2019 年底，1 号线和 2 号线一期项目已全面展开，部分机电设备安装工作已开始。

2018 年 12 月，广安邓小平故里景区旅游连接线工程全线启动综合联调。

2）国内跨座式单轨规划数据统计（表 10-15）

国内跨座式单轨规划数据统计表　　表 10-15

地区	线路名称	线路（km）	备注
重庆	重庆市城市轨道交通第四期建设规划	70.5	已通过环保审查
柳州	柳州市城市轨道交通近期建设规划	41.8	已通过环保审查
遵义	遵义市城市轨道交通近期建设规划	49.5	已通过环保审查
威海	威海市城市轨道交通近期建设规划	65.3	已通过环保审查
衡阳	衡阳市城市轨道交通近期建设规划	37.4	已通过环保审查
桂林	桂林市城市轨道交通近期建设规划	29.2	已开展环保审查
邯郸	邯郸市城市轨道交通近期建设规划	60.1	完成环评稳评公示
潍坊	潍坊市城市轨道交通近期建设规划	50.7	已完成地方审查

① 安全单轨
② 智慧单轨
③ 高效单轨
④ 绿色单轨
⑤ 经济单轨

图10-28　新一代跨座式单轨系统技术创新研究

10.4.2　主要城市情况

1）已建城市概况——重庆规划单轨线路

结合《交通强国建设纲要》，为进一步增强跨座式单轨系统适应城市新的发展需要、提升跨座式单轨系统服务水平及管理水平、推进重庆城市轨道交通品牌建设发展、适应城市轨道交通技术快速发展需要，结合重庆跨座式单轨近20年的建设运营经验，重庆市轨道交通（集团）有限公司正积极开展"新一代跨座式单轨系统技术创新研究"，全面打造"安全单轨""智慧单轨""高效单轨""绿色单轨""经济单轨"（图10-28）。

2）在建城市概况

近年来随着我国城市化、机动化等的快速发展，许多城市提出了发展城市轨道交通。随着国内跨座式单轨的成功运用及相关技术的发展，国内掀起了跨座式单轨建设热潮。

（1）芜湖跨座式单轨线路

①线路概况

1号线线路全长30.4km，共设24座车站（均为高架站），其中地下线0.9km，地面及高架线路29.5km；2号线一期线路全长16.5km，共设12座车站（高架站11座、地下站1座），其中地下线1.5km，地面及高架线15.0km（图10-29）。

②建设进展

根据芜湖市住房和城乡建设局发布的"芜湖市轨道交通1号线、2号线一期工程项目建设进展"，截至2019年11月底，轨道交通1号线车站、区间已全部开工；白马山车辆基地土建工程完成55.70%；保顺停车场土建工程完成57.10%；PC轨道梁预制完成2590榀，完成90.28%；PC轨道梁架设完成1284榀，完成44.75%。接触轨安装完成30.21条公里，完成19.92%；变电设备基础预埋件安

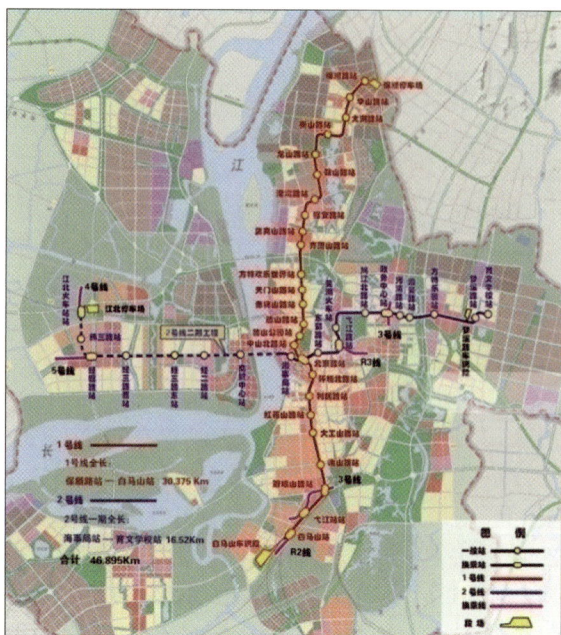

图 10-29　芜湖市轨道交通建设规划
（2016-2020 年）示意图

装完成 160 套，占比 26.40%，；变电设备安装完成 181 台，占比 23.94%；变压器安装完成 18 台，完成 23.08%。

轨道交通 2 号线一期车站、区间已全部开工；梦溪路车辆基地土建工程完成 70%；PC 轨道梁预制完成 1264 榀，完成 90.87%；PC 轨道梁架设完成 560 榀，完成 40.26%。接触轨安装累计完成 15.67 条公里，占比 18.51%；变电设备基础预埋件安装累计完成 105 套，完成 31.62%；设备安装累计完成 105 台，占比 31.62%；变压器安装累计完成 12 台，占比 32.43%；政务中心主所生产综合楼累计完成 1166.36m^2，完成 36.08%；高架区间道岔安装累计完成 3 组，完成 50%；梦溪路车辆基地道岔安装已全部完成。

（2）广安邓小平故里景区旅游连接线

①线路概况

为快速连接邓小平故里景区，打造世界级旅游目的地，广安市正在修建广安邓小平故里景区旅游连接线项目。该项目线起于广安南站，止于邓小平故里游客中心。

线路起于国铁广安南站北侧设置的广安南站（同时于广安南站之前预留关门站），之后沿枣山大道、长乐街、五福街，并于五福桥西侧跨越西溪河，之后沿金安大道、环城北路敷设，止于游客中心。线路全长约 9.9km，设车站 8 座（含预留广门站），在银昆高速以东、广高路以北地块内设车辆段 1 处（图 10-30）。

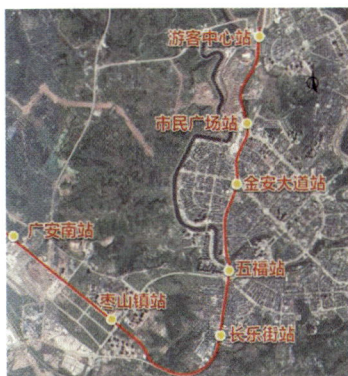

图 10-30　广安邓小平故里景区旅游连　图 10-31　广安邓小平故里景区旅游连接线建设现场
接线线路示意图

②建设进展

截至 2018 年 12 月，广安邓小平故里景区旅游连接线全线启动综合联调
（图 10-31）。

3）规划城市概况（建设规划）

2018 年 7 月 13 日，国务院办公厅印发《国务院办公厅关于进一步加强城市轨道交通规划建设管理的意见》（国办发 [2018]52 号），对新形势下我国城市轨道交通规划建设工作作出部署。各城市结合自身条件，制定了相应的城市轨道交通建设规划。

（1）重庆

根据《重庆市城市轨道交通第四期建设规划环境评价公众参与公示》，拟新增线路规模约 229km，其中拟新增 3 条跨座式单轨线路，分别为重庆轨道交通 7 号线一期工程、8 号线一期工程、17 号线一期工程，线路长度分别为 27.3km、17.7km 及 25.5km，线路总规模约 70.5km。

（2）遵义

遵义市中心城区轨道交通线网远景由 6 条线组成，长度为 148.61km，共设站 100 座，其中换乘站 13 座。全网设置车辆基地 5 处、停车场 3 处，控制中心 1 处。

近期建设规划包括 1 号线及 2 号线一期工程，线路总长约 49.50km，拟采用跨座式单轨系统。

其中 1 号线工程(新蒲东—官井南隧道)正线长度 22.45km，共设车站 19 座，在新蒲管委会站设车辆基地；2 号线一期工程（董公寺—县第一中学站），正线长度 27.05km，共设车站 22 座，在董公寺站北侧设车辆基地。

2019 年 7 月，《遵义市城市轨道交通线网及近期建设规划（2019-2024 年）

环境影响报告书》取得国家生态环境部审查意见。

（3）威海

威海城市轨道交通线网规划 4 条线路组成，线路全长约 206.4km。

近期建设规划包括 1 号线及 2 号线一期工程，线路总长约 65.3km，拟采用跨座式单轨系统。

1 号线线路全长 49.1km，高架段约 41.6km，地下段 6.2km，过渡段约 1.3km。全线设置车站 27 座，平均站间距 1.87km，高架站 22 座，地下站 5 座，其中换乘站 3 座，线路西北端设文化西路停车场，中段设草庙子停车场，南段设文登车辆段；2 号线一期线路全长 16.2km，其中高架段约 13.3km，地下段 2.0km，过渡段约 0.9km。全线设置车站 12 座，平均站间距 1.42km，高架站 10 座，地下站 2 座，其中换乘站 1 座。线路西部设沈阳南路车辆段。

2019 年 1 月，威海市交通运输局发布《威海市城市轨道交通线网规划及近期建设规划（2019—2025 年）环境影响评价（补充）第二次公示》。

2019 年 3 月，《威海市城市轨道交通近期建设规划（2019—2024 年）客流预测专题报告》通过专家评审。

2019 年 7 月，国家生态环境部正式印发《关于威海市城市轨道交通近期建设规划（2019—2024 年）及线网规划环境影响报告书的审查意见》。

2019 年 10 月，"威海市轨道交通近期建设规划交通衔接专题"专家评审会在北京召开。

（4）衡阳市

衡阳市轨道交通线网规划方案共包含 8 条线路，线路总长 206.6km，全线网共设置车站 97 座（换乘站不重复计列）。中心城区共包含 6 条线，线路总长共 158.3km。

近期建设规划包括 1 号线一期及 2 号线一期工程，线路总长约 37.43km，拟采用跨座式单轨系统。

其中 1 号线一期工程线路全长 19.8km，设车站 15 座，平均站距 1.36km，换乘站 1 座；2 号线一期工程线路全长 17.63km，设车站 14 座，平均站间距 1.3km，换乘站 1 座，线路总长 37.43km，车站 28 座，设置车辆基地 2 处，控制中心 1 座（与 1 号线车辆基地合建），设置主变电站 3 处。

2019 年 1 月，衡阳市召开《轨道交通 1 号线一期、2 号线一期工程建设规划社会稳定风险分析报告》专家评审会。

2019 年 10 月，《衡阳市城市轨道交通线网及近期建设规划环境影响报告书》取得国家生态环境部审查意见。

2019 年 11 月，衡阳市轨道交通发展有限公司注册成立。

（5）桂林

桂林市城市轨道交通线网规划共由 7 条线路组成，线网总长约 273.2km，市区段 189.3km，设站 117 座。

近期建设规划包括 1 号线一期工程，线路总长约 29.27km，拟采用跨座式单轨系统。

2019 年 10 月，《桂林市城市轨道交通线网及建设规划（2019—2022 年）环境影响报告书》评审会在北京召开。

（6）邯郸

邯郸市轨道交通线网（远景）由 6 条线组成，分别为 1～6 号线，全长 213.3km。

近期建设规划包括 1 号线一期及 4 号线，线路总长约 60.09km。

其中 1 号线一期（新城东大街站—创业大道站），线路长度 39.99km，设车站 27 座；4 号线全线（苏里北站—北张庄站），线路长度 20.10km，设车站 17 座。设全面修车辆基地（综合维修基地合建）1 处，重点修车辆基地 1 座，停车场 1 座，控制中心 1 座，设置主变电站 2 处。

2019 年 9 月，邯郸市发展和改革委网站发布《邯郸市城市轨道交通线网及近期建设规划（2019—2024 年）》，进行环境影响评价公示。

（7）潍坊

潍坊市城市轨道交通远景线网由 7 条线组成，总长 261.9km。其中市区线 4 条，中心城区为 1～4 号线，线路全长 125.3km。

近期建设规划包括 1 号线一期及 2 号线工程，线路总长约 51.1km，拟采用跨座式单轨系统。

其中 1 号线一期工程正线长度 24.65km，设站 22 座，自山水环保站至物流园站；2 号线正线长度 26.45km，设站 22 座，自潍城开发区中学站至吕家张营社区站。设潍城开发区中学车辆基地 1 处，物流园车辆段 1 处，吕家张营社区停车场 1 处，控制中心 1 处。

2019 年 5 月，潍坊市轨道交通建设规划省级评审会议召开。

2019 年 8 月，潍坊轨道交通建设管理有限公司正式完成组建。

10.4.3 跨座式单轨系统发展方向

在我国跨座式单轨系统的发展过程中，跨座式单轨系统在车辆、建设及运营等多个方面进行了技术创新。

车辆方面：8 辆编组跨座式单轨列车、永磁牵引电机、应急自牵引技术、单轨液压制动及车辆型式的多元化等（表 10-16）。

国内主要跨座式单轨车辆统计表　　　　　　表 10-16

重庆中车长客轨道车辆有限公司	大型	
	中型	
	小型	
中车浦镇庞巴迪运输系统有限公司		
中车青岛四方机车车辆股份有限公司		
中车株洲电力机车有限公司		
比亚迪汽车工业有限公司		
中铁高新工业股份有限公司		

图 10-32　75m 半径 PC 轨道梁制造与 PC 轨道梁架设新技术

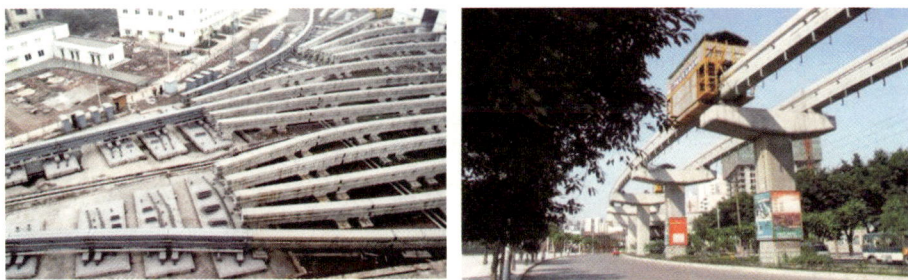

图 10-33　道岔制造技术与工作车制造技术

PC 轨道梁方面：新设计工法软件研制、固定曲率模板施工法制造 75m 半径 PC 轨道梁、PC 轨道梁混凝土耐久性研究和 PC 轨道梁架设技术创新等（图 10-32）。

跨江河桥梁方面：通过工程试验在建设轨道桥时除控制好预应力混凝土连续刚构在完成体系转换前后的线型外，尤其控制好大桥合龙后温度效应与后期混凝土收缩徐变等不利因素引起的桥梁位移与挠度变形对单轨线路的影响。

其他土建工程技术方面：锚箱基座板定位支架安装技术、"墩梁并举"工艺技术、门型墩钢横梁与车站人行天桥钢结构通道技术等。

系统设备方面：夹持式汇流排制造及安装技术、单轨交通 CBTC 信号系统技术、道岔制造技术、工作车制造技术、单轨交通信号系统设备安装调试工法和轨旁设备安装专用作业平台专利等（图 10-33）。

疏散方式多样性方面：进一步提高乘客安全保障的措施，保证乘客人身安全的最后一道防线（图 10-34）。

未来跨座式单轨系统的发展，将紧紧围绕《交通强国建设纲要》提出的：构建安全、便捷、高效、绿色、经济的现代化综合交通体系；推广智能化、数字化、轻量化、环保型交通装备及成套技术装备；大力发展智能交通，推广应用交通装

图 10-34　疏散通道布置方式

备的智能检测监测和运维技术；促进资源节约集约利用，加速淘汰落后技术和高耗低效交通装备；强化前沿关键科技研发、强化交通应急救援能力。

跨座式单轨系统将向着更安全、更智慧、更高效、更绿色及更经济的方向发展。

（1）安全单轨

全自动无人驾驶技术，提升跨座式单轨系统的可靠性；应急自牵引技术，提升列车的故障运营能力；不同的应急救援模式，提高紧急状态下的列车疏散能力及效率；信息化的安全生产管理系统，提高跨座式单轨系统的运营安全管理水平。

（2）智慧单轨

融合信息化及数字技术的发展，BIM 技术的运用，提升设计、建设及管理的水平；发展智慧车辆（拥挤度显示、智能照明、广播、空调等），建设智慧车站（语音购票、互联网支付购票及过闸，人脸识别购票及过闸、语音交互等），提高乘客的服务质量；运用智能运维技术，提升系统的可靠性及检修效率。

（3）高效单轨

最高运行速度 80 ~ 100km/h，提升跨座式单轨系统的适宜性；多样化的客室车门设计，提升乘客的乘降效率；无应力连接连续梁、纵向滑移式抗拉力支座、预制装配式建设，优化建设周期。

（4）绿色单轨

装配式建设，减少城市轨道交通对沿线道路及周边环境的影响；永磁牵引电机、碳纤维材料等新技术、新材料，实现车辆的轻量化，降低牵引能耗。

（5）经济单轨

通过深化工程设计，优化系统工程建设成本，同时降低后期系统的运营成本。